**Jan Krömer**, geb. 1979, besaß bereits im Alter von dreizehn Jahren den legendären Computer »Amiga«, der ihn erstmals mit den Themen Raubkopie und Untergrundszene in Berührung brachte. Später arbeitete er bei einem Marktforschungsunternehmen und bei SternTV. Derzeit ist er für ein IT-Beratungsunternehmen tätig.

**Evrim Sen**, geb. 1975, programmierte schon im Alter von zehn Jahren und war Mitglied in verschiedenen »Hacker«-Szenegruppen. Er ist Autor der Kultbücher *Hackerland* und *Hackertales*. Als Journalist publizierte er zahlreiche Artikel zur Cyberkultur in Computermagazinen. Derzeit arbeitet er als Softwareentwickler.

cc/24

**Jan Krömer / Evrim Sen**

No Copy – **Die Welt der digitalen Raubkopie**

**Tropen**

cc – carbon copy books no. 24

1. Auflage
© 2006 Tropen Verlag
www.tropen-verlag.de
Alle Rechte vorbehalten

Autorenfoto: Sarah Hacke
Gestaltung und Satz: Tropen Studios, Leipzig
Gesamtherstellung: Fuldaer Verlagsagentur
Printed in Germany

ISBN 3-932170-82-22

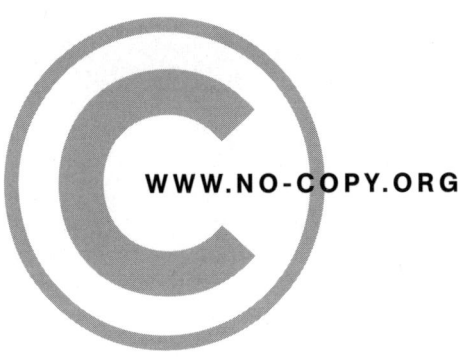

Im Text fettgedruckte Begriffe werden im Glossar ab Seite 279 erklärt.

# VORWORT

Software, Daten und Informationen sind allgegenwärtig. Wir leben in einer Gesellschaft, in der Anwender täglich über vernetzte Maschinen miteinander kommunizieren. Selbst unsere Telefone brauchen mittlerweile Software, um zu funktionieren.

Computer sind in alle Lebensbereiche vorgedrungen. Sie schränken uns ein, eröffnen uns aber auch ungeahnte Möglichkeiten und motivieren uns, Neues zu schaffen. Doch erst durch eine freie Programmierung kann der Computernutzung eine persönliche Note gegeben werden. Erst die ungehinderte Programmierbarkeit macht einen Computer zu einem einzigartigen Werkzeug.

Dagegen ist das Internet kein rechtsfreier, chaotischer Raum mehr. Einerseits wird der Versuch unternommen, es einer Kontrolle zu unterwerfen und Macht darüber zu erlangen, andererseits ist in den letzten Jahren eine große Cybergemeinschaft entstanden, die nach den Richtlinien eines prinzipiell freien Umgangs mit Computern und Software agiert und sich mit allen Mitteln gegen jegliche Bevormundung zur Wehr setzt. Copyright ist das neue Schlagwort im Kampf zwischen Regulierung und Freiheit.

Doch wie stark ist die regulierende Kontrolle und wie stark ist eine Gemeinschaft, die sich im Internet seit Jahren erfolgreich selbst reguliert? Und was passiert, wenn Daten, Informationen und Wissen restriktiven Gesetzen und Lizenzmodellen unterstehen? Wenn das Teilen von Wissen untersagt wird? Wenn eben das, was unser Denken und Handeln bestimmt, nicht mehr weitergegeben werden darf?

Die Reaktion auf derartige Machtausübung ist ein Protest, dessen Ausmaße die Gesellschaft heute deutlicher zu spüren bekommt als je zuvor. Es sind Subkulturen, Bewegungen und Trends entstanden, die dem entgegenwirken, was Industriezweige und Regierungen durchzusetzen versuchen.

In der Folge ist ein erbitterter Kampf entbrannt zwischen den Urhebern und einer digitalen Untergrundorganisation, die seit mehr als zwanzig Jahren erfolgreich gegen jede Form von Kopier- und Softwareschutz rebelliert. Vom FBI als »Syndikat« bezeichnet und von der Polizei weltweit verfolgt, führen ihre Mitglieder ein anonymes Eigenleben im digitalen Netz. Ihr Einfluß ist so groß, daß täglich Millionen digitaler Kopien ihren Weg zu den Computernutzern finden.

Diese Entwicklung führt zu Aushängen, die an Fahndungsplakate erinnern. In Videotheken und Shops kleben provokative Porträts von vermeintlich gesuchten Straftätern, in Kinos werden Werbespots gezeigt, in denen Kriminelle mit Handschellen abgeführt werden. Dabei geht es nicht, wie auf den ersten Blick vermutet, um Mörder oder Terroristen. Es geht um sogenannte Raubkopierer.

Mit Kampagnen wie »Raubkopierer sind Verbrecher« versucht die Industrie seit Jahren, den Verbraucher für das Thema zu sensibilisieren. Doch statt Aufklärung zu betreiben, erntet die Kampagne größtenteils Unverständnis. Angesichts immer neuer Medienberichte und Meldungen von angeblichen Milliardenschäden gerät auch das Wort »Raubkopie« zunehmend in die Kritik. Nicht nur im allgemeinen Sprachgebrauch, sondern auch im juristischen Sinne ist mit »Raub« eine Form des Diebstahls gemeint, bei dem etwas mit Gewalt entwendet wird. Beim Kopieren von Musik oder Software kann hiervon keine Rede sein. Zudem wird bei einem Diebstahl davon ausgegangen, daß der Beraubte den Gegenstand, der ihm gestohlen wurde, nicht mehr besitzt. Bei einer Kopie dagegen bleibt das Original erhalten. Analog zu den Vergehen des Schwarzfahrens und der Schwarzarbeit, die auch nicht »Raubfahren« oder »Raubarbeit« genannt werden, erscheint der Begriff »Schwarzkopie« weniger wertend als Bezeichnung für illegale Kopien. Als Autoren verzichten wir in diesem Buch daher auch bewußt auf das Wort »Raubkopie«.

Doch Begriffsdefinitionen und Schadensmeldungen reichen nicht annähernd aus, um das Thema Schwarzkopie zu konkretisieren. Es ist eine viel tiefer gehende Betrachtung notwendig, um beide Seiten verstehen zu können. Schließlich sind Schwarzkopien kein neuartiges Phänomen, auch wenn das Thema in unserer Wissensgesellschaft aktueller ist als jemals zuvor.

Die Geschichte der digitalen Kopie begann mit Enthusiasten, die Wissen als freies Gut ansahen. Der Begriff »Kopie« war in den Anfangszeiten der Computerindustrie ein positiver, fortschrittlicher Gedanke. Es waren Studenten, Wissenschaftler und Erfinder, die mit ihrem Wissensdurst einen Mehrwert für die Menschheit und die Gesellschaft schaffen wollten. Sie ebneten mit ihren Ideen den Weg in eine digitale Zukunft, in der wir heute leben. Bevor die Industrie ihr gegensätzliches Modell definierte, war längst eine Computerkultur entstanden, die sich zum Ziel gesetzt hatte, Informationen für alle verfügbar zu machen.

NO COPY ist nicht nur ein Buch über Schwarzkopien. Im Vordergrund stehen Ideologien und Werte, die sich über mehr als ein halbes Jahrhundert hinweg erhalten haben. NO COPY beginnt bei den ersten Hackern und schaut tief in die Untergrundszene der Cracker, die nach wie vor jede erdenkliche Schwarzkopie weltweit verbreiten. NO COPY deckt einerseits Organisationsstrukturen auf, andererseits wird die Verbindung zur Industrie und ihrem Kampf gegen die Schwarzkopierer erläutert.

# DIE GESCHICHTE DER SCHWARZKOPIE

Newsletter des Homebrew Computer Club

# DIE ERSTEN HACKER

Bis in die späten 50er Jahre galten elektronische Systeme als technische Gebilde, die lediglich Signale in Hebelarbeit umsetzten. Eine Maschine funktionierte, sobald man sie einschaltete. Sie nahm vermeintlich nur zwei Befehle entgegen: Strom ein, Strom aus. Diese Ansicht war weit verbreitet. Die Vorstellung, daß ein Computer außerhalb der Industrie auch Platz im Haushalt haben könnte, war zu diesen Zeiten undenkbar. Dinge wie Festplatten oder Vernetzung und Kommunikation mit anderen Maschinen waren Fremdwörter. Die Vorläufer der heutigen Computer waren riesige Metallkonstrukte, die an Rechenleistung selbst heutigen Taschenrechnern unterlegen waren. Diejenigen jedoch, die sich intensiv mit der Technologie beschäftigten, sahen diese Geräte mit anderen Augen.

Die ersten **Hacker** waren Mathematiker, Ingenieure und Wissenschaftler und arbeiteten an Universitäten. In den 50er Jahren galt die amerikanische Universität Massachusetts Institute of Technology (**MIT**) in Cambridge/Boston als Zentrum des technischen Fortschritts. Die Wissenschaftler und Studenten vergnügten sich unter anderem damit, elektronische Bauteile zu löten, sie mit Kippschaltern zu versehen und für diverse Aufgaben einzusetzen. Die Arbeit an Modelleisenbahnen erwies sich zunächst als besonders geeignet, um durch den Einbau von Signalen und Schaltungen einfache Prozesse automatisch zu steuern. Die ersten dieser Technikfreaks trafen sich im »Tech Model Railroad Club« (TMRC), einem studentischen Verein, der hauptsächlich aus zwei Gruppen bestand. Während die eine sich damit begnügte, Miniaturmodelle wie Gebäude oder Autos für die Modelleisenbahn zu kreieren und zu bemalen, befaßte sich die andere mit den Schaltungen hinter den Fassaden. Sie nannte sich »Signals and Power« (S&P), und ihre Mitglieder waren die eigentlichen Techniker unter den Modelleisenbahnern.

Bald wurde klar, daß sich diese Technik auch auf andere Bereiche ausweiten ließ. Mit ausgefeilten Methoden versuchten die Techniker, sich neuen Herausforderungen und Problemen zu stellen und diese mit intelligenten, automatischen Systemen zu lösen. Die ersten Hacker hatten frühzeitig ihre Begeisterung für die Elektronik entdeckt und ließen sich von der Idee anstecken, daß eine Maschine zu mehr fähig sein konnte, als einfach nur einem klar strukturierten und vorgegebenen Prozeß zu folgen. Im Grunde war es die Kombination von mehreren Schaltern, die einer Maschine eine höhere Komplexität verlieh. Mit Hilfe immer verzweigterer und kleinerer Schaltanlagen bahnten sich die Tüftler den Weg von einer einfachen elektrischen in eine komplexe elektronische Welt.

Die pfiffigen Bastler von Signals and Power nannten sich gegen Ende der 50er Jahre erstmals »Hacker«, ohne zu ahnen, was dieser Begriff in den nächsten Jahrzehnten für eine gesellschaftliche Bedeutung entwickeln sollte. Für sie war ein Hacker einfach nur ein raffinierter Tüftler. Der Begriff hatte noch nicht den zwiespältigen Unterton, der ihm heute anhaftet.

Zu dieser Zeit entstand eine Sprache, die später als Hackerjargon bekannt werden sollte. Wenn beispielsweise ein Teil des Equipments nicht funktionierte, sagte man dazu »losing«. Ein ruiniertes, technisches Teil nannten die Techniker untereinander »munged«, was die Abkürzung des scherzhaften Konstruktes »mash until no good« (zu deutsch in etwa: »zermatscht bis nicht mehr brauchbar«) war. Damals entstand ebenfalls der Begriff »hack«, der für die kreative Lösung eines technischen Problems stand. Beispielsweise war es den Technikern gelungen, durch den Einbau alter Telefone die Modelleisenbahnen mittels Wählscheiben zu kontrollieren. Wenn einer der Lötkolbenenthusiasten es geschafft hatte, eine Konstruktion mit einer derartigen Schaltung effizienter zu gestalten, nannte man eine solche Innovation einen gelungenen »hack«.

## FASZINATION SOFTWARE

Als Maschinen mit der Zeit mehrere Prozesse speichern und innerhalb dieser Vorgänge auch Entscheidungen treffen konnten, wurde die Bezeichnung »Computer« (also: Rechner) immer zutreffender. Zwar waren die ersten »Computer« bereits in den 30er Jahren entwickelt worden, der Schritt zum adäquaten Einsatz in institutionellen Einrichtungen ließ jedoch noch eine Weile auf sich warten.

Erst als sich damit immer mehr Aufgaben schneller und effizienter lösen ließen, stieß der Einsatz der programmierbaren Maschinen bei Wissenschaftlern zunehmend auf Interesse, und die ersten Industriecomputer fanden schließlich ihren Weg ins MIT. 1959 wurde dort zum ersten Mal überhaupt an einer Hochschule ein Programmierkurs angeboten. Der erste in Massenfertigung hergestellte Großrechner IBM 704 stand den neugierigen Studenten damit zur freien Verfügung. Das Ausreizen der nahezu unendlichen technischen Möglichkeiten eines Computers war damals wie heute der Antrieb der jungen Programmierer. Sie hatten mit der Programmierung eine neue, faszinierende Welt entdeckt.

Während gewöhnliche Verbraucher noch Schwarzweißfernseher als grandiosen Fortschritt betrachteten, stand bei den Wissenschaftlern bald die Programmierung von Maschinen auf der Tagesordnung. Die Herausforderung des Programmierens bestand für die damaligen Anwender darin, ein Ergebnis mit dem geringsten Aufwand zu erzielen. Nur ein durch den kürzesten mathematischen Weg erzeugtes Programm konnte von den noch recht leistungsarmen Computern in annehmbarer Zeit ausgeführt werden. Unter den ersten Hackern wurde diese Methode der Minimalisierung »bumming« genannt. Ein Computer war zwar auch zu komplexen Berechnungen in der Lage, arbeitete jedoch, verglichen mit der heutigen Technologie, extrem langsam. Bis der Computer dem Programmierer eine Antwort auf seine Berechnungen gab, konnte eine Weile vergehen. Zudem mußte jeder Befehl Zahl für Zahl in den Computer eingespeist werden.

Programmieren wurde dadurch zu einer Art sportlichen Disziplin. Jede Neuerung teilten die Programmierer und Wissenschaftler engagiert mit anderen, wie es für wissenschaftliche Institutionen auch heute noch üblich ist. Dieser ständige Austausch neuer Erkenntnisse bildete die Basis für einen kontinuierlichen elektronischen Fortschritt und prägte parallel die Entwicklung einer Gruppe von Computerbegeisterten. Eine neue Generation war geboren und bahnte sich langsam, aber sicher den Weg zu einer Computerrevolution.

Für Außenstehende blieben die Hacker zunächst eine in sich geschlossene, introvertiert erscheinende Mischung aus Elektronikern und Wissenschaftlern, die sich mit scheinbar kryptischen und unverständlichen Geräten beschäftigten. Nicht selten wurden diese Enthusiasten als »Freaks« bezeichnet, die auch untereinander Witze über Computer und Schaltungen machten, die Außenstehende nicht verstanden, wie beispielsweise: »Es gibt 10 Arten von Menschen auf der Welt: Die einen verstehen binär, die anderen nicht.« Die ständige Arbeit an logischen und mathematischen Verknüpfungen beeinflußte auch das Privatleben vieler Hacker. Marge Saunders beispielsweise fragte eines Tages ihren Ehemann Bob, eines der ersten Mitglieder des TMRC, ob er ihr nicht beim Hineintragen der Lebensmittel helfen wolle. Und Bob Saunders antwortete mit einem klaren »Nein«. Die überraschte Marge schleppte daraufhin die schweren Einkaufstaschen alleine in die Wohnung, bis es zwangsläufig zur Konfrontation kam. Völlig außer sich forderte Marge von ihrem Ehemann eine Erklärung für seine Verweigerung. Und Bob Saunders antwortete wie ein Computer, der einen logischen Befehl ausführt: »Was für eine dumme Frage, ob ich dir helfen wolle. Natürlich will ich nicht. Aber wenn du mich gefragt hättest, ob ich helfe, wäre das etwas anderes gewesen.«[1]

Die damaligen Computer erinnerten schon aufgrund ihrer Kleiderschrankgröße an angsteinflößende Technikmonster. Aus Sicht der Hacker jedoch schienen sich die faszinierenden Gestalten aus Science-fiction-Geschichten erfolgreich ihren Weg in die Realität gebahnt zu haben. Und vielleicht war es genau diese Wunschvorstellung, die die Wissenschaftler antrieb, die Computer so weiterzuentwickeln, daß sie eben nicht nur wie ein Motor geradlinige Prozesse ausführten, sondern in der Lage waren, mit ihren Erschaffern zu kommunizieren. Es war der Traum, eine »lebende« Maschine zu erschaffen, die je nachdem, wie man sie erzog, zur Lösung von immer komplizierteren Aufgaben fähig sein sollte. Der Programmierer spielte zugleich Gott und Meister seines eigenen Programms.

Das MIT wurde im Laufe der Jahre zum Synonym für eine Versammlungsstätte von Computerbegeisterten und Technikfreaks. Auf der Suche nach technischen Innovationen gründeten zwei Wissenschaftler am MIT in den 6oer Jahren das Labor für künstliche Intelligenz, »Artificial Intelligence Laboratory« (abgekürzt AI Lab) genannt. Die beiden Wissenschaftler John McCarthy und Marvin Minsky zogen damit weitere Interessierte in ihre Computerwelt hinein. Durch die Vorstellung, sich mit einem »intelligenten« Wesen messen zu wollen, das nur aus Schaltkreisen bestand, kamen die Wissenschaftler am AI Lab schließlich auf die Idee, ein Programm zu entwickeln, das den Computer in einen ebenbürtigen Gegenspieler verwandeln sollte. Der langersehnte Traum, mit einer Maschine zu kommunizieren, brachte die erste in Echtzeit stattfindende Mensch-Maschine-Interaktion hervor: das erste Computerspiel der Welt namens *Spacewar*, entwickelt 1961 von dem Hacker Steve Russel. Der Spieler war ein Raumschiff, das sich gegen die Attacken der vom Computer gesteuerten feindlichen Raumschiffe seinen Weg freischießen mußte.

Später entwickelte der Mathematiker Claude Shannon am MIT das Konzept für ein Schachprogramm. Er wollte damit die These des Sozialwissenschaftlers Herbert Dreyfus widerlegen, der behauptet hatte, daß ein Computer niemals in der Lage sein könnte, ein zehnjähriges Kind im Schach zu schlagen. Nachdem sein Meisterwerk vollbracht war, lud Shannon Dreyfus schließlich ins MIT ein. Dreyfus spielte gegen den Computer und ging schachmatt.

Die Faszination für Computer und damit auch die Zahl derer, die sich leidenschaftlich damit beschäftigten, wurde immer größer. Es entstanden kleine Gruppen, die sich auch außerhalb von Universitäten mit der Computerwelt beschäftigten.

1975 stellte die amerikanische Zeitschrift *Popular Electronics* in ihrer Januarausgabe den ersten marktreifen Computerbausatz Altair 8800 vor.[2] Es war damals die erste Zeitschrift, die über dieses Gerät berichtete, das bei Computerfans als Sensation galt. Der Entwickler des Geräts, Ed Roberts, hatte seinen Traum verwirklicht, einen Computer auf den Markt zu bringen, der vor allem von Privatleuten als Massenware gekauft und benutzt werden sollte. Tatsächlich verkaufte sich das Gerät innerhalb von drei Monaten über 4.000mal und wird oft als erster Personal Computer (PC) der Computergeschichte angesehen.

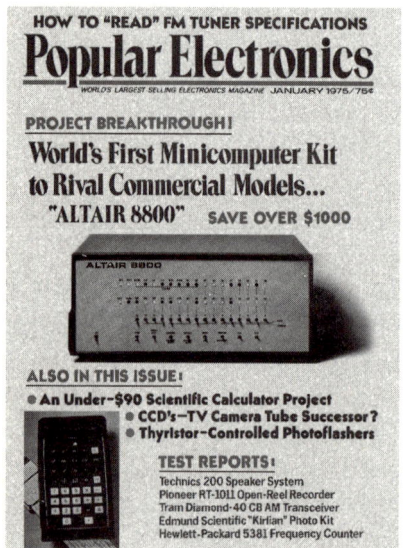

Die Ausgabe von *Popular Electronics* mit dem Altair 8800

Dennoch erscheint es aus heutiger Sicht unangemessen, ihn überhaupt als vollwertigen Computer zu bezeichnen. Durch die Absicht, das Gerät möglichst günstig auf den Markt zu bringen, besaß der Altair weder Bildschirm noch Tastatur, geschweige denn eine Festplatte zum Speichern von Daten. Lediglich die am Gerät angebrachten Leuchtdioden signalisierten einzelne Befehle des Anwenders, die durch Hoch- und Runterkippen von gerade einmal vierundzwanzig Schaltern eingegeben wurden. Nur die Kombination der verschiedenen Schalter ermöglichte eine individuelle Steuerung beziehungsweise Programmierung des Geräts. Somit blieb der große Durchbruch für den Hersteller aus. Doch das Gerät fand Anerkennung innerhalb der kleinen Gruppe von Hackern, die trotz der minimalen Leistung begeistert anfingen, darauf zu programmieren.

Das Programmieren eines Computers durch den Anwender wurde mit der Zeit immer selbstverständlicher. Die Daten und die Programme wurden auf Lochkarten oder großen Magnetbändern gespeichert. Der Software kam somit eine immer wichtigere Bedeutung zu. Nur durch sie war es möglich, die damals oft noch ohne Software gelieferten Computer in Eigeninitiative auszureizen. Die **Codes** der Programme wurden unter den Wissenschaftlern eifrig kopiert, diskutiert und optimiert. Das Programmieren wurde zur Lebenseinstellung, und es entstand eine Subkultur von Hackern. Hier bildeten sich auch die ersten Überlegungen zu einer ganz eigenen Hackerethik.

Die ersten Hacker sahen die neue Computertechnik als eine Chance, die Welt zu verbessern. An dieser, für Außenstehende zunächst weit hergeholt erscheinenden Vision, hielten die Hacker fest, als sei es eine Religion. Einschränkungen, die den Umgang mit dieser Technik verhinderten, waren für sie nicht akzeptabel. Ihrer Meinung nach mußten die Systeme für jedermann zugänglich und veränderbar sein. Wirkliche Innovationen konnten nur erfolgen, wenn man nicht gezwungen wurde, einem Gerät oder einer Software passiv zu begegnen, sondern wenn man seiner Kreativität freien Lauf lassen konnte. Der ungehinderte Zugang zu Informationen und deren freigebiger Austausch wurde zu einem der wichtigsten Leitmotive ihres Handelns.

Begriffe wie »Hackerkultur«, »Hackerethik« und selbst »Hackerfood« verbreiteten sich schnell, und es entwickelte sich eine eigene Sprache für dieses elektronische Weltbild. Der Zusammenhalt der Hackergemeinschaft wurde dadurch weiter gefestigt. Es entstand das Jargonlexikon am MIT, das weltweit bekannteste und größte Hackerlexikon, das noch heute regelmäßig aktualisiert wird. Dort sind Begriffe, Definitionen und Lebensweisheiten rund um die Welt der Hacker festgehalten, als sei es die Bibel für Hacker. Das Jargon-File ist im Internet auch zu finden unter: www.no-copy.org/jargonfile

## KOMMERZIELLER BEIGESCHMACK

Die Überlegungen dieser neuen Gruppe zogen immer mehr Menschen in ihren Bann. Fred Moore, ein begeisterter Anhänger der Hackerkultur, kam schließlich auf die Idee, die Computerfans zu einem gemeinsamen Forum in seine Garage einzuladen. Daraus entstand der »Homebrew Computer Club«, ein Hackerverein, dem sich später Hunderte von Mitgliedern anschlossen, die zu regelmäßigen Treffen zusammenkamen. Auf der Tagesordnung standen, wie sollte es anders sein, Themen rund um den Computer und das Programmieren.

Die Hacker hatten viel zu diskutieren. Im Vordergrund standen die soziale Komponente der Hackerkultur und der Wille, die eigene Software im Erfahrungsaustausch mit anderen weiterzuentwickeln, um neue Erkenntnisse für Gesellschaft und Technik zu gewinnen. Die Leidenschaft ihres Handelns prägte die Computerhippies. Entgegen dem gängigen Wirtschaftsmodell, das allein auf Profit ausgerichtet war, überließen die ersten Hacker ihre Arbeit kostenlos anderen Programmierern, damit diese sie nutzen und verbessern konnten.

Mit dieser Kultur des offenen Austauschs von Informationen schufen sie unbewußt eine neue Bewegung. Freie Software und der freie Austausch von Informationen wurden genauso selbstverständlich wie das Recht auf freie Meinungsäußerung. Die Hacker teilten eine Vision, in der sie ihre Begeisterung für Technik auf alle Menschen übertragen wollten.

Die Industrie dagegen hatte eine andere Vorstellung von Wirtschaftlichkeit und Technikbegeisterung. Thomas Watson, früherer Präsident von IBM, behauptete damals, es gebe auf dem Weltmarkt einen Bedarf von vielleicht fünf Computern.[3] Ken Olsen, Mitbegründer der Digital Equipment Corporation, sagte ebenfalls, er sehe keinen Grund, warum jemand einen Computer zu Hause haben wolle.[4] Obwohl anscheinend niemand so recht daran glaubte, daß die Computertechnologie eines Tages in gewöhnlichen Haushalten zum Alltag werden könnte, hielten die Hacker an ihrem Traum von einer digitalen Zukunft fest.

Mit der Zeit entwickelte sich der Homebrew Computer Club zu einem einflußreichen Verein, dessen Mitglieder zukunftsweisende Ideen hervorbrachten. Einige der verspielten Hacker mauserten sich zu ernstzunehmenden Geschäftsleuten. Sie glaubten trotz aller Zweifel von Außenstehenden daran, nicht nur einen gesellschaftlichen, sondern auch einen neuen wirtschaftlichen Trend entdeckt zu haben. Dieser neue Trend widersprach jedoch der ursprünglichen Idee, ein offenes Forum für Hacker anzubieten. Viele Mitglieder sprachen vom Ende des Homebrew Computer Club und erklärten, die Verwandlung ihrer Mitglieder in Geschäftsleute sei mit den ursprünglichen Werten der Hacker nicht zu vereinbaren.

## COMPUTER FÜR ALLE

Es war abzusehen, daß sich in dieser Aufbruchstimmung irgendwann auch Studenten zu Unternehmern und zu Herstellen von Computerprodukten entwickeln würden. Steve Wozniak beispielsweise, einer der ersten Mitglieder des Homebrew Computer Club, verband sein technisches Talent mit den Visionen seines Kommilitonen Steve Jobs. Das Duo entsprach voll und ganz dem Hackerklischee. Im elterlichen Schlafzimmer bastelten sie an einem Computer, der auch für Heimanwender erschwinglich sein sollte. 1976 gründeten sie gemeinsam in der Garage der Eltern von Steve Jobs das Unternehmen Apple Computer. Ihr Startkapital stammte aus dem Verkauf von Jobs' VW-Bus und Wozniaks Taschenrechner.

Durch die Kooperation mit einem Kleinhersteller schafften es die beiden schließlich, den Prototypen in kleiner Stückzahl zu produzieren. So kam ihr erster Computer, der Apple I, auf den Markt. Dabei handelte es sich lediglich um eine Platine, das Gehäuse mußte von den Anwendern selbst gebaut werden. Obwohl der Apple I sich für 666,66 Dollar insgesamt nur etwa 200mal verkaufte, gaben die beiden nicht auf und entwickelten mit dem Erlös ein Nachfolgemodell. Dank der gesammelten Erfahrungen und ihres Geschäftssinns schafften die beiden Hacker schließlich den Durchbruch: Der Apple II aus dem Jahre 1977 wurde zu einem der erfolgreichsten Personal Computer seiner Zeit. Noch lange nach Einführung verkaufte sich der Apple II beispiellos und fand bis 1986 über zwei Millionen Käufer. Der Computer war zum Massenprodukt geworden.

### SOFTWARE WIRD KÄUFLICH

Ein anderer Hacker hingegen schlug einen für diese Zeit eher ungewöhnlichen Weg ein. Mit seiner großen, auffälligen Brille und seinem blassen Gesicht paßte er perfekt in das Bild eines typischen Hackers. 1975 gründete William (Bill) Henry Gates III zusammen mit Paul Allen das Unternehmen Micro-Soft (heute: Microsoft). Seine Vision war es, als Produkt nicht Hardware, sondern lediglich Software zu verkaufen. Er sah seine Zukunft nicht darin, elektronische Bauteile zusammenzulöten, sondern wollte statt dessen für bereits bestehende Computersysteme ausschließlich die Software anbieten.

Diese Geschäftsidee wurde von fast allen Hackern verspottet. Der Gedanke, Software verkaufen zu wollen, erschien zu dieser Zeit genauso abstrus, wie den Inhalt eines Getränks ohne Flasche verkaufen zu wollen. Die Vorstellung, für eine Software Geld zu verlangen, widersprach der Hackerethik grundlegend. Sie sah schließlich vor,

Wissen und Erfahrungen frei mit anderen zu teilen. Bill Gates verstieß damit gegen alle Ideale des Homebrew Computer Club. So sahen die meisten Hacker auch keine Erfolgsaussichten, weder geschäftlich noch gesellschaftlich.

Gegen alle Widerstände und überzeugt von seiner Idee, entwarf Gates sein erstes Softwareprodukt: die Weiterentwicklung der Programmiersprache BASIC. Mit Hilfe der verständlichen Kommandos von BASIC war es auch Anwendern mit geringem technischem Verständnis möglich, einen Computer zu programmieren. In der Computersprache wurden für Laien kryptisch erscheinende Zahlenkommandos durch Wörter der englischen Sprache wie beispielsweise PRINT oder SAVE ersetzt.

Bei den technisch versierteren Hackern stieß BASIC von Beginn an auf Verachtung, da sie es als zu oberflächlich und anspruchslos ansahen. BASIC entsprach nicht ihrer Vorstellung, einen Computer vollständig und vor allem mit Vorwissen zu erforschen. Gleichwohl gab es auch schon zu dieser Zeit eine Vielzahl von Computerbegeisterten, die nicht über ein solch umfassendes technisches Wissen verfügten.

Bill Gates' Idee eines neuen Marktes für Software platzte mitten in die idealistische Welt der Hacker. Schließlich waren sie der Meinung, daß jeder Programmierer sein Wissen durch andere habe und nur ein offener Austausch eine Weiterentwicklung gewährleisten könne. Bill Gates wollte jedoch sein Wissen weder mit anderen Hackern teilen, noch sah er ein, daß seine Software von anderen ohne Bezahlung kopiert oder verändert werden durfte. Verärgert schrieb er schließlich einen offenen Brief, den sogenannten »Open Letter« an den Homebrew Computer Club. Darin bezichtigte er diejenigen des Diebstahls, die Software ohne Bezahlung benutzten und kopierten. Der Gedanke einer »illegalen Kopie« sorgte für Verwirrung und weitere Antipathie gegenüber dem jungen Bill Gates.

Der wirtschaftliche Erfolg der Software von Microsoft übertraf jedoch bald selbst die Entwicklung bei den Industrierechnern von IBM.

Durch Gates' Geschäftssinn wurde die Software von Microsoft erfolgreicher, als man es sich je hätte vorstellen können. In den folgenden Jahren eroberte Microsoft den Softwaremarkt zunächst mit dem Betriebssystem MS-DOS (Microsoft Disk Operation System), später mit Microsoft Windows. Mit wachsendem Marktanteil von Microsoft setzte sich in den Köpfen der Verbraucher ein neues Verständnis durch: Software war ein kommerzielles Produkt geworden, für das man zu zahlen hatte.

Bill Gates' Prophezeiung, daß der Computermarkt eines Tages von Software beherrscht werden würde, ging in Erfüllung. Sosehr sich Computerfreaks gegen die Vermarktung von Software und Informationen wehrten, eine Begrifflichkeit ist erst durch den Open Letter entstanden: »Raubkopie«.

## An Open Letter to Hobbyists

To me, the most critical thing in the hobby market right now is the lack of good software courses, books and software itself. Without good software and an owner who understands programming, a hobby computer is wasted. Will quality software be written for the hobby market?

Almost a year ago, Paul Allen and myself, expecting the hobby market to expand, hired Monte Davidoff and developed Altair BASIC. Though the initial work took only two months, the three of us have spent most of the last year documenting, improving and adding features to BASIC. Now we have 4K, 8K, EXTENDED, ROM and DISK BASIC. The value of the computer time we have used exceeds $40,000.

The feedback we have gotten from the hundreds of people who say they are using BASIC has all been positive. Two surprising things are apparent, however. 1) Most of these "users" never bought BASIC (less than 10% of all Altair owners have bought BASIC), and 2) The amount of royalties we have received from sales to hobbyists makes the time spent of Altair BASIC worth less than $2 an hour.

Why is this? As the majority of hobbyists must be aware, most of you steal your software. Hardware must be paid for, but software is something to share. Who cares if the people who worked on it get paid?

Is this fair? One thing you don't do by stealing software is get back at MITS for some problem you may have had. MITS doesn't make money selling software. The royalty paid to us, the manual, the tape and the overhead make it a break-even operation. One thing you do do is prevent good software from being written. Who can afford to do professional work for nothing? What hobbyist can put 3-man years into programming, finding all bugs, documenting his product and distribute for free? The fact is, no one besides us has invested a lot of money in hobby software. We have written 6800 BASIC, and are writing 8080 APL and 6800 APL, but there is very little incentive to make this software available to hobbyists. Most directly, the thing you do is theft.

What about the guys who re-sell Altair BASIC, aren't they making money on hobby software? Yes, but those who have been reported to us may lose in the end. They are the ones who give hobbyists a bad name, and should be kicked out of any club meeting they show up at.

I would appreciate letters from any one who wants to pay up, or has a suggestion or comment. Just write me at 1180 Alvarado SE, #114, Albuquerque, New Mexico, 87108. Nothing would please me more than being able to hire ten programmers and deluge the hobby market with good software.

*Bill Gates*

Bill Gates
General Partner, Micro-Soft

**Bill Gates' Open Letter**

# VOM HACKER ZUM CRACKER

Während in Industrie und Wissenschaft der Umgang mit Computern immer selbstverständlicher wurde, war für den Privatanwender zunächst der Faktor Unterhaltung ein entscheidender Kaufanreiz. Anfang der 80er Jahre schossen in den USA, kurze Zeit später auch in Europa Spielhallen wie Pilze aus dem Boden. Unzählige Jugendliche stürmten die Videospieltempel, in denen ein elektronischer Gegner auf die Herausforderung wartete.

Schon bald konnten sich die ersten Anwender den Spaß auch nach Hause holen. Aus dem »Home Entertainment« wurde schließlich der »Home Computer« geboren. Die kleinen, damals noch leistungsarmen Computer waren mittlerweile für jeden Interessierten zu erschwinglichen Preisen im Handel erhältlich. Bereits Ende 1981 gab es zahlreiche Minicomputer auf dem Markt, die oft nicht größer waren als ein Aktenordner. Die Tastatur bestand teilweise aus unkomfortablen Folientasten, als Monitor mußte man häufig den hauseigenen Fernseher an den Computer anschließen.

Speicherkapazität und Prozessorgeschwindigkeit waren keine entscheidenden Merkmale. Festplatten und Disketten waren für den Privatanwender zunächst gar nicht vorgesehen. Gespeichert wurde die Software vielmehr auf handelsüblichen Musikkassetten, die mit Hilfe entsprechender Laufwerke in den Computer geladen wurden. Diese trugen zwar klangvolle Namen wie Datasette, unterschieden sich jedoch kaum von einem normalen Kassettenspieler.

Lange Ladezeiten einer Software gehörten zum Alltag des Anwenders. So dauerte das Laden eines Computerspiels mit ca. 64 Kilobytes bis zu zehn Minuten. Im Vergleich dazu kann ein Computerspiel von 200.000 Kilobytes heute innerhalb von Sekunden gestartet werden.

Die Speichermedien zu kopieren war für einen technisch versierten Anwender keine große Herausforderung. Er brauchte dazu lediglich einen Kassettenspieler und einen Kassettenrecorder. Dennoch nutzte nur ein Bruchteil von Anwendern diese Methode, um Kopien von Originalkassetten zu erstellen. Die Idee, eine Software auf diese Weise zu kopieren, war noch nicht in die Köpfe der damaligen Anwender vorgedrungen. Die Gefahr der unerlaubten Verbreitung einer Kopie war zu dieser Zeit ohnehin gering. 1981 besaßen gerade einmal 0,4% der amerikanischen Haushalte einen PC.[5] Zudem wies bereits die zweite Kopie eines Originals deutliche Qualitätsdefizite auf, ähnlich wie Kopien von Musikkassetten. Wurde die Software zu oft kopiert, konnte es passieren, daß die Kopie nicht mehr funktionierte. Nur wenige waren in der Lage, eine Computersoftware ohne Störfaktoren zu kopieren, indem sie selbstgeschriebene oder wenig bekannte Programme zu Hilfe nahmen.

Obwohl diese Ära bald von neuartigen Datenträgern wie Disketten abgelöst werden sollte, hatten manche Softwarehersteller bereits damals an so etwas wie einen Kopierschutz gedacht.

### DIE ERSTEN CRACKER

Die Softwarehersteller waren einerseits empört darüber, daß ihre Software illegal kopiert wurde. Andererseits reizte sie die Herausforderung, ihr Produkt unkopierbar zu machen. Um das Jahr 1982 lieferten daher erstmals Softwarehersteller ihre Produkte mit einem Kopierschutz aus.

Das Kopieren war ab dem Zeitpunkt mit den üblichen Maßnahmen nicht mehr möglich. Der Anwender mit einem Kassettenrecorder war nun überfordert und konnte seine Software beispielsweise nicht mehr ohne weiteres für einen Freund kopieren. Diese Maßnahme führte jedoch nicht zu meßbar höheren Verkäufen.

Marius P. (in der **Cracker**-Szene später als MiCe! bekannt) erzählt: »Weihnachten 1982, der größte Tag meines Lebens. Angefleht, angebettelt und gequält hatte ich meine Eltern, bis die sich endlich entschlossen hatten, mir einen Computer zu kaufen. So etwas wie ein Betriebssystem gab es nicht, aber vom Hersteller war eine Kassette mitgeliefert worden. Während viele meiner Freunde nun regelmäßig Kassetten mit Software von ihren Eltern erhielten, ging meinem Computer schnell der Nachschub aus.

›Du hast doch jetzt deinen Computer, was willst du denn noch?‹ hörte ich nur von meinen Eltern.

Das Ausleihen und Kopieren der Software von Freunden war damals meine einzige Möglichkeit, auch mal in den Genuß weiterer Software zu kommen.

Über das Wochenende hatte Marcus, ein Schulfreund, mir sein neuestes Spiel ausgeliehen. Dieses ließ sich jedoch aus mir völlig unerklärlichen Gründen nicht kopieren. Sosehr ich es auch versuchte, die Kopie funktionierte einfach nicht. Ich wußte nur eins: Ich hatte nur ein Wochenende, um dieses Ding irgendwie zu kopieren.

Ich probierte alles mögliche aus. Ich brachte meinen Computer ständig zum Abstürzen, indem ich die Kassette, mitten im Ladeprogramm, immer und immer wieder aus dem Laufwerk zog. Schließlich, nach langer Anstrengung und von Alpträumen von Bits und Bytes geplagt, fand ich heraus, daß an einer ganz bestimmten Ladestelle ein für mich unerklärlicher Code dafür sorgte, daß die Kassette sich nicht kopieren ließ. Ich schrieb diese Sequenz so lange in verschiedensten Varianten selbst, bis sie funktionierte. Dann kopierte ich die Kassette und überschrieb diese eine Stelle mit meinem eigenen Code. Die Kopie funktionierte.«

Die ersten Cracker waren Anwender, die sich notgedrungen der Herausforderung stellten, einen Kopierschutz zu knacken.

# DIE ERSTE GENERATION

Die ersten, zunächst vereinzelt auftretenden Cracker versahen ihre gecrackte Software mit einem Pseudonym und brachten die Kopien in Umlauf. Der **Schulhoftausch** (englisch **Hand Spreading**) wurde zum bevorzugten Verbreitungsweg für Softwarekopien. Schüler im Alter zwischen 10 und 18 Jahren verteilten die Software innerhalb kürzester Zeit von Hand zu Hand, aber auch per Post über den gesamten Globus. Sie fälschten sogar Briefmarken (**Stamp Faking**), um ihre kopierten Disketten über weite Strecken tauschen zu können.

1983 revolutionierte der Commodore 64 (**C64**) die Computerwelt. Es war ein Rechner mit aus heutiger Sicht minimalen 0,064 Megabytes Speicher und 0,009 Gigahertz Prozessorgeschwindigkeit. Seine Grafik- und Soundfähigkeiten und die große Zahl an erhältlicher Software machten ihn jedoch zum Verkaufsschlager. Mit über siebzehn Millionen verkauften Exemplaren hält er bis heute die Spitzenposition in der Rangliste der meistverkauften Computer aller Zeiten. Zwar wurde der C64 ohne Diskettenlaufwerk ausgeliefert, er war aber mit einem Anschluß für ein solches ausgestattet. Mit Hilfe des Diskettenlaufwerks und der entsprechenden Programme war nun ein Kopieren von Software ohne Qualitätsverlust möglich.

Um der Lawine von Kopien Herr zu werden, versahen die Softwarehersteller Mitte der 8oer Jahre fast jede neue Software mit einem eigens entwickelten Kopierschutz. Ihr Plan, den Privatnutzer davon abzubringen, eine Kopie zu erstellen, ging jedoch nicht auf. Es wurde massenweise kopiert, trotz der zum Teil komplexen Kopierschutzmechanismen. Was die Softwarehersteller damals nicht verstanden, war die Tatsache, daß allein die Existenz eines solchen Schutzes dazu führte, daß es sich viele Cracker zum Hobby machten, diesen zu entfernen. Sie hatten eine neue Freizeitbeschäftigung entdeckt: das elektronische Rätselraten.

Der Kopierschutz wurde nicht zum Hindernis, sondern vielmehr ein Grund zum Cracken. Zudem hatten die Cracker eine Schar von Abnehmern, die ihre Arbeit würdigten: die breite Masse der Gelegenheitskopierer. Diese konnten nun die gecrackten Spiele und Programme ohne weiteres kopieren, da der Kopierschutz entfernt worden war. Die gewöhnlichen Schwarzkopierer waren für Cracker aber mehr als nur Abnehmer, zumal Cracker in der Regel kein Geld für ein gecracktes Programm verlangten. Sie waren für sie eher eine Gruppe von Leuten, die ihre Arbeit durch Tauschen weitertrugen, in alle Welt verteilten und so den »Ruhm« des Crackers mehrten.

Durch die wachsende Verbreitung von Schwarzkopien gingen immer mehr Nutzer dazu über, sich Software grundsätzlich nicht mehr zu kaufen. Die Softwarehersteller, die eigentlich nur ihre Programme vor der ursprünglich überschaubaren Zahl von Schwarzkopierern schützen wollten, hatten eine Entwicklung ausgelöst, der sie nun hilflos gegenüberstanden. In vielen Crackerkreisen wird deshalb bis heute gesagt, daß die Softwareindustrie mit der Erfindung des Kopierschutzes ihren größten Fehler begangen habe.

## CRACKING GROUPS

Die zunächst vereinzelt agierenden Cracker schlossen sich nach und nach zu Gruppen zusammen, den **Cracking Groups**. Durch das kontinuierliche Entfernen des Kopierschutzes der Originalsoftware machten sich Cracking Groups nicht nur bei Insidern auf der ganzen Welt einen Namen, sondern auch bei den gewöhnlichen Gelegenheitskopierern. Um ihren Gruppennamen zusammen mit der gecrackten Software möglichst auffällig verbreiten zu können, bauten sie jedesmal einen Vorspann in die Software ein. Dieses sogenannte **Cracktro** – ein Begriff, der sich aus den Wörtern **Crack** und **Intro** zusammensetzt – hatte einzig und allein die Aufgabe, als Werbefläche für den eigenen Gruppennamen zu dienen. Es wurde vor dem Start der eigentlichen Software plaziert und manifestierte den Namen der Cracking Group.

**Cracktro der Cracking Group FairLight**

Bald zeigte sich, daß eine Cracking Group am effektivsten cracken konnte, wenn sie einer bestimmten Arbeitsteilung folgte. Es bildete sich eine Organisationsform heraus, bei der Spezialisten für verschiedene Tätigkeiten im Prozeß des Crackens eingesetzt wurden. So übernahmen manche Mitglieder die Beschaffung der Software, während andere nur für das Knacken des Kopierschutzes oder für die Erstellung der Cracktros zuständig waren.

Der Anreiz für die Cracking Groups bestand jedoch nicht darin, der Softwareindustrie Schaden zuzufügen. Sie wollten sich vielmehr mit anderen Cracking Groups messen. Ihr Antrieb war es, die erste Gruppe zu sein, die eine Software als geknackte Kopie veröffentlichte. Eine solche Erstveröffentlichung wurde **Major Release** genannt.

Auch versuchten die Cracking Groups, in ihren Cracktros die beste Grafik und Musik innerhalb der Szene vorweisen zu können. Kommerzielle Vorteile durch den Nichterwerb von Software sind zu jener Zeit nicht die treibende Kraft gewesen. Hinzu kam, daß zur damaligen Zeit ein Unrechtsbewußtsein kaum vorhanden war. Das Kopieren von Programmen wurde, ähnlich wie das Kopieren von Schallplatten auf Musikkassetten, als Selbstverständlichkeit empfunden. Der Kopierschutz war lediglich ein lästiges Hindernis, das es schnell zu umgehen galt.

Die Cracker bildeten eine Subkultur, die ähnlich dachte und agierte wie die parallel weiterexistierende Hackerkultur. Das Motiv der Technikbegeisterung war das gleiche wie bei der Entstehung der ersten Hackerclubs. Die Vorstellung, bestehende Hindernisse durch technische Innovationen zu überwinden, war im Handeln der Cracker verankert, obwohl beide Kulturen nicht direkt miteinander kommunizierten. Die Crackerszene bildete sich zu einer Zeit des Spielebooms, auch ohne die Hackerkultur bewußt als Vorbild genommen zu haben. Dennoch teilte sie die Auffassung der Hacker, daß es legitim sei, eine Zugangsbeschränkung zu umgehen. Auch wenn sie nicht die strenge Ethik der Hacker übernahm, lebte der Grundsatz der »freien Information« bei ihr fort.

Kopiergeschützte Programme waren somit einerseits ein Hindernis, der eigenen Begeisterung nachzugehen, und zugleich eine Herausforderung. Die meisten Cracker wollten einfach nur zeigen, daß sie die von den Softwarefirmen als unknackbar angekündigte Software bezwingen konnten. Erst der dadurch entstehende Wettstreit machte es möglich, daß sich aus der bloßen Faszination heraus eine weltweit agierende Subkultur entwickeln konnte. Mit der Entstehung einer globalen Softwareindustrie, die mit verschiedensten Methoden versuchte, ihre Software vor dem Kopieren zu schützen, entstand gleichzeitig ein unsichtbares Netzwerk. Millionen von Kopien gecrackter Software fanden darüber ihren Weg zum Konsumenten.

## GECRACKTE SOFTWARE VERSUS ORIGINAL

Viele Cracking Groups spezialisierten sich in der Folge auf bestimmte Softwarehersteller, die ihren Kopierschutz immer an der gleichen Stelle oder nach ähnlichen Mustern ansetzten. Auch wenn Hersteller Produkte in großer Zahl veröffentlichten, machten es sich die Gruppen zur Aufgabe, sie alle binnen kürzester Zeit, meist innerhalb weniger Stunden nach Veröffentlichung, zu cracken und zu verbreiten.

Als der Wettbewerb zwischen den Cracking Groups immer größer wurde, gingen die Cracker einen Schritt weiter: Mit dem Knacken des

Kopierschutzes war die Arbeit nicht mehr getan. Sie bauten in die Spiele sogenannte **Trainer** ein, die es den Spielern ermöglichten, weitere Optionen wie »Unendliches Leben«, »Beliebige Levels überspringen« und ähnliches einzustellen. Zudem maßten sich die Cracking Groups an, die Software der Hersteller zu optimieren und auch Programmfehler, sogenannte **Bugs**, zu korrigieren. Die gecrackten Versionen waren so im Vergleich zur Originalsoftware stabiler und weniger fehleranfällig. Mit den Worten »cracked, trained and bugfixed« versuchten die Cracking Groups, sich von anderen Gruppen durch die Qualität ihrer Cracks zu unterscheiden. Viele konnten sich auf diese Weise in der Szene Respekt verschaffen.

Kooperationen zwischen Cracking Groups waren keine Seltenheit. Viele Gruppen waren aufgrund ihrer Größe über die ganze Welt verteilt. Sie veröffentlichten gemeinsam mit anderen Gruppen und versuchten durch die Verbindung zweier Namen bekannter zu werden. Mitglieder von zwei oder mehr Gruppen schlossen sich oft zu einer weiteren Cracking Group zusammen, während die anderen beiden noch aktiv agierten. Diese sogenannten **Splits**, die immer häufiger wurden, trugen dazu bei, daß sich die Cracking Groups wie bei der Zellteilung vermehrten.

Durch die Entstehung neuer Computerplattformen stieg Mitte der 80er Jahre die Nachfrage nach Software erheblich. Immer mehr Programme, zum Teil mit verbesserten Kopierschutzmechanismen, kamen auf den Markt. Die Software begann zunehmend die Qualität des Computers zu bestimmen. Mit dieser Entwicklung wurden die Cracking Groups noch größer und organisierter. Immer mehr Mitglieder wollten sich der Herausforderung stellen, einen Kopierschutz zu knacken.

Bald war nicht mehr nur die Rede von einzelnen Cracking Groups, sondern von einer »Szene«. Wie bei den Hackern entstand ein eigener Szenejargon, der bis heute lebendig ist und sich fortwährend weiterentwickelt. Nicht zuletzt aufgrund der gemeinsamen Sprache empfanden sich die Cracker als verschworene Gemeinschaft.

## EXKURS: DER CRACKERJARGON

Die Sprache der Cracker entstand aus einer Mischung von Hackerslang und den Jargons anderer Subkulturen, wie zum Beispiel der Skateboard- oder Graffiti-Szene. Typisch ist vor allem eine willkürliche Verwendung der Groß- und Kleinschreibung. Häufig werden Buchstaben auch durch ähnlich aussehende Zahlen oder Sonderzeichen ersetzt, was ursprünglich verhindern sollte, daß abgefangene Nachrichten von polizeilichen Ermittlern automatisch ausgelesen werden konnten.

Beispiel:

7 ersetzt T

3 ersetzt E

1 ersetzt L

etc.

Das Wort **Elite**, das im Crackerjargon recht häufig benutzt wird, wird oft mit »31337« oder »**1337**« verfremdet.

Sehr oft wird auch das englische Plural-s durch ein »z« ersetzt. Schwarzkopien nennt man somit in der Szene **Warez**. Dabei unterscheidet man **Gamez** (Spiele) und **Appz** (Applikationen, Anwendungsprogramme). Außenstehende oder schlicht unerwünschte Personen werden in der Szene als **Lamer** (zu deutsch: jemand, der lahm ist) verspottet.

Ein ganzer Satz aus der Crackerszene könnte beispielsweise lauten: »pH33r mY 31337 h4xor 5k177z, u 1aMer«, was bedeutet: »Fear my elite haxxor (hacker) skills, you lamer!« (zu deutsch: Fürchte meine überlegenen Hackerfähigkeiten, du Verlierer). Klare Regeln zur Entschlüsselung gibt es jedoch nicht.

Einige der neuen Begriffe wurden schließlich sogar in den ursprünglichen Hackerjargon aufgenommen. Viele Ausdrücke sind mittlerweile auch in den allgemeinen Sprachgebrauch von Jugendlichen bei der Kommunikation im Internet eingegangen.

2000 AD, 7upcrew, Abandon, Absolute, Abyss, Access, Accession, Accumulators, Ache, Acid, Ackerlight, Acu, Adept, Advanced, Aeon, Agile, Alcatraz, Alpha Flight, Amaze, Andromeda, Angels, Anthrox, Apocalypse, Arcane, Arkham, Ascenders, Aspect, Assault, Aurora, Avalon, Avantgarde, Avenger, Axe, Axxion, Backslash, Bad Karma, Bamiga Sector One, Bencor Brothers, Bently Sidewell Productions, Betrayal, Beyonders, Bionic, Black Aces, Black Division, Black Squadron, Blackmonks, Blitter Brothers, Blizzard, Brainwire, Bronx, Byte Busters, CBC, CCS, CDI, Chameleon, Champs, Chemical Reaction, Cherry, Chryseis, Class, Classic, CMEN, Comax, Company, Conqueror, Conspiracy, COPS, Copy Crew, Core, Corpse, Corrupt, CPU, Crack Inc., Crackers In Action, Crackheads, Cracking Boys, Crest, Crimewatch, Crux, Crystal, CSS, Cybertech, D.D.C, D-Age, D-Tect, Damones, Dark Star, Darkness, Deathangel, Deathstar, Decade, Decent, Decision, Defcon 1, Defjam, Delight, Delirium, Demon Release Crew, Depth, Destroyers, Devotion, Diamonds, Digital Corruption, Disarm, Divide, Divine, Downtown, Dracs, Dragon, Dreamteam, Drunken Rom Group, DS, D-Tect, Dualcrew, Dynamix, Dynasty, Dytec, E.S.I, Eartzsea, Eca, Eclipse, Elevation, Energy, Ep, Epsilon, Escape, Etoile Noir, Euphoria, Everlast, Excel, Excide, Exodus, Extensors, Extreme, Faction, Fairlight, Faith, Fantasy, Fast, Fast Action Trading Exchange, Fazwonga, FCC, Felix, Fienbein, Fighting Force, Firestarters, Force Team, Freestyle, Freezers, Frontier, Fusion, Future Brain Inc, Genesis, Ghost Riders, Gin, Global, Gnudesign, God, Goonies, Gothic, Great Swappers, Gsc, Guild of Thieves, Haujobb, HCC, Hellfire, Heresy, High Tension, Hoodlum, Horizon, Hotline, HQC, Human Waste, Hybrid, IBB, ICS, Illusion, Image, INC Utility Division, Infinite Perfection, Inner Circle, Insane, Intensity, International Network of Crackers, Interpol, Ivory, Jetset, Jism, Joy, Just For Fun, KGB, Kingdom, Krabat, Kryn Headhunters, Legacy, Legend, Lightforce, Line to Heaven, LKCC, Loner, Loons, Lord, LSA, LSD, Mad, Mad Monks, Madhouse, Madway Boys,

Magicarts, Magnetic Fields, Martyrium, Masters, Mayhem, Mcp, Mea Culpa, Megabyteinc, Megaforce, Megatron, Metallians, MGF, Micron, Mighty druids, Ministry, Miracle, Mirage, Motion, Movers, Mystic, Myth, Napalm, National Elite Underground Alliance, Nemesis, Neutron, New Age, Neworder, Nightsoft Hangover, No Class, Noize, Northstar, Nova acies, Noxious, Oddity, Oks, Oracle, Orb, Organized Crime, Origin, Orion, Ott, Outlaws, Palace, Pantera, Paradigm, Paradise, Paradox, Paranoimia, Passwords, Peninsul Team, Pentagram, Perfection, Phantasy, Phantom, Phoenix, Phr Crew, Phrozen Crew, Piranhas, Pirates, Power, Powerslaves, Preluxe, Prestige, Prism, Prodigy, Progress, Proton, Pseudo-Ups, PSI, Public Enemy, Pulsar, Pulse, Punishers, Quadlite, Quartex, Queen, Quest, Quicksilver, Quoram, Radical, Rage, Random Access, Rastan, Razor 1911, Rebels, Red Sector, Rednex, Reflex, Reflexxion, Resistance, Resolution 101, Robin Hood, Rod, Roncler Gang, Royal, Rudi, RUS iSO, Rust, Sado City, Savage, Scandal, Sceptic, Schlappy, Scienide, Scoopex, Scrooge, Section8, Sensics, Setrox, Seven Eleven, SFX, Shining 8, Silents, Skandal, Skid Row, Skillion, Slipstream, Smurf, Snf, Sniper, Solitudes, Sonik, Sorcerers, Spirit, Spreadpoint, Squadron, SSR, Starfrontiers, Stoneage, Storm, Subsoftware, Subway, Subzero, Sunflex, Sunriders, Superior Art Creations, Supplex, Supreme, Switch, Syndicate, Synergy, Tarkus Team, TBR, TDT, TDU-Jam, Technobrains, Tectron, Tension, Testament, The Band, The Bitstoppers, The Firm, The Humble Guys, The Kent Team, Threat, Thrill Kill Kult, Thrust, Thunderloop, TKK, TMD, Toc, Top Swap, Toxic, TPB, Tradersdream, TRF, Tribe, Trilogy, Tristar, Triton, TRSI, TSK, TSL, TSS, Twilight, UGC, Undertakers, Unique, Unit-A, United Cracking Force, United Forces, Valhalla, Vantage, Vega, Vendetta, Venture, Versus, Vice, Vision, Vision Factory, Voodoo, Vortex, Wanted Team, Warhammer, Weetibix, Wella Designs, Whitesnake, Wizards, Wizzcat, Wonder Twins, World of Wonders, Xerox, X-Pression, XTC, X-Trek, Zaracon, Zelnik, Zenith, Zero defects, Zigag, Zike, Zylon.[6]

## NEUE VERBREITUNGSWEGE

Die Verbreitung von Schwarzkopien beschränkte sich zunächst auf die persönliche Weitergabe und den Postweg. Erst später weitete sie sich auch auf die Datenfernübertragung und Telefonleitungen aus. Da das Internet damals noch in kaum einem privaten Haushalt vorhanden war, benutzte die Szene Modems, um die Software weltweit verteilen zu können.

Die Verbreitung fand anfangs nur über geschlossene, ausschließlich den Szenemitgliedern (**Scenern**) zugängliche Netzwerke statt. Die Szene wählte sich in spezielle Systeme, sogenannte **Bulletin Board Systems (BBS)**, ein und verbreitete täglich gecrackte Software. Diese **Boards** wurden zur größten Kommunikations- und Tauschbörse der Crackerszene.

Die Einwahl in ein Board erfolgte über ein Modem vom heimischen Rechner aus. Das Board bot den Mitgliedern die Möglichkeit, Dateien abzuladen und untereinander zu verbreiten. Darüber hinaus konnten sie sich über die neusten Ereignisse der Szene austauschen und frisch veröffentlichte Schwarzkopien (**Releases**) diskutieren. Die Oberflächen der Boards bedienten sich oft einer verwirrenden Navigation. Das Fehlen grafischer Objekte erschwerte Laien die Nutzung. Außerdem war Außenstehenden der Zugang aufgrund der zahlreichen und sich ständig ändernden Zugangspaßwörter nahezu unmöglich.

Bei einem Board stand jedoch auch den Mitgliedern nur eine begrenzte Menge an Leitungen zur Verfügung. Es herrschte daher der Grundsatz, daß zunächst einmal nur diejenigen etwas herunterladen durften, die auch bereit waren, die Szene aktiv zu unterstützen. Bei vielen Boards gab es daher ein sogenanntes **Ratio**, welches das Verhältnis von Nehmen und Geben regelte. Ein Ratio von 1:3 bedeutete, daß ein aktives Mitglied beispielsweise 100 Kilobytes an Daten vom eigenen Rechner auf das Board übertragen mußte, um 300 Kilobytes an gecrackter Software herunternehmen zu dürfen.

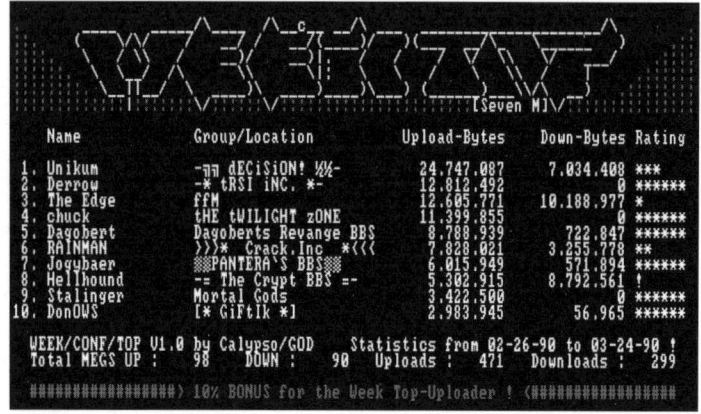

| Name | Group/Location | Upload-Bytes | Down-Bytes | Rating |
|------|----------------|--------------|------------|--------|
| 1. Unikum | -꿸 dECiSiON! ½½- | 24.747.087 | 7.034.408 | *** |
| 2. Derrow | -* tRSI iNC. *- | 12.812.492 | 0 | ****** |
| 3. The Edge | ffM | 12.605.771 | 10.188.977 | * |
| 4. chuck | tHE tWILIGHT zONE | 11.399.855 | 0 | ****** |
| 5. Dagobert | Dagoberts Revange BBS | 8.788.939 | 722.847 | ****** |
| 6. RAINMAN | )))* Crack.Inc *((( | 7.828.021 | 3.255.778 | ** |
| 7. Joqybaer | ▓PANTERA'S BBS▓ | 6.015.949 | 571.894 | ****** |
| 8. Hellhound | -= The Crypt BBS =- | 5.302.915 | 8.792.561 | ! |
| 9. Stalinger | Mortal Gods | 3.422.500 | 0 | ****** |
| 10. DonOWS | [* GiFtIk *] | 2.983.945 | 56.965 | ****** |

WEEK/CONF/TOP V1.0 by Calypso/GOD   Statistics from 02-26-90 to 03-24-90 !
Total MEGS UP :   98   DOWN :   90   Uploads :   471   Downloads :   299

################) 10% BONUS for the Week Top-Uploader ! (################

**Screenshot aus einem Board mit der Rangliste der fleißigsten Mitglieder**

Der Wettkampf der Cracking Groups um den schnellsten Crack einer Software wurde mit der Zeit immer organisierter. Die Gruppen konkurrierten permanent um die Erstveröffentlichung neuer Schwarzkopien. Diese wurden oft nach einem Punktesystem bewertet, und wie beim echten Sport gab es Tabellen mit den Plazierungen der führenden Mitglieder und den dazugehörigen Gruppen. Die illegal verbreitete Software war meist erst am selben Tag in den Handel gekommen (**0-Day-Warez**, abgekürzt **0Dayz**), oder sie wurde, durch enge Kontakte zu den Mitarbeitern mancher Softwarehersteller, sogar noch vor dem offiziellen Erscheinungstermin in den Boards verbreitet. Die Cracking Groups schmückten sich mit der Gesamtzahl ihrer Major Releases, um ihren Status in der Crackerszene zu manifestieren. Hin und wieder kam es auch vor, daß im Wetteifer eine Software von verschiedenen Cracking Groups gecrackt und als Kopie veröffentlicht wurde. Der zweite Crack desselben Produkts, der es in die Verbreitung geschafft hatte, wurde in der Szene als **Dupe** bezeichnet (abgeleitet vom englischen Wort »duplicate«). Dupes wurden von anderen Cracking Groups fast immer mit einem sogenannten **Disrespect** geächtet.

Wie bei den Cracking Groups selbst entstand auch unter den Betreibern der Boards (den sogenannten **Sysops** oder **Ops**, Kurzform des englischen Begriffs »system operators«) ein harter Konkurrenzkampf darum, wer die aktuellsten Releases auf seinem System anbieten konnte. Demjenigen, der es mit seinem Board an die Spitze schaffte, war der Respekt der Szene gewiß.

Ende der 80er Jahre war die Szene weltweit bereits zu mehreren zehntausend Mitgliedern angewachsen, die anfingen sich als »Elite« zu bezeichnen. Es ging nun nicht mehr darum, sich Respekt oder Ruhm bei Gelegenheitskopierern zu verschaffen, sondern nur noch innerhalb der eigenen Szene so bekannt wie möglich zu werden. Es entwickelte sich eine ganz eigene Kultur des Crackens. Die »Crackerelite« wurde eine in sich geschlossene Gemeinschaft, die ein Eigenleben mit speziellen Regeln führte. Einer Cracking Group einfach beizutreten war nicht möglich. Es mußte eine Bewerbung abgeliefert werden, die eingehend geprüft wurde. Ohne Referenzen, wie zum Beispiel bisherige Mitgliedschaften oder Empfehlungen von Szenemitgliedern, blieb einem Bewerber der Zugang verwehrt.

Damit war eine neue Subkultur der Cracker entstanden, die unaufhörlich wuchs. Mitte der 90er Jahre wurde die Zahl der Mitglieder auf 50.000 geschätzt, und die Szene war auf einem neuen Höhepunkt angelangt.[7]

# GENERATIONSWECHSEL

Die Mitglieder der ersten Generation konnten noch weitgehend im verborgenen agieren. Ihre Boards waren schwer zu durchschauen, der Zutritt zu ihnen streng reglementiert. Nur wenige Insider wußten überhaupt von ihrer Existenz. Der normale Computeranwender gelangte nur über Freunde oder Kollegen an Schwarzkopien. Die Welt der Szene veränderte sich jedoch schlagartig mit dem Aufkommen des Internets in den 90er Jahren. Immer mehr Software, die aus der Sicht der Cracker eigentlich nie die Pforten der Elite hätte verlassen dürfen, gelangte so zum Normalverbraucher. Nach Meinung der Cracker konnte nun jeder Gelegenheitskopierer von ihrer Arbeit profitieren, ohne etwas für die Szene zu tun. Das Internet ermöglichte jedem, selber Software zu tauschen und zu verbreiten, was als Privileg bisher denen vorbehalten gewesen war, die zur Szene gehörten. Die einst geheime Welt, in der sich die Cracker bewegt hatten, wurde plötzlich für jedermann zugänglich. Die Einzigartigkeit der Szene schien gefährdet.

Als im Februar 1997 im Rahmen der sogenannten »Cyberstrike Campaign« fünf große Boards in nur einer Woche von der Polizei zerschlagen wurden (in der Szene wird diese Art der Verhaftungen als **Bust** bezeichnet), sahen viele Szenemitglieder keinen Sinn mehr in ihrem Streben, die Welt der Cracker weiterhin mit dem Betreiben von Boards zu unterstützen. Das Ende der Board-Ära war gekommen. So kam es, daß viele Mitglieder gar vom Ende der Szene sprachen und erklärten, die neue Entwicklung sei mit den ursprünglichen Werten nicht mehr vereinbar. Es wurden viele Rücktrittsmitteilungen veröffentlicht wie die der Cracking Group BB: »for more than 5 years now, we rocked the scene with high quality releases. but what happened the last weeks, is not what we had been in mind when we started. the scene is not the same anymore. due to all the suckers that call

NO ©OPY

themselves sceners: we decided to leave for good. greets to all the real sceners, you know who you really are!«

## ZEIT DER WEBWAREZ

Eine Entwicklung, die viele Szenemitglieder darin bestärkte, der Szene den Rücken zu kehren, war das Aufkommen der **Webwarez**. Dies waren Schwarzkopien, die auf Websites zum Download angeboten wurden. Die Dateien lagen dabei ganz offen, ohne Paßwortschutz zum Download bereit. Ein einfacher Mausklick genügte, um sie auf dem heimischen Computer zu speichern.

Ähnelten die geheimen Quellen der Crackerszene noch Kellergeschäften, in die man nur durch persönliche Verbindungen und Nennung von Paßwörtern gelangte, flogen die Schwarzkopien nun auf Websites herum wie kostenlose Mitnahmeprospekte in Läden.

Der Grund für diese Entwicklung war auch auf die Unerfahrenheit der Strafverfolgungsbehörden mit dem Internet zurückzuführen. Viele Ermittler wußten damals recht wenig mit dem Thema anzufangen. Die Infrastruktur für eine digitale Ermittlung gegen Schwarzkopierer im Web steckte noch in den Kinderschuhen. Eine Strafanzeige gegen Webbetreiber wurde oft aufgrund fehlender Beweise schnell wieder eingestellt. Dadurch fanden die Gelegenheitskopierer zunächst eine stabile Plattform, um Schwarzkopien zu verteilen.

Viele Webwarez-Betreiber gingen so weit, den Besuchern ihrer Seite eine **Upload**-Funktion anzubieten. Wer sich an der Website beteiligte, war eingeladen, etwas zum Angebot beizutragen. So war es Besuchern sogar möglich, selbst Verzeichnisse in einer Website zu erstellen. Da hierdurch auch die Pflege der Websites immer zeitintensiver wurde, bildeten sich wie einst bei den Cracking Groups organisierte Webwarez-Gruppen. Es gab einen Leiter, der einige Adjutanten für die einzelnen Bereiche ernannte. Die Mitglieder in der unteren Hierarchie hatten die Aufgabe, die Website mit Warez zu füllen.

Mit dem erweiterten Angebot stiegen die Besucherzahlen und damit wiederum die Zahl der Uploader. Die Anzahl der Webwarez-Sites wuchs auf diese Weise rasend schnell. Bald wurden Ranglisten erstellt, die die Top-Uploader mit ihren Pseudonymen auf den Webwarez-Sites auflisteten. Die Strukturen ähnelten sehr denen der ursprünglichen Szene. Wie auch bei den Crackern entstand zwischen den Websites ein Wettstreit: Den größten Ruhm ernteten die Sites, die die meisten und aktuellsten Schwarzkopien anbieten konnten. Mit Verachtung wurden hingegen jene Webwarez-Sites gestraft, die ihr Angebot zu erweitern versuchten, indem sie lediglich Links zu den Schwarzkopien auf anderen Websites setzten. Ihre Betreiber wurden vom Rest der Szene als **Linkstealer** geächtet. Sie galten als Schmarotzer, die die Sammlungen anderer ausnutzten. Auch hier galt der Grundsatz, daß nur eigene Arbeit mit Ruhm und dem Respekt der Mitstreiter belohnt wurde.

Der Musik- und Softwareindustrie sowie den Strafverfolgungsbehörden blieb das rege Treiben im Internet jedoch nicht lange verborgen. Die ersten Diskussionen darüber, daß das Internet nicht länger ein rechtsfreier Raum sein dürfe, kamen etwa ab 1996 in sämtlichen Medien auf.[8] Durch die Industrie angetrieben, wurden auch die Ermittler dazu veranlaßt, ihre Kompetenzen auf das Internet auszuweiten. Da die Webwarez-Sites nicht im verborgenen organisiert waren, stellte es sich als nicht allzu schwierig heraus, gegen ihre Betreiber vorzugehen. Außerdem wurden die Dienstleister, die den Speicherplatz für Websites vergaben, verpflichtet, die Verantwortung für ihre Dienstleistungen zu übernehmen.

Im Jahre 2000 war die Webwarez-Szene schließlich fast völlig ausgestorben. Heute gibt es aufgrund scharfer Kontrollen nur noch wenige Internetseiten, die über einen längeren Zeitraum Schwarzkopien zum freien Download bereithalten können.

Und doch zeigten die plötzlich entstandenen Webwarez eindrucksvoll, wie groß auch bei den Gelegenheitskopierern der Wunsch nach einer eigenen Szene war. Websites schienen zwar kein dauerhaft geeigneter Ort für Schwarzkopien zu sein, das Internet hatte jedoch dafür gesorgt, daß sich die Gelegenheitskopierer etwas in den Kopf setzten: die weltumspannende Verbreitung und Beschaffung von Schwarzkopien. Es war daher nur eine Frage der Zeit, bis sich auch die Gelegenheitskopierer in einem zweiten Anlauf zu einer Subkultur formieren würden.

**KOPIE DER KOPIE DER KOPIE**

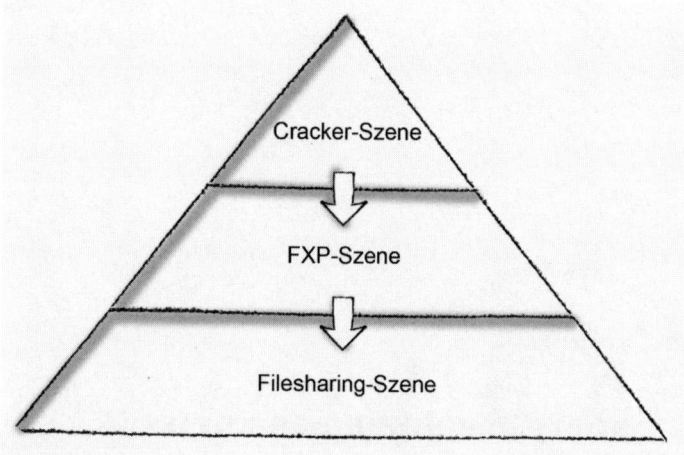

**Die Verbreitungspyramide**

# DIE ZWEITE GENERATION

Auf die Szene wirkte das World Wide Web wie eine Revolution auf eigenem Grund und Boden. Die bisherigen Methoden, gecrackte Software zu verbreiten, schienen durch das Internet überholt. Viele Szenemitglieder, die nach fast zwanzig Jahren Aktivität in der Crackerszene mit dem Internet nicht viel anzufangen wußten, sahen sich verdrängt. Altbekannte Cracking Groups und deren führende Mitglieder verschwanden von der Bildfläche. Doch während der Großteil der ersten Generation den Untergang einer Ära beklagte, versuchten die verbliebenen Mitglieder sich zu reorganisieren. Es formierte sich eine neue Generation und schließlich eine noch größere und mächtigere Szene.

## SCHÖNE NEUE SZENE

Mit den Möglichkeiten des Internets konnten die jungen Cracker neue Strukturen aufbauen. Eine Reihe technischer Neuerungen trieb den Umbruch weiter voran: Magnetbänder und Disketten wurden durch schnellere und größere Massenspeicher wie CDs und bald darauf DVDs ersetzt.

Zudem entwickelte sich eine neue Branche, die es ermöglichte, Waren nicht nur übers Internet zu bestellen, sondern gleich in digitaler Form zu erwerben. Während Software früher in der Szene noch über langsame Modemverbindungen übertragen wurde, eröffneten sich für Internetnutzer bislang ungeahnte Möglichkeiten, Musikalben, Kinofilme und mehr über schnelle Internetverbindungen zu tauschen.

Dieser technische Fortschritt erweiterte das Betätigungsfeld der Cracker enorm. Es wurden nicht mehr nur Kopien von Softwareprogrammen erstellt, sondern auch Duplikate von Filmen, Musik-CDs und sogar digitalisierten Büchern. Im Jargon der Szene wurden alle

Tauschobjekte weiterhin unter »Warez« zusammengefaßt. Da viele dieser Medien keinen Kopierschutz aufwiesen, den es zu knacken galt, trat die Tätigkeit des Crackens zunächst in den Hintergrund. Es ging vielmehr darum, eine Kopie zu erstellen und zu veröffentlichen (im szeneinternen Jargon: **releasen**). Neben den Cracking Groups gab es nun weitere Gruppen, die sich auf die neuen Medien spezialisierten. Einige Groups wurden Spezialisten für das Kopieren von Filmen, andere wiederum releasten ausschließlich Musikalben. Da nunmehr das Erstellen und Verbreiten einer Schwarzkopie nicht mehr zwangsläufig mit dem Knacken eines Kopierschutzes verbunden war, erschien die Bezeichnung Cracking Group irgendwann unpassend für die neuen Gruppierungen. Aus diesem Grund wird eine Gruppe, die Warez veröffentlicht, heute als **Release Group** (manchmal auch als **Warez Group**) bezeichnet.

Die Release Groups der zweiten Generation bilden dennoch keine völlig neue Szene. Sie stehen in enger Tradition zu ihren Vorgängern. Der Ehrenkodex und die Hackerkultur der 60er Jahre und die Kultur der Cracker der 80er Jahre wurden unbewußt weitergereicht. Über Aufzeichnungen und Erzählungen sind die Namen ehemals großer Gruppen in Erinnerung geblieben. Viele Cracker der 80er Jahre gelten der neuen Generation als Vorbilder. Nach wie vor versteht man sich als Teil einer Gemeinschaft, ob nun **Release-Szene**, Warez-Szene oder weiterhin auch einfach nur »Die Szene«.

## DER URSPRUNG ALLER WAREZ

Obwohl einer Studie des Kopierschutzherstellers Macrovision zufolge über die Hälfte aller Computerspieler regelmäßig Warez nutzt, wissen nur wenige von ihnen um deren Herkunft.[1] Dabei hat jede Kopie, die unter Freunden getauscht oder aus dem Internet heruntergeladen wird, zwangsläufig einen Ursprung. Es gibt ein Original, von dem erstmalig eine Kopie erstellt wurde. Diese Kopie wird dann von weiteren Personen vervielfältigt, die sie ihrerseits weiterkopieren. Dank der digitalen Duplikationstechnik sind alle Kopien qualitativ identisch mit dem Original. Die Schwarzkopie, die schließlich auf der Festplatte des Gelegenheitskopierers landet, ist im Grunde die Kopie der Kopie der Kopie …

Wenn in den Medien von Anstrengungen der Industrie gegen »die Raubkopierer« die Rede ist, sind damit in der Regel Gelegenheitskopierer gemeint, die sich übers Internet mit Warez versorgen. Doch auch wenn die **Tauschbörsen** des Internets zu den bekanntesten Umschlagplätzen von Warez gehören, der Ursprung der Kopien sind sie zumeist nicht. Bis beispielsweise ein Computerprogramm in einer Tauschbörse auftaucht, hat es in der Regel schon einen weiten Weg hinter sich. Für eine Schwarzkopie ist das WWW oder die Tauschbörse nur der Endpunkt einer langen Reise. Sie beginnt in der Release-Szene, der Geburtsstätte der Warez.

Beinahe jede illegale Kopie eines Softwareprogramms, Films oder Musikalbums entsteht in dieser geheimen, verschlossenen Welt und folgt dann einem effizienten Verbreitungsweg. Auf diesem Weg steigt die Anzahl der Nutzer, die sie herunterladen und weiterkopieren, exponentiell an. Die Release Groups setzen eine Lawine in Gang, die nicht mehr aufzuhalten ist.

An der Spitze der Verbreitung stehen die Release Groups, die täglich neue Warez veröffentlichen. Ihr Interesse gilt dabei aber nicht der weltweiten Verbreitung der Schwarzkopien, sondern wie einst in der ersten Generation dem Wettbewerb untereinander. So zirkuliert eine Kopie zunächst nur innerhalb dieser abgeschotteten Release-Szene. Bis zu diesem Punkt stehen die Warez nur eingeweihten Freaks zur Verfügung. Die totale Abschottung gelingt aber auch den Release Groups nicht. So erreichen die Warez die nächste Stufe der Verbreitung, bis sie von jedem Internetnutzer mit geringem Aufwand beschafft werden können.

# RELEASE-SZENE

»We attack, adapt, improvise and survive!
We are FairLight and will continue to be FairLight.
FairLight IS the delight of ETERNAL might!«
Selbstdarstellung der Release Group FairLight

Für ihre Mitglieder stellt die Release-Szene eine ganz eigene Welt dar. Ihre Untergrundgemeinschaft ist aus rechtlicher Sicht zwar durchaus als kriminell zu bezeichnen, dabei ist sie aber mit kaum einer anderen illegalen Organisation zu vergleichen. Ihr Streben gilt nicht finanziellem Profit. Und dennoch stellt sie für ihre Mitglieder mehr als nur ein Hobby dar. Viele Mitglieder sind geradezu besessen von der Szene.

Das Leben in der Szene gleicht einem stetigen Wettlauf mit der Zeit. Das ultimative Ziel ist es, nicht nur den anderen Gruppen zuvorzukommen, sondern auch den vom Hersteller vorgesehenen Veröffentlichungstermin zu unterbieten. Die Release Groups geben sich erst dann zufrieden, wenn die Kopie veröffentlicht wird, noch bevor sie im Handel erworben werden kann.

Die Release Groups sind dabei selten über die aktuellen Bemühungen ihrer Konkurrenzgruppen informiert, wenn es darum geht, eine Kopie zu releasen. Sie wissen nicht, ob nicht auch eine andere Gruppe kurz davor steht, das gleiche Release zu veröffentlichen. Ihre größte Furcht ist es, daß eine andere Group ihnen mit einem Release zuvorkommt, an dem sie selber gerade arbeiten. Schon wenige Minuten können hier über Sieg oder Niederlage entscheiden.

Dieser Wettbewerb mit seinem enormen Zeitdruck führt dazu, daß nahezu jede neue Software, jeder Film und ein Großteil der Musikveröffentlichungen spätestens am Tag ihres Erscheinens in der Release-Szene verbreitet werden. Die Anzahl dieser **0-Day-Releases**, die vom Erscheinungsdatum des Originals gerechnet nicht älter als 24 Stunden sind, steigt von Jahr zu Jahr. Jährlich dürften über 100.000 0-Dayz erscheinen.[2] Somit werden jeden Tag Hunderte Schwarzkopien von Release Groups freigesetzt.

Um den Überblick zu behalten, pflegt die Szene ihre eigenen Online-Datenbanken. Dort werden die aktuellen Veröffentlichungen der Release Groups aufgelistet. Diese Datenbanken (in der Szene **Dupecheck** oder **Checkpoint** genannt) sollen einerseits verhindern, daß eine bereits releaste Kopie erneut veröffentlicht wird. Andererseits dienen sie als Rangliste und zeigen die Reputation einzelner Gruppen in der Szene an.

Immer noch tragen die Release Groups geheimnisvoll klingende Namen und agieren wie konspirative Vereinigungen. Einige von ihnen existieren seit fast zwanzig Jahren. Zwar ist ihre ursprüngliche Besetzung schon lange nicht mehr vorhanden, doch ihr Gruppenname wird von neuen Mitgliedern mit Stolz weitergetragen. Diese Gruppen sind die Legenden der Szene. »FairLight« oder »Centropy« sind sogar Gelegenheitskopierern ein Begriff. Die Namen bekannter Gruppenmitglieder sind für Außenstehende einfach nur seltsame Pseudonyme, in der Szene dagegen spricht man über sie wie über Popstars. Immer wieder schaffen es aber auch neue Gruppen, sich einen Namen in der Szene zu machen.

Die Motivation der Szenemitglieder liegt in der Anerkennung der Szene. Genauso wie die Szenemitglieder einst diejenigen Gruppen bewundert haben, die ihnen die kostenlose Nutzung jeder erdenklichen Software ermöglichten, möchten sie eines Tages selbst bewundert werden. Finanzieller Profit oder Schädigung der Hersteller liegen ihnen dagegen fern. »Die Gruppen sehen ihr Handeln als Sport«, erläutert Szenemitglied Predator die Motivation der Release Groups. »Jedes Spiel ist für uns ein Rennen, aus dem die Group als Sieger hervorgeht, die zuerst eine funktionsfähige Schwarzkopie vorstellt. Als Prämie winkt kein Geld, sondern die Anerkennung der Szene.«[3]

Die Subkultur der Release-Szene ist dabei der Graffiti-Kultur recht ähnlich. Auch den Sprayern geht es mit ihren Tags darum, ihren Namen bekannt zu machen und sich die Anerkennung ihrer Szene zu erarbeiten. Die Beschädigung fremden Eigentums ist dabei nicht ausschlaggebend für ihr Tun, auch wenn Außenstehende dies immer wieder glauben.

Die Release-Szene ist in ihrem Handeln strukturiert. Es gibt klare Hierarchien, Regeln und Verhaltensweisen, die innerhalb der Szene eine große Bedeutung haben. Es ist genau festgelegt, welche Standards ein Release aufzuweisen hat und wie die Verbreitung ablaufen soll. Unter Stichwörtern wie **Releasing Standards** oder **Release Rules** finden sich im Internet Regelwerke, die solche Spezifikationen aufführen.[4] In ihnen wird festgehalten, welchen Ablaufplan das Release eines Programms, Films oder Musikalbums einhalten muß. Die »Standard Rip Rules« (S. R. R.) legen beispielsweise für das Release eines Computerspiels fest: »Das Release sollte von CD installiert werden und dann nur von der Festplatte laufen. Ziel ist das Starten von der Festplatte, nicht von CD.«[5]

Nur Warez, die diese strengen Anforderungen erfüllen, können die Anerkennung der Szene gewinnen. Hinzu kommt, daß Gruppen keine angemessene Verbreitung gewährleisten können, wenn sie sich nicht an derartige Ablaufpläne halten. Die Regelwerke dienen auch neuen Release Groups als Leitfaden für ihre ersten Schritte in der Szene.

Den Gruppen jedoch, die gegen diese Regeln verstoßen, wird der Respekt verweigert. Bei massiven Verstößen wird eine bereits bekannte Release Group in ihrem Ansehen degradiert. Hierunter leiden dann zwangsläufig auch deren Mitglieder. Nicht selten verlassen die aktivsten Mitglieder als Konsequenz die herabgestufte Gruppe, um zum Beispiel zu einer bekannteren zu wechseln.

Viele Scener nutzen jede Gelegenheit, eine schlecht arbeitende Gruppe zu diffamieren. Ein derartiger Rufmord kann dazu führen, daß deren Name innerhalb kurzer Zeit immer weniger Erwähnung findet und schließlich in Vergessenheit gerät. Absolut verpönt sind die Weitergabe oder gar der Verkauf von Warez an Außenstehende. Auch das Veröffentlichen fremder Releases unter eigenem Namen wird als anrüchig angesehen. Zudem sind auch diejenigen Gruppen vom Aussterben bedroht, die in der Szene immer weniger Releases haben und somit ihren Namen nicht weitertragen können.

Diese Struktur verdeutlicht, daß nicht der finanzielle Nutzen im Vordergrund stehen kann. Kriminelle Vereinigungen, die Profit aus ihrem Tun schlagen, erlassen keine strikten Richtlinien, um einen fairen Wettkampf zu gewährleisten. Eine organisierte Verbrecherversammlung, die festlegt, mit welchen Werkzeugen man Türen aufbrechen darf und mit welchen nicht, um am Ende dem Besten unter ihnen die verdiente Anerkennung zukommen zu lassen, wäre undenkbar. In der Release-Szene ist eine solche Vorgehensweise dagegen üblich. Es hat immer wieder gemeinsame Beschlüsse führender Release Groups gegeben, um Regeln zu aktualisieren und Vorschriften an neue Gegebenheiten anzupassen.[6] Im März 2004 beispielsweise verabschiedeten die führenden Mitglieder der Release Groups Class, Myth und Divine unter dem Namen NSA (Network Software Association) ein detailliertes Regelwerk.[7]

Für viele Mitglieder ist die Szene zum digitalen Alltag geworden. Die meisten führen dabei eine Art Doppelleben. Auf der einen Seite sind sie normale Studenten oder gewöhnliche Angestellte mit Familie. Auf der anderen Seite, in der virtuellen Welt, sind sie vielbewunderte Mitglieder berühmter und weltweit agierender Release Groups. Auf der Straße oder im Supermarkt erkennt sie niemand, doch sobald sie über ihren Computer die Welt der Szene betreten, begegnen ihnen Menschen mit Respekt und Bewunderung. Sie sind die Stars der digitalen Szene. Einige von ihnen haben sich einen derartigen Ruhm erarbeitet, daß sie mittlerweile als Szenegötter angesehen werden. Bereits die Behauptung, eine dieser Leitfiguren persönlich zu kennen, kann einem Einsteiger die Aufnahme in eine Release Group ermöglichen.

# BLITZKOPIEREN

Durch das massenhafte Erscheinen von Warez in der Szene hat sich mit der Zeit ein bestimmter Verbreitungsweg etabliert. Waren in den 80er Jahren noch die Boards die Umschlagplätze der Szene, erfolgt die Verbreitung neuer Releases innerhalb der heutigen Szene über sogenannte **FTP-Server**. Auf diesen leistungsstarken Computern, die vom heimischen Rechner aus mit Daten gefüllt werden, findet der szeneinterne Tausch von Warez statt. Innerhalb der Szene existiert eine Vielzahl solcher FTP-Server, die in der Szene auch **Sites** genannt werden. Sie sind mit Paßwörtern geschützt und der Zugang zu ihnen ist auf ein Minimum von Mitgliedern beschränkt. Große Sites erhalten die neusten Releases zumeist sofort nach ihrer Veröffentlichung. Der Zugang zu ihnen ist daher am begehrtesten. Kleinere Server erhalten die Warez erst einige Zeit später.

Sobald eine Release Group beispielsweise ein neues Spiel gecrackt hat, legt sie die erstellte Kopie auf einem oder mehreren dieser FTP-Server ab. Sites, auf denen eine Release Group ihre Warez erstveröffentlicht, werden in der Szene als **HQ** (Headquarter) bezeichnet. Daneben veröffentlichen sie ihre Warez oft auch auf Servern, die von anderen Szenemitgliedern betrieben werden. Dies soll gewährleisten, daß ihre Releases zügig in der gesamten Szene verbreitet werden können. Auch Gruppen, die sich den Betrieb eigener FTP-Server finanziell nicht leisten können, wird Speicherplatz von befreundeten Groups oder Szenemitgliedern zur Verfügung gestellt. Diese Art der Kooperation, in der Szene **Affil** genannt (vom englischen »affiliate« für: »Partnerschaft«), bietet beiden Seiten Vorteile.

Zum einen müssen kleinere Release Groups keinen eigenen Server mehr anschaffen. Des weiteren ist die Verbreitung der Releases besser gesichert, wenn sie der Szene auf mehreren Sites zur Verfügung stehen. Zum anderen profitieren auch die Betreiber der FTP-Server, in der Szene **Site Ops** (Site Operators) genannt. Können sie eine Release Group als Affil gewinnen, steigert dies das Ansehen ihres

Servers. Nun können alle Releases ihrer Partnergruppen zuerst auf ihrer Site veröffentlicht werden.

Von hier aus werden die Releases von bestimmten Szenemitgliedern, **Courier** oder **Trader** genannt, weiterverbreitet. Diese haben die Aufgabe, die Dateien von einem FTP-Server der Szene zum anderen zu kopieren. Auch wenn diese Tätigkeit nicht besonders anspruchsvoll erscheint, ist sie unerläßlich für die Szene. Wenn sich nicht genug Courier fänden, die die Aufgabe des **Spreadings** übernähmen, könnte die Verbreitung der Warez nicht mehr flächendeckend erfolgen. Ein neues Release würde vielleicht noch auf einige Sites verteilt werden, dann aber schnell ins Stocken geraten. Genauso wie eine Zeitung auf ihre Austräger angewiesen ist, benötigt die Szene die Courier.

Um eine reibungslose Verteilung der Kopien zu gewährleisten, hat die Szene es verstanden, sich von den Launen ihrer Mitglieder unabhängig zu machen. Das alte Prinzip des Ratio hat noch immer Gültigkeit. Bereits in den Boards der Crackerszene konnten die Mitglieder die Warez nicht einfach **leechen** (downloaden). Sie mußten zunächst eine gewisse Menge an Daten auf das Board **uppen** (uploaden). Entstanden war dieses Ratio-System ursprünglich aufgrund der begrenzten Kapazität früherer Boards, als Telefonleitungen noch knapp waren. Obwohl die heutigen Ressourcen des Internets eine solche Regelung überflüssig machen, ist die Szene weiterhin vom Gedanken der aktiven Beteiligung geprägt. Das Ratio-Prinzip ist bis heute in allen Warez-Subkulturen zu finden. Nur wer etwas gibt, darf auch etwas nehmen.

Für jede neue Kopie, die ein Szenemitglied auf eine Site hochlädt, erhält er eine bestimmte Menge an **Credits** gutgeschrieben. Die Anzahl ist abhängig von der Größe der übertragenen Datei. Die Credits sind die offizielle Währung der Release-Szene. Im Austausch für diese Credits kann ein Mitglied Dateien von den FTP-Servern holen. Das Angebot reicht von Spielen, Filmen und Musik bis hin zu Textdokumenten, Bildern und vielem mehr.

Dabei kommt der Release-Szene zugute, daß Dateien nicht mehr zuerst auf dem eigenen Rechner zwischengelagert werden müssen, um sie dann erneut auf andere FTP-Server zu übertragen. Oft lassen sie sich auch direkt von einer Site zu einer anderen kopieren. Da die Übertragungsgeschwindigkeiten der Server untereinander sehr hoch sind, können innerhalb weniger Sekunden große Mengen an Daten von einem FTP-Server zum anderen kopiert werden. Überträgt man beispielsweise ein Computerspiel von seiner eigenen Festplatte auf einen Server, kann das zum Teil Stunden dauern. Das Kopieren des gleichen Spiels von einer Site zur anderen dauert dagegen nur wenige Augenblicke. Diese Art des Kopierens wird in der Szene **flashen** genannt.

Von Zeit zu Zeit betätigt sich fast jedes Szenemitglied als Courier. Sei es, weil sich sein Credit-Konto auf Null zubewegt, oder auch einfach nur um sich die Zeit zu vertreiben. Die meisten in der Szene bekannten Courier gehen in ihrer Rolle vollends auf und betreiben ihre Aufgabe mit großem Enthusiasmus. Schon in der Board-Ära stellte das Hochladen von Dateien auf die Systeme der Szene einen ganz eigenen Wettstreit dar. Genauso wie die Release Groups um eine Erstveröffentlichung kämpfen, wetteifern Courier um die schnellste Verbreitung der Releases. Sie befinden sich in einem digitalem High-Speed-Rennen und versuchen immer der erste zu sein, der ein neues Release auf einen FTP-Server der Szene hochladen kann. Das ständige Hin und Her der Dateien und der Kampf um die meisten Credits wird als **racen** bezeichnet.

Es gibt sogar eigene **Courier Groups**, die sich mit anderen messen. Ihre Leistungen werden in Ranglisten festgehalten und in speziellen, per E-Mail erhältlichen Publikationen kommentiert. Nicht selten erinnert der Schreibstil an Artikel in Sportzeitschriften. »Diese Gruppe könnte wirklich nach vorne kommen, jetzt, da Devotion nachläßt. Trotzdem eine eher schwache Woche für sie. Ich erwarte eine deutlich stärkere Leistung von ihnen in den nächsten Wochen«, heißt es zum Beispiel in einer Ausgabe der *Courier Weektop Scorecard*.[8]

Das logistische Rückgrat der Release-Szene besteht aus ungefähr dreißig besonders leistungsstarken Sites, den sogenannten **Topsites**. Auf diesen Servern werden nur die neusten Warez deponiert. Die Betreiber von Topsites haben häufig Zugang zu Netzwerken von Institutionen, in denen große Datenaufkommen nicht weiter auffallen. Hier richten sie einen Rechner als Server für die Szene ein. Im Gegenzug für ihr Engagement erhalten sie in der Regel auch Zugang zu weiteren Szeneservern. »Manche Admins an Unis haben spezielle Accounts, damit sie Topsites im eigenen Netzwerk dulden. In einem Fall war der Site Op Mitarbeiter einer Reinigungsfirma, die auch zu Universitäten Zutritt hatte. Dort soll er seinen Rechner in einem Schrank deponiert haben. Ein anderer betrieb seine Topsite sogar an einer Berliner Universität«, berichtet Szenemitglied Predator.[9]

Ähnlich wie die Release Groups tragen auch die Topsites klangvolle Namen wie »Valhalla«, »Anathema« oder »Labyrinth«. Und wie bei allen anderen FTP-Servern der Szene, ist der Zugang zu ihnen strikt begrenzt. Außenstehende haben kaum eine Chance, eine Topsite zu Gesicht zu bekommen. Die Betreiber benutzen diverse Verschlüsselungstechniken und Zugangsbeschränkungen, damit Topsites nur von Eingeweihten betreten werden können.

Die Übertragung der Daten findet bei Topsites meist über moderne Lichtwellenkabel statt. Die Übertragungsgeschwindigkeit ist dort 100- bis 1.000mal höher als die eines DSL-Internetanschlusses. Das Kopieren eines neuen Films von einer Topsite zur anderen dauert somit nur Sekunden. Zudem haben Topsites enorme Speicherkapazitäten. Während ein durchschnittlicher Rechner eine Festplatte mit 120 Gigabytes Speicherplatz besitzt, haben Topsites häufig eine Kapazität von über 10 Terabytes, was mehr als 10.000 Gigabytes entspricht.

Die Topsite Unreality, die 2003 von der Polizei stillgelegt wurde, hatte eine Kapazität von elf Terabytes, was je nach Komprimierungsgrad ausreichte, um Zehntausende Filme oder mehrere Millionen **MP3**-Musiktitel zu speichern. Während die Ermittler die Sicherstellung des »vermutlich weltweit größten ermittelten Piratenservers«[10]

bejubelten, ließ sich die Szene davon wenig beeindrucken. Unreality war bereits damals nur ein Server unter vielen. Einige Jahre danach sind die Kapazitäten der Topsites noch weiter angestiegen.

## DER APPARAT

Unter den verschiedenen Funktionen, die in der Szene übernommen werden können, bringt die aktive Mitgliedschaft in einer Release Group das höchste Ansehen. Die Größe einer Gruppe kann stark variieren. Es gibt sehr kleine Gruppen mit lediglich einer Handvoll Releasern bis hin zu großen Release Groups mit Dutzenden Mitgliedern. »Die Zusammensetzung der Szene ist sehr gemischt«, erzählt beneaththecobweb, führendes Mitglied in mehreren Release Groups. »Ich habe Leute gesehen, die 14 Jahre jung waren, und welche, die 62 Jahre alt waren. Wenn ich einen Durchschnitt benennen müßte, würde ich sagen 21. Größtenteils männlich.«[11]

Die Mitglieder der Release-Szene sind über die ganze Welt verteilt. Die meisten sind sich persönlich nie begegnet, dennoch bezeichnen sie sich untereinander als enge Freunde. Um trotz der räumlichen Entfernungen und des fehlenden persönlichen Kontakts effektiv im Team arbeiten zu können, ist gute Organisation erforderlich. Vor allem eine strikte Hierarchie ist unerläßlich, damit die Releases schnellstmöglich veröffentlicht werden können. Nur wenn klar ist, wer bestimmte Entscheidungen treffen darf, und nur wenn diese dann auch von den Mitgliedern befolgt werden, kann sich eine Release Group im Wettkampf mit den Konkurrenten behaupten. Innerhalb der Hierarchie einer Gruppe haben die einzelnen Mitglieder feste Aufgabenbereiche, denn der Release eines neuen Titels muß ohne jede Verzögerung erfolgen. Ständig wähnen die Gruppen einen Verfolger im Nacken, der irgendwo auf der Welt zur gleichen Zeit wie sie versucht, »ihr« Release zu veröffentlichen. Um die anderen Gruppen in der Geschwindigkeit zu übertreffen, arbeiten Release Groups wie gut geölte Maschinen. Jedes Mitglied funktioniert wie ein Rädchen im Getriebe der Gruppe und weiß, welche Aufgabe es zu welchem Zeitpunkt zu erledigen hat. Jede Position ist mit Experten des jeweiligen Gebiets besetzt.

Je nach Größe der Gruppen und abhängig davon, ob sie eher Software, Filme oder Musik releasen, unterscheiden sich die Organisationsformen der Release Groups leicht voneinander. Die Hierarchie ist ähnlich gegliedert wie die eines Wirtschaftsunternehmens. Der Organisator einer Release Group ist der sogenannte **Leader**. Wie der Geschäftsführer eines Unternehmens trifft er alle wichtigen Entscheidungen. Er teilt die Aufgabenbereiche der einzelnen Mitglieder (**Member**) ein und kann über Aufnahme (**Join**) sowie Ablehnung (**Kick**) von Bewerbern und Mitgliedern bestimmen. In größeren Gruppen teilen sich oft mehrere Mitglieder diese Führungsposition. Unterstützt wird der Leader von mehreren **Council Members**, die die tägliche Arbeit in den vrschiedenen Bereichen koordinieren. Ihnen untergeordnet sind die **Senior Members** und die Members der Release Group, die weniger koordinierende Aufgaben übernehmen. Sie sind vielmehr für das konkrete Erstellen eines Releases zuständig. In einer Gruppe können sich die Mitglieder hocharbeiten und Karriere machen. Abhängig von ihren Fähigkeiten, ihrer Erfahrung und der Qualität ihrer Arbeit können sie vom einfachen Mitglied bis zum Leader einer Release Group aufsteigen.

Am Anfang eines jeden Releases steht der **Supplier**. Er ist derjenige, der das Original des Titels beschafft, das als Kopie veröffentlicht werden soll. Diese Position ist für die Gruppen von enormer Bedeutung. Der Status einer Release Group innerhalb der Szene hängt davon ab, wie aktuell ihre Warez sind und welchen Bekanntheitsgrad die Titel haben. Ein guter Supplier kann einen langerwarteten Kinofilm oder die neue Version eines bekannten Softwareprogramms schon vor dem offiziellen Verkaufstermin beschaffen. Fehlt einer Release Group eine solche Quelle, muß sie sich mit zweitklassigen Releases zufriedengeben. Ihre Warez sind dann eher unbekannte Titel und bereits im Handel erhältlich. Supplier müssen daher Insider bei der Produktion der Originale sein. Zumeist arbeiten sie in Unternehmen wie CD- oder DVD-Preßwerken, Film- oder Computerfirmen oder Zeitschriftenverlagen. Dort versuchen sie, unbemerkt eine Kopie eines neuen Titels anzufertigen oder noch während der Produktion zu entwenden. Ähnlich wie Geheimagenten gehen sie nur vordergründig ihrer täglichen Arbeit nach. Die Kollegen ahnen gewöhnlich nicht, daß sie insgeheim dafür sorgen, daß alle neuen Werke ihres Arbeitgebers in die Hände der Warez-Szene gelangen. Nicht zu Unrecht versuchen sich daher Unternehmen so gut wie möglich gegen undichte Stellen zu schützen. Aufgrund der vielen Distributionsstellen, die ein Produkt vor Veröffentlichung durchläuft, ist eine absolute Kontrolle jedoch schwierig. Ein Supplier agiert in der Regel sehr vorsichtig, um nicht aufzufallen.

Einen Cracker haben nur noch diejenigen Release Groups in ihren Reihen, die sich dem Releasen von Softwaretiteln widmen. Mit Hilfe der außergewöhnlichen Fähigkeiten des Crackers kann der Kopierschutz eines Spiels oder Anwendungsprogramms in kürzester Zeit entfernt werden.

Release Groups, die sich auf Filme und Musik spezialisiert haben, benötigen hingegen einen **Ripper**. Dieser wandelt einen Film oder ein Musikalbum in ein Format um, welches übers Internet verbreitet werden kann. Da die Daten auf CDs und DVDs im Rohzustand viel Platz einnehmen, versuchen die Ripper, die Originale zu komprimieren, also den benötigten Speicherplatz zu verringern. Ihre Kunst besteht darin, eine möglichst kleine Kopie zu erstellen, ohne daß die Qualität des Releases darunter leidet. Ripper sind zum Beispiel Experten darin, einen Kinofilm auf die Datengröße einer herkömmlichen CD zu komprimieren.

Größere Releases werden später in kleinere Datenpakete aufgeteilt. Das ist die Aufgabe des **Packagers**. Eine CD wird von ihm in ungefähr 50 einzelne Dateien zerlegt, die sich ein Szenemitglied später herunterlädt und mit Hilfe eines Programms wieder zusammensetzt. Dieses **Splitten** von Dateien hat den Vorteil, daß bei Übertragungsfehlern im Internet immer nur die fehlerhafte Datei und nicht das komplette Release neu übertragen werden muß. Es passiert oft, daß eine Übertragung aus diversen Gründen ungewollt abbricht. In diesem Fall muß nur die entsprechende Datei erneut übertragen werden. Die meisten Warez, die ihren Weg zum Gelegenheitskopierer gefunden haben, sind bereits zusammengesetzt worden und haben die Verbreitungswege der Szene längst verlassen. Die Warez, die in der Szene in Umlauf sind, bestehen dagegen tatsächlich meist aus vielen kleinen Split-Dateien.

Die **Tester** einer Release Group sind für die Qualitätskontrolle der Warez zuständig. Sie überprüfen, ob sich das soeben gecrackte Spiel auch wirklich ausführen oder ein frisch gerippter Film tatsächlich abspielen läßt.

Bevor das Release herausgegeben wird, erstellt ein Mitglied der Release Group noch das sogenannte **NFO**. Dies ist im Grunde nichts anderes als eine kleine Textdatei, die vor allem als Werbefläche für die Verbreitung des Namens der Gruppe dient. Die NFOs werden zur Eigenwerbung benutzt und tragen maßgeblich zur Vermehrung des Ruhmes einer Release Group und ihrer Mitglieder bei.

Geschmückt sind die NFO-Dateien in der Regel mit dem Logo der Gruppe, Bildern und Verzierungen. Sie enthalten zum einen Informationen über das Release: Meist wird eine Anleitung zur Installation des Cracks oder, falls notwendig, die **Seriennummer** der Software beigefügt. Zum anderen versuchen die meisten Release Groups mit markigen Sprüchen und einem in der Regel überheblichen Tonfall ihren Status in der Szene zu unterstreichen. Es ist üblich, daß befreundete Gruppen gegrüßt und verfeindete beschimpft werden. Darüber hinaus sind die NFOs eine Plattform, um neue Mitglieder anzuwerben. Wie bei Stellenanzeigen in der Zeitung werden dort zum Beispiel Supplier oder Cracker gesucht. Die Möglichkeit zum Kontaktieren der Release Group wird in der Regel in Form einer anonymen E-Mail-Adresse gegeben.

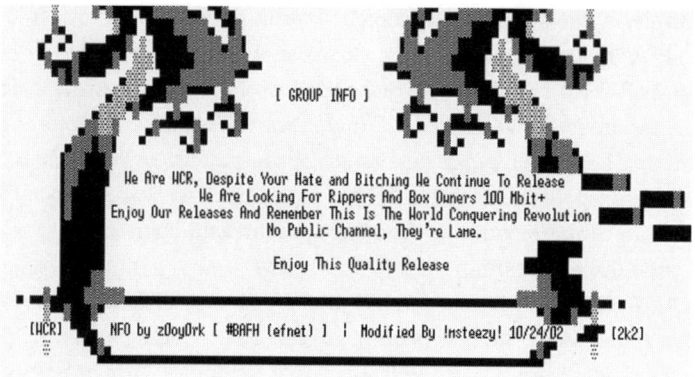

```
                        [ GROUP INFO ]

      We Are WCR, Despite Your Hate and Bitching We Continue To Release
         We Are Looking For Rippers And Box Owners 100 Mbit+
    Enjoy Our Releases And Remember This Is The World Conquering Revolution
                   No Public Channel, They're Lame.

                       Enjoy This Quality Release

   [WCR]     NFO by z0oy0rk [ #BAFH (efnet) ]  |  Modified By !nsteezy! 10/24/02     [2k2]
```

**Ausschnitt aus einer NFO-Datei der Release Group WCR**

Nachdem sie alle erforderlichen Arbeitsschritte durchlaufen hat, ist eine Schwarzkopie bereit zur Veröffentlichung. Das Verbreiten auf die FTP-Server übernehmen nunmehr die Courier.

Daneben gibt es je nach Release Group weitere Aufgaben. Einige Mitglieder sind für das einwandfreie Funktionieren des Gruppenservers zuständig oder koordinieren die Kommunikation in internen **Chatrooms**. Oft haben Gruppen sogar einen eigenen Sicherheitsbeauftragten, der die Aufgabe hat, die Verschlüsselung der Server und Chatrooms sicherzustellen, um ein mögliches Eindringen von außen zu verhindern.

Es gibt sogar Sponsoren der Szene, die Gruppen mit technischem Equipment ausrüsten. Oft handelt es sich bei diesen **Hardware Suppliern** (auch **Donators** genannt) um ehemalige Szenemitglieder, die mittlerweile im Berufsleben stehen. Ihnen fehlt häufig die Zeit, sich aktiv an der Szene zu beteiligen. Sie fühlen sich ihr jedoch aufgrund langer Mitgliedschaft immer noch eng verbunden und verfügen über bessere finanzielle Mittel als viele der jungen Szenemitglieder. Üblich sind Spenden von neuer Technik für FTP-Server. Im Gegenzug bleiben ihnen der Zugang zu den Topsites und die gewohnten Privilegien in der Szene erhalten.

## DAS SYNDIKAT

Den Strafverfolgungsbehörden ist die Welt der Release Groups nicht unbekannt. Einige Abteilungen wissen auch um die Verbreitungswege der Warez. Die amerikanische Polizeibehörde FBI beispielsweise hat durch jahrelange Ermittlungen die Strukturen der Szene nach und nach aufdecken können. Auf der FBI-Website www.fbi.gov finden sich unter dem Stichwort »Cyber Investigations« Ergebnisse ihrer Arbeit sowie Beschreibungen über die Organisationsformen der Warez-Szene. Dort wird sie als »highly organized« dargestellt und als Syndikat bezeichnet.[12]

Im April 2004 hat das FBI gemeinsam mit seiner Cyberabteilung, dem amerikanischen Bundesjustizministerium und dessen Abteilung Computer Crimes and Intellectual Property Section (CCIPS) die international größte Maßnahme gegen die Szene unter dem Namen »Operation Fastlink« ins Leben gerufen. Diese und andere internationale Ermittlungen der Polizei gegen die Szene werden später in diesem Buch näher beschrieben.

Die Release Groups befinden sich somit in ständiger Gefahr, entdeckt und verhaftet zu werden. Ein generelles Mißtrauen gegenüber Unbekannten ist daher unerläßlich. Absolute Anonymität steht für sie im Vordergrund.

Entgegen der Meinung vieler Internetnutzer ist das Surfen im weltweiten Netz keineswegs anonym. Jeder, der sich ins Internet einwählt, ist über eine sogenannte **IP-Adresse** eindeutig zu identifizieren. Sich ohne Sicherheitsvorkehrungen in der Szene zu bewegen, käme einem Einbrecher gleich, der freigebig Visitenkarten an seinen Tatorten hinterläßt. Szenemitglieder verschlüsseln daher generell ihre IP-Adresse. Zudem sind ihre Chatrooms nur über abhörsichere und paßwortgeschützte Verbindungen erreichbar. E-Mails gelten bei vielen grundsätzlich als unsicher und werden szeneintern selten benutzt. Angesichts der zu erwartenden Strafen dient eine gewisse Paranoia oft nur dem Selbstschutz. Um weiter als abgeschottete Szene agieren zu können und sich vor Strafverfolgung zu schützen, werden Bewerber eingehend überprüft. Treue und Loyalität bilden dabei die zentralen Werte der Szene.

Szenemitglied BanDiDo der Szenegruppe DoD (Drink or Die) erzählte vor seiner Verhaftung durch das FBI: »DoD hat ein Hauptkriterium: Wir freunden uns erst an. Natürlich müssen Bewerber alles liefern, was für ihre Bewerbung nötig ist. Aber die Hauptsache ist eine lange Freundschaft. Wir brauchen keine Egomanen. Wir suchen Leute, die ein Teil der Familie sein wollen.«[13]

# FXP-SZENE

*»Du merkst, daß du FXP-süchtig bist, wenn du beim Einkaufen die*
*Verkäuferin skeptisch fragst, ob das auch noch Oday wäre!«*
Grund Nummer 5 der 20 Gründe, an denen du merkst, daß du
FXP-süchtig bist[14]

Als die Szene noch in den Kinderschuhen steckte, verbreitete sich
eine Schwarzkopie nur langsam außerhalb der Szene. Ein Gelegenheitskopierer konnte lediglich durch persönlichen Kontakt an neue
Warez gelangen. Durch den Tausch zwischen Freunden oder Schul-
kameraden verbreiteten sich Anwendungsprogramme und Spiele
zwar stetig weiter, es konnte jedoch unter Umständen einige Wochen dauern, bis ein Computernutzer die gewünschte Kopie in seinen Händen hielt. Das Internet änderte diese Art der Verbreitung von
Grund auf. Die neue Generation junger User verstand es, das Internet
für eine effektivere Verbreitung zu nutzen. Zudem erwies sich das
Internet als nützliche Informationsquelle. Kannte man früher die
Namen der geheimnisvollen Release Groups und ihrer Mitglieder nur
aus den Cracktros, rückten die Gelegenheitskopierer durch das Internet näher an die Release Groups heran. Sie tauschten sich über die
neusten Releases aus, lasen die geheimnisvollen NFO-Dateien und
erhielten Informationen über die bislang verborgenen Arbeitsweisen
der Gruppen. Die zwielichtige Aura, die die Release-Szene umgab,
steigerte bei einigen Nutzern den Wunsch, ebenfalls Teil dieser rätselhaften Vereinigung zu werden.

So groß das Interesse aber auch war, die Release-Szene öffnet bis
heute nur höchst selten Einsteigern ihre verschlossenen Tore. Oft
wußten Interessierte nicht, wie sie mit den Release Groups überhaupt Kontakt aufnehmen sollten. Und selbst dann endete der Kon-
taktversuch zumeist mit einer abweisenden Haltung der selbster-

nannten Elite, gewöhnlich mit Bemerkung wie: »Komm wieder, wenn du einen Namen in der Szene hast« oder »Lern erst mal cracken«. Die technischen Fertigkeiten zum Cracken einer Software waren aber von einem durchschnittlichen Nutzer nicht zu erwarten. Auch ein Musikalbum oder einen Film bereits vor dem eigentlichen Erscheinungstermin zu beschaffen, war für die Interessierten nicht möglich. Für die meisten blieb die Mitgliedschaft in einer Release Group ein Traum.

Wegen dieser Hermetik der Szene erschufen einige Gelegenheitskopierer eine Parallelszene. Sie hatte zwar mit der Release-Szene zunächst keine Gemeinsamkeit, befriedigte aber zumindest das Bedürfnis, auch Teil eines Geheimbundes zu sein. Die Mitglieder dieser neuen Szene wollten und konnten keine Software cracken oder aktuelle Kinofilme als Schwarzkopien veröffentlichen. Eigentlich galt ihr Interesse nur der Verbreitung von bereits in Umlauf befindlichen Kopien. So erschufen sie schließlich ihre eigene Untergrundszene. Sie orientierte sich zwar am Vorbild der Release Groups, bildete aber im Grunde etwas ganz Eigenes. Sie wurde zu einer geheimen Szene, die in die andere geheime Szene nicht hineindurfte. Es entstand die **FXP-Szene**.

Ihre Mitglieder sind im Durchschnitt jünger als die der Release-Szene. Für viele von ihnen ist das Internet ein großer Abenteuerspielplatz, oft reizt sie allein schon die Illegalität. Zudem unterscheidet sich die FXP-Szene durch eine ausgeprägte Sammelwut. In der Release-Szene steht vor allem das Erstellen und Verbreiten von Warez im Vordergrund. In der FXP-Szene hingegen laden weitaus mehr Szenemitglieder Schwarzkopien allein zum Aufbau einer gigantischen Warez-Sammlung herunter. Selbst wenn sie wollten, wäre es ihnen nicht möglich, alle Filme, Softwareprogramme, Spiele und Musikalben zu benutzen, die sich auf ihrer Festplatte befinden. Die Masse der Warez, die sie besitzen, macht den Reiz aus. Die reine Anzahl an Kopien ist dabei ein Wert, anhand dessen sie sich untereinander messen. Für viele wird dadurch die Jagd nach den neusten

Warez zu einer Art Droge. Sie verbringen immer mehr Zeit vor dem Computer und vernachlässigen nicht selten ihr »reales« Leben.

## KUCKUCKSEIER

Ihren eigenwillig klingenden Namen verdankt die FXP-Szene einer technischen Besonderheit vieler FTP-Server. Die Funktion **FXP** (File Exchange Protocol) ermöglicht das direkte Übertragen von Daten zwischen zwei FTP-Servern. FXP hat den großen Vorteil, daß diese Art der Server-zu-Server-Übertragung weitaus schneller ist. Auch in der Release-Szene wird diese Methode des Flashens, wie bereits erwähnt, von den Couriern genutzt, um Warez möglichst schnell auf die Server der Szene zu kopieren.

Bei einem Kreis von Internetnutzern, deren Hobby ausschließlich darin besteht, Warez so schnell wie möglich zu verbreiten, steht die FXP-Funktion zwangsläufig im Mittelpunkt aller Aktivitäten. Aus diesem Grund hat sich der Begriff »FXP-Szene« für die neu entstandene Szene durchgesetzt.

Täglich versuchen die Mitglieder der FXP-Szene an alle möglichen Warez zu gelangen, um sie innerhalb ihrer Szene zur Verfügung zu stellen. Für die Speicherung der Warez benötigen sie ebenfalls FTP-Server. Da sie jedoch nicht über die Möglichkeiten der Release Groups verfügen, sind eigene Server für sie meist nicht bezahlbar. Daher hat man in der FXP-Szene eine andere Methode entwickelt: Fremde Computernetzwerke werden für die Lagerung der Warez mißbraucht.

Die FXP-Szene durchsucht das Internet gezielt nach fremden Servern, zum Beispiel von Hochschulen und Unternehmen, auf denen sie die Warez ablegen kann. Bei diesen Servern handelt es sich entweder um Rechner, die von den Betreibern nicht ausreichend gegen Eindringlinge geschützt wurden, oder es gelingt, Sicherheitslücken auszunutzen. Die gehackten Netzwerke werden dann ohne Wissen der Betreiber mit illegalen Dateien gefüllt.

Die Zugangsdaten der gekaperten FTP-Server werden in der FXP-Szene in digitalen schwarzen Brettern veröffentlicht. Solche Systeme, **FXP-Boards** oder einfach nur **Boards** genannt, dienen als Nachrichtenbretter und Diskussionsforen für die unterschiedlichsten Themen. Die paßwortgeschützten Boards der FXP-Szene erinnern nicht nur wegen ihres Namens an die Kommunikationssysteme der Crackerszene der 80er Jahre. Ihre Mitglieder diskutieren hier nicht nur über aktuelle Spiele und Filme oder tauschen Szeneneuigkeiten aus. In den Boards teilen sie auch mit, welche neuen Warez sie auf FTP-Servern bereitgestellt haben. Erreicht werden die Server über ihre jeweilige IP-Adresse, die immer mit angegeben wird. Sie ist eine Art Einladung an alle Board-Mitglieder, sich in den gehackten Servern zu bedienen. Da sich in den Boards ausschließlich Mitglieder der FXP-Szene tummeln, wachsen sie oft zu einer gigantischen Sammelstelle zum Tausch von gehackten Servern an. Sie tragen klangvolle Namen, und die Szenemitglieder erzählen voller Stolz, auf welchen von ihnen sie aktiv sind. Nicht selten hat ein FXP-Board Hunderte Mitglieder, die über die ganze Welt verteilt sind. Das Board Liquid FXP zum Beispiel hatte laut Bundeskriminalamt 476 Mitglieder in 33 Ländern.[15]

Wie in der Release-Szene existiert auch innerhalb der FXP-Szene ein allgegenwärtiger Wettkampf um Anerkennung. Und auch hier führt der Weg zum Ruhm über Geschwindigkeit. Der Respekt ist nur demjenigen gewiß, der in einem Board als erster die Adresse eines Servers anbieten kann, den er mit Warez gefüllt hat. In der FXP-Szene werden Warez aber nur verbreitet, gewöhnlich jedoch nicht erstellt. Die Schwarzkopien selbst stammen nach wie vor aus der Release-Szene. Folglich bestehen zwischen den Szenen gewisse Überschneidungen. So gibt es zum Beispiel einige FXP-Mitglieder, die über einen der begehrten Zugänge zu einem FTP-Server der Release-Szene verfügen. Durch sie gelangen Schwarzkopien auch in die FXP-Szene. Ist erst mal eine Kopie aus der Release-Szene in den Händen der FXP-Szene, steigt die Zahl der Kopien schnell ins Unermeßliche.

## KLAR ZUM ENTERN

So mancher legale Betreiber eines FTP-Servers hat schon unangenehme Erfahrung mit der FXP-Szene gemacht. Wunderte er sich zunächst noch über einen mysteriösen Leistungsabfall seines Servers, fand er bald heraus, daß sich eine Menge ungebetener Gäste auf ihm tummelte, um von dort aus Warez zu tauschen. Weltweit werden so regelmäßig Tausende Rechner von der FXP-Szene gekapert. Allein die Mitglieder des aufgedeckten Boards Liquid FXP sollen 11.820 Server in 83 Staaten gehackt haben. Dabei war Liquid FXP nur ein Board unter vielen. In einer bundesweiten Razzia im März 2004 wurde es schließlich von der Polizei zerschlagen. Damals wurden in einer Nacht- und Nebelaktion über 130 Wohnungen von Mitgliedern der Gruppe durchsucht.[16]

Bisweilen müssen die fremden Computer aber nicht einmal gehackt werden. Viele Server-Betreiber handeln unvorsichtig und gestatten Besuchern freien Zugang zu ihrem Server. Bei solchen Gastzugängen wird kein Paßwort benötigt, um sich einwählen zu können. Falls zusätzlich noch die Funktionen des Up- und Downloads erlaubt sind, kann der Server von außen zur Lagerung von Warez zweckentfremdet werden. Derartige Server, die völlig offen sind, werden in der FXP-Szene **Pubs** genannt (abgeleitet vom englischen Wort »public«). Vor einigen Jahren waren Pubs in der FXP-Szene sehr verbreitet. Als jedoch immer mehr Eigentümer die Zweckentfremdung ihrer Server feststellen mußten, wurden FTP-Server vermehrt geschützt, und die Zahl der Pubs sank beträchtlich.

Um dennoch weiter Warez auf fremden Servern speichern zu können, versucht die FXP-Szene, sich den Zugang zu diesen Systemen zu erzwingen. Sie suchen vorrangig nach Sicherheitslücken in Unternehmen und Universitäten. So wie jedes Anwendungsprogramm gewisse Fehler enthalten kann, sind auch FTP-Server nicht frei von Schwachstellen. Findige Technikfreaks entdecken immer wieder neue Lücken in Systemen. Nur wenigen Administratoren gelingt es, ihr System vollständig abzuriegeln. Bildlich gesprochen, haben die meisten zwar Haustür und Fenster ihres Servers verschlossen, die Hintertür steht jedoch noch immer offen.

In der FXP-Szene kursieren Anleitungen, wie die Sicherheitshürden zu überlisten sind, um einen Server in wenigen Schritten knacken zu können. Ein »Hacken« im eigentlichen Sinne ist dieses Abarbeiten einer Hack-Anleitung jedoch nicht. Zu sehr stehen der eigene Nutzen und der schädigende Charakter dieser Art des digitalen Einbruchs im Vordergrund. Und zu gering ist dabei der Anspruch des »ethischen Hackens«, wie er von Hackern seit den 50er und 60er Jahren definiert wird. Viele »echte« Hacker sahen daher ihren Ruf durch die FXP-Szene beschädigt und sprachen ihr ab, für das Mißbrauchen fremder Server die Bezeichnung »hacken« verwenden zu dürfen. Infolgedessen wird ein Hacker in der FXP-Szene häufig auch als **Haxxor** bezeichnet. Ein von einem Haxxor geknackter FTP-Server wird in der Szene **Pubstro** (abgekürzt **Stro**) genannt.

## AUF KAPERFAHRT

Die Rücksichtslosigkeit, mit der in die Systeme Unbeteiligter eingedrungen wird, findet nicht zwangsläufig auch innerhalb der eigenen Reihen statt. Die FXP-Szene verhält sich untereinander keineswegs wie eine Gemeinschaft gedankenloser Egoisten. Vielmehr versucht sie, gesittet miteinander umzugehen.

Fremde Server, die von der FXP-Szene geentert werden, werden als »besetzt« gekennzeichnet, um zu verhindern, daß andere **FXP Groups** den Server erneut besetzen. Dies geschieht über das sogenannte **Taggen**. Derjenige, der einen bisher in der Szene unbekannten offenen Server entdeckt, markiert ihn mit seinem Namen oder dem seiner FXP Group und macht ihn damit zu »seinem« Pub. In der Regel wird auf dem Server ein Verzeichnis mit dem Namen »/tagged/by/Gruppenname« angelegt. Dieses Tag zeigt jedem weiteren Eindringling aus der Szene an, daß dieser Server schon besetzt ist. Zudem soll auf diese Weise verhindert werden, daß andere Szenemitglieder die Zugangsdaten zu dem Server in einem Board zur Verfügung stellen, um die Lorbeeren hierfür zu ernten. Über die Tags wäre ein solcher Betrug rasch zu erkennen.

Außenstehenden mag diese geregelte Besitzverteilung von gestohlenem Speicherplatz merkwürdig erscheinen. Sie trägt jedoch maßgeblich zum Funktionieren der Szene bei und reduziert Streitigkeiten zwischen den FXP Groups auf ein Minimum. In der FXP-Szene existieren, wie auch in der Release-Szene, ein gewisser Verhaltenskodex und bestimmte Regeln. Ein im Internet kursierendes Regelwerk nennt unter anderem folgende Richtlinien:

- Das Recyceln von Pubs wird sehr empfohlen.
- Uppe nur funktionierende Releases auf einen Pub.
- Gib den Pub nicht an »zu viele« Leute weiter. Sonst stirbt der Pub am Traffic.
- Getaggte Pubs dürfen während 14 Tagen nicht getaggt werden. Nach 14 Tagen kann ihn jeder wieder taggen.
- Auch ein Retaggen durch den Pub-Builder innerhalb der 14 Tage ist NICHT erlaubt!
- Wenn ihr was von einem Pub downloadet, dann macht ein Reply und dankt dem Pub-Builder für seine Arbeit.
- Wenn ihr denkt, ihr könnt nur leechen und müßt nichts dafür tun, dann habt ihr euch geirrt.
- Pubs von anderen nicht publik machen – zum Beispiel kein Posten auf anderen Boards.
- Uploade nichts auf gepostete Pubs ohne Erlaubnis des Pub-Builders.
- Lösche nichts ohne Erlaubnis des Pub-Builders.

Diese Bestimmungen lassen eine Grundregel erkennen, die sich seit der Entstehung der Hackerkultur in fast allen Computersubkulturen wiederfindet und die auch in der Release-Szene eine zentrale Bedeutung hat: Die Anerkennung für die Arbeit anderer einzustreichen ist tabu. Dennoch finden die Prinzipien der FXP-Szene nicht immer Beachtung. Die Szene muß sich mit einer Vielzahl chronischer Regelbrecher herumplagen. Zu den schwarzen Schafen in der FXP-Szene gehören vor allem:

**Rehacker:** Hierunter versteht man in der FXP-Szene Personen oder Gruppen, die in einen bereits gehackten Server eindringen, um die darauf gespeicherten Warez unter ihrem Namen weiterzuverbreiten.

**Deleter:** Als Deleter bezeichnet man in der FXP-Szene eine besondere Form von Saboteuren. Sie versuchen die Arbeit anderer Szenemitglieder zu zerstören, indem sie deren Warez von FTP-Servern löschen. Oft stecken hinter den Löschaktionen rivalisierende Gruppen, die ihren Unmut über die Konkurrenz zum Ausdruck bringen möchten. Häufig hinterlassen sie dabei auf dem Server eine Visitenkarte in Form eines Verzeichnisses, das ihren Namen trägt. Somit signalisieren sie der betroffenen Group offen, wer die Löschung vorgenommen hat. Es gibt sogar ganze Deleter Groups, die möglichst viele Warez von besetzten FTP-Servern löschen. An der Tagesordnung sind zudem auch Löschaktionen der Server-Betreiber. Stellen sie fest, daß sich auf ihrem Server Warez befinden, versuchen sie natürlich, diese von illegalen Inhalten zu säubern.

**Pubstealer:** Von »Pub-Diebstahl« spricht man in der Szene bei einer Reihe von Regelverstößen, bei denen ein bereits besetzter Pub regelwidrig benutzt wird. Ein Pubstealer ist zum Beispiel jemand, der die IP-Adresse eines Servers veröffentlicht, den er nicht selber gehackt und mit Warez gefüllt hat. Generell ist jedes FXP-Mitglied angehalten, einen eigenen Server für seine Schwarzkopien zu kapern. Pub Stealing führt dazu, daß Pubs überlastet werden und der rechtmäßige Besitzer des Servers dadurch schnell erfährt, daß sein Server für illegale Zwecke mißbraucht wird. Die Szene kann jedoch nur dann reibungslos funktionieren, wenn die Mitglieder immer neue Server erhacken. Würden dagegen nur Links zu einigen wenigen Servern verbreitet, wären nicht mehr genügend Ressourcen vorhanden, um die FXP-Szene am Leben zu erhalten. Pubstealer werden daher von den FXP Groups regelrecht verachtet und aus den eigenen Reihen verbannt.

**PIRATENKODEX**

Viele Szenemitglieder verteidigen aktiv die Werte der FXP-Szene. In einem umfangreichen Szeneregelwerk heißt es im Schlußwort: »Keine Person oder Gruppe hat sich eines Tages hingesetzt und diese Regeln verfaßt. Sie haben sich über die Zeit entwickelt, aus den besten Absichten heraus, die Langlebigkeit der Warez- und FXP-Board-Szene immer im Auge. Vielleicht hast du dies alles hier gerade gelesen und denkst: ›Was für ein Haufen Mist.‹ Es ist kein Mist. Dies sind grundlegende Vorschriften, die die FXP-Board-Szene regeln und von Zehntausenden von Leuten geteilt und befolgt werden. Falls du als einzelner oder als kleine Gruppe von einzelnen nicht mit ihnen übereinstimmst, ist das dein gutes Recht. Aber du liegst falsch, und wir haben Möglichkeiten, mit dir fertig zu werden.«[17]

Regelverstöße werden nicht einfach hingenommen, sondern sorgen häufig für einen Aufschrei der Empörung in der Szene. Dies geschah auch bei dem Szenemitglied Born 2 Kill (B2K), dem wahrscheinlich bekanntesten Pubstealer der FXP-Szene. B2K betrieb eine gleichnamige Website, auf der er die Zugangsdaten zu Servern veröffentlichte, die von der FXP-Szene benutzt wurden. In bekannter Manier des Nehmens und Gebens beteiligte sich B2K unauffällig an der Szene, um an IP-Adressen der Server zu gelangen. Diese IP-Adressen machte er allerdings auch Außenstehenden zugänglich. B2Ks Website wurde somit zum Treffpunkt unzähliger Internetnutzer. Dieses für die FXP-Szene dreiste Verhalten löste eine kontrovers geführte Diskussion aus. Die Sympathisanten von B2K argumentierten zumeist, daß er nur gestohlen habe, was ohnehin bereits geraubt war. Die meisten FXP Groups waren hingegen anderer Meinung. Für sie erntete B2K den Ruhm, der eigentlich ihnen zustand. Zudem ruinierte er die Erreichbarkeit der Server, da diese durch Massenzugriffe überlastet würden. Ein Großteil der FXP-Szene glaubte sogar, daß es als Diebstahl gelten müsse, wenn IP-Adressen von Servern an Nicht-Szenemitglieder weitergegeben würden.

Die FXP-Szene maßt sich also im Grunde an, über das Eigentum anderer Leute verfügen zu können. Und sie stellt zugleich bestimmte Grundsätze dazu auf, da nur so ihre Existenz gewährleistet werden kann. Man kann sich das wie eine Piratenarmada vorstellen, die in einem begrenzten Gebiet Jagd auf Schiffe macht. Würden die Piraten nicht nur die fremden Boote kapern, sondern auch noch die erbeuteten Schiffe der Kollegen angreifen, würde die Bande schnell aussterben. Nur durch Regeln, die das gemeinsame Treiben organisieren, kann das verhindert werden.

## VIRTUELLE KARRIERE

Die Ähnlichkeiten zwischen der FXP-Szene und der Release-Szene sind kaum zu übersehen. Zudem hat sich auch in der FXP-Szene eine deutliche Organisationsform herausgebildet, um effizienter agieren zu können.

Neben dem Leader oder Admin, der den Vorsitz bildet, gibt es insgesamt drei wichtige Aufgabenbereiche: Die **Scanner** durchkämmen das Internet nach brauchbaren FTP-Servern, die sich für das Speichern von Warez mißbrauchen lassen. Sie benutzen spezielle Programme, die im Internet nach Servern suchen, die entweder offen zugänglich sind oder aufgrund bekannter Sicherheitslücken schnell geknackt werden können. Die Scanner melden den Fund dann an die für das Hacken zuständigen Mitglieder, die Haxxor. Haben die Haxxor den fremden Server geknackt, sind die **Filler** an der Reihe. Diese haben die Aufgabe, die Server mit Warez zu flashen. Nicht selten haben die aktivsten Filler Kontakte zu Couriern der Release-Szene, was ihnen ermöglicht, immer über die aktuellen Warez zu verfügen.

Es gibt jedoch auch einige Mitglieder, die sich am liebsten der aktiven Mitarbeit entziehen und nur Warez herunterladen würden. Um das zu verhindern und um das Prinzip des Gebens und Nehmens zu gewährleisten, benutzt auch die FXP-Szene häufig das bereits bekannte Prinzip des Ratio. Jeder Scanner muß pro Monat eine bestimmte Anzahl von Servern scannen, jeder Haxxor eine Mindestanzahl von Servern knacken, und jeder Filler ist verpflichtet, eine bestimmte Menge von Warez auf die Server zu flashen. Einige Boards verlangen von den Fillern monatlich bis zu 100 Gigabytes an Warez. Jeder einzelne von ihnen stellt der Szene somit eine enorme Anzahl von Software oder Filmen zur Verfügung. Zusammengerechnet ergibt sich daraus eine schier endlose Auswahl an Warez, die innerhalb der FXP-Szene getauscht werden.

Die Mitglieder der FXP-Szene haben die Möglichkeit, im Laufe der Zeit die Szene-Karriereleiter nach oben zu klettern. Das ist deshalb interessant, weil nicht alle Boards einen frühzeitigen Zugang zu den verfügbaren Warez garantieren. Die Mitglieder kleinerer Boards erhalten die Warez manchmal Tage nach der Veröffentlichung. Erst durch eine Mitgliedschaft in den bekannteren Boards lassen sich die Kopien kurz nach dem Release herunterladen. Die Aufnahme in kleinere FXP-Boards oder -Gruppen stellt dabei in der Regel kein allzu großes Hindernis dar. Große Boards oder bekannte Gruppen nehmen hingegen nur besonders einsatzfreudige Neulinge auf. Sie versuchen ihre Mitgliedszahlen auf einem konstanten Niveau zu halten, um die FTP-Server nicht zu überlasten. Bewerbungen werden zumeist eingehend geprüft. Der Kandidat muß zum Beispiel angeben, auf welchen Boards oder in welchen Groups er bisher aktiv war. Diese Angaben werden in der Regel überprüft. Das bedeutet, daß der Bewerber zunächst einige Server scannen, hacken oder mit Warez füllen muß, damit sein Können beurteilt werden kann. Erst nach erfolgreichem Bestehen dieses Eignungstests wird ein Bewerber aufgenommen.

### NO RISK, NO FUN?

Wie bereits erwähnt, werden in der FXP-Szene Warez nur verbreitet, nicht erstellt. Diese massenhafte Verbreitung führt aber dazu, daß die Hersteller der Originale und die Strafverfolgungsbehörden auf das Problem der Warez aufmerksam werden. Deren Ermittlungen richten sich dann oft gegen die Release Groups, die aus diesem Grund der FXP-Szene feindlich gesonnen sind.

Das Benutzen fremder FTP-Server erzeugt einen enormen Datentransfer. Da viele Institutionen ihre schnellen Server-Anbindungen zumeist nach Umfang dieses Datentransfers bezahlen, kann der Mißbrauch gewaltige Rechnungen verursachen. Zudem sichern FXP-Filler die Dateien auf den erhackten Servern oft durch raffinierte Tricks vor dem Löschen. Die Betreiber können dann nicht einmal mehr ihre eigenen Server säubern. Daher droht auch der FXP-Szene Gefahr von seiten des Gesetzes. Da jeder Einbruch in einen Server digitale Spuren hinterläßt, ist das Leben in der FXP-Szene nicht ungefährlich. Immer wieder gelingt es den Ermittlern, die Identität von Szenemitgliedern aufzudecken. Kann gar eine ganze Gruppe ausgehoben werden, wird schnell gegen eine große Anzahl von Verdächtigen ermittelt. Bei massenhaften Hausdurchsuchungen werden in der Regel erhebliche Mengen an Warez auf Festplatten, CDs und DVDs gefunden und beschlagnahmt. Viele bislang unbescholtene Internetnutzer, die nur einem vermeintlich spannenden Hobby nachgehen wollten, mußten sich auf einmal wegen des Vorwurfs der Computersabotage, Datenveränderung und wegen Verstößen gegen das Urheberrecht verantworten.

Aus diesem Grund ist der Aspekt der Anonymität zu einem zentralen Thema der Szene geworden. E-Mail-Adressen werden grundsätzlich unter Angabe falscher Daten registriert. Haxxor verschleiern generell ihre IP-Adresse mit diversen technischen Hilfsmitteln. Bereits beim gewöhnlichen Surfen im Internet versuchen viele Szenemitglieder die Identität des eigenen Rechners durch Hackertricks zu verheimlichen. Der in der Szene beliebte Spruch »Nur weil du nicht paranoid bist, heißt das noch lange nicht, daß sie nicht hinter dir her sind« verdeutlicht das ausgeprägte Sicherheitsdenken.

# FILESHARING-SZENE

Der weitaus größte Teil der Schwarzkopierer ist jedoch nicht in der Release- oder FXP-Szene aktiv; die meisten von ihnen sind Gelegenheitskopierer, die Warez von Freunden oder Kollegen erhalten oder sie aus dem Internet herunterladen.

Mitte der 90er Jahre erfolgte das Herunterladen der Warez zumeist noch über Websites. Vor allem Musik im MP3-Format wurde angeboten. Begeistert machten Internetnutzer auf der ganzen Welt davon Gebrauch, und immer mehr Webwarez-Sites entstanden. Die Schließung dieser Sites durch die erste Ermittlungswelle von Polizei und Rechteinhabern ließ eine enorme Anzahl von Nutzern mit großem Interesse an Musik zum Downloaden zurück. Diese Nachfrage wurde von der Musikindustrie bis in die späten 90er Jahre kaum wahrgenommen. Dem illegalen, digitalen Konsum begegnete die Industrie zunächst mit rechtlichen Konsequenzen. Das Angebot zum kostenpflichtigen Download von MP3-Musikstücken wurde erst im 21. Jahrhundert zu einer Verkaufsstrategie. Währenddessen suchte die Masse der Interessenten jedoch nach inoffiziellen Alternativen. So wurde eine revolutionäre Erfindung zum Schreckgespenst der Unternehmen: das **Filesharing**.

Während die hartgesottene Szene nur mit ausgefallenen Methoden Warez über eigene Kanäle tauschen kann, haben durch Filesharing auch weniger versierte Nutzer die Möglichkeit, an Schwarzkopien aller Art zu gelangen. Beim Filesharing handelt es sich um ein technisches Konzept, das Nehmen und Geben von Dateien vereinfacht. Jeder Nutzer des Programms stellt die Dateien auf seiner Festplatte allen anderen Nutzern der Tauschbörse übers Internet zur Verfügung. Der entscheidende Vorteil ist die Möglichkeit, Daten direkt von Nutzer zu Nutzer zu tauschen. Es gibt somit keine zentrale Sammelstelle, wo die Warez liegen müssen.

Das Prinzip ist jedoch von der Bereitschaft der Nutzer abhängig, ihre Daten auch teilen zu wollen. Je mehr Benutzer ein Filesharing-Programm verwenden, desto mehr Dateien stehen ihnen zur Verfügung. Auf diese Weise kann ein Benutzer im Idealfall auf die Dateien von mehreren Millionen anderer zugreifen. Voraussetzung ist lediglich ein Internetzugang und das Filesharing-Programm, das in der Regel kostenlos im Internet zur Verfügung steht. Der Benutzer ist bei der Teilnahme am Filesharing Sender und Empfänger zugleich.

Die gemeinsame Nutzung von Ressourcen in Computernetzwerken war im Prinzip schon in den 70er Jahren bekannt. Die damaligen Netzwerktüftler nannten dies **Peer-to-Peer** (**P2P**), weil hierbei Gleiche mit Gleichen vernetzt wurden. Übergeordnete Server wurden nicht benötigt. Allerdings war es damals aufgrund der begrenzten Rechnerkapazitäten noch unmöglich, große Datenpakete wie Musik oder Software zu tauschen. Erst gegen Ende der 90er Jahre konnte das P2P-Konzept auch hierfür verwendet werden. Heute wird der Begriff »P2P« häufig synonym mit »Filesharing« verwendet.

### BÜRGERKRIEG IM INTERNET

Das Programm, mit dem sich die Idee des Filesharings endgültig durchsetzte, war **Napster**. Obwohl Napster ein kleines unscheinbares Programm war, mit dem man nur MP3-Musiktitel tauschen konnte, revolutionierte es die Welt der Warez. Internetnutzer mußten sich nicht länger durch unübersichtliche Webwarez-Sites quälen, sie mußten sich auch nicht mehr mühsam in eine Szene einarbeiten, um Warez aus dem Internet herunterladen zu können. Dank Napster wurde Filesharing zum Eldorado der Gelegenheitskopierer.

Entwickelt wurde Napster Ende der 90er Jahre vom damals achtzehnjährigen Shawn Fanning. Fanning studierte Informatik an der Northeastern University in Boston, wo er auch einer Gruppe von Hackern angehörte. Sein Spitzname war »Napster«.

Die Geschichte von Napster zeigt beispielhaft, wie aus der Begeisterung eines Hackers ein weltweit beachtetes Produkt entstehen kann. An der Universität lud ein damaliger Zimmergenosse Fannings leidenschaftlich gern MP3-Dateien von Websites herunter. Wie jeder Nutzer zu der Zeit kämpfte er dabei mit den Unzulänglichkeiten der Webwarez-Sites. Er klagte über die mühsame Suche nach bestimmten Titeln sowie über fehlerhafte Websites, die viele Dateien gar nicht enthielten. Zudem wurden manche Sites bereits nach wenigen Tagen wieder geschlossen, und es mußte eine neue Quelle für die MP3-Dateien gefunden werden. Der Frust seines Kommilitonen weckte Fannings Hackerehrgeiz. Er suchte nach einer Lösung des Problems und begann 1998 mit der Entwicklung von Napster. Hilfe bekam er dabei von seinen Hackerkollegen Sean Parker und Jordan Ritter.

Das Prinzip von Napster war so einfach wie genial. Das Programm verband alle Nutzer, die bereit waren, MP3-Daten mit anderen Teilnehmern übers Internet zu tauschen. Jeder Nutzer sollte sowohl Songs nehmen als auch geben können. Der Zugriff erfolgte direkt auf die Festplatte der jeweiligen Teilnehmer. Napster erlaubte zudem eine bequeme Suche. Man mußte nur den Interpretennamen oder Songtitel eingeben, um innerhalb von Sekunden fündig zu werden. Aus einer Liste der Nutzer, die den gewünschten Titel im Angebot hatten, wählte der Suchende einen Tauschpartner, und die entsprechende MP3-Datei wurde übers Internet direkt von einem Computer zum anderen versendet. Die Benutzung von Napster war an eine zentrale Datenbank gebunden, und genau diese zentrale Abhängigkeit sollte Napster später zum Verhängnis werden. Zum damaligen Zeitpunkt schien dies jedoch keine Bedeutung zu haben.

Shawn Fanning erkannte bald, daß Napster nicht nur im Kreis seiner Freunde und Kommilitonen auf Interesse stoßen könnte. Anfang 1999 unterbrach er nach einem Semester sein Informatikstudium, um sich voll und ganz der Programmierung von Napster zu widmen. Sein Onkel John Fanning, der damals ein Internet-Schachportal betrieb, erkannte das Potential von Napster und gründete gemeinsam mit ihm die gleichnamige Firma. Im Sommer 1999 stellte die junge Firma schließlich eine komplett überarbeitete Version von Napster zum kostenlosen Download ins Internet. Die Nachfrage war dermaßen groß, daß man den Eindruck hatte, viele Internetnutzer hätten nur auf ein Programm wie Napster gewartet. Amerikanische Studenten gehörten zu den ersten, die Napster exzessiv nutzen. Diverse Campusserver amerikanischer Universitäten brachen in der Folge zusammen, da sie dem Austausch von MP3s über Napster nicht gewachsen waren.

Das neue Wunderprogramm verbreitete sich lawinenartig. Aus tausend Benutzern wurden zehntausend und kurze Zeit später Millionen. Ohne jede Werbung, sondern allein durch Mundpropaganda wurde Napster die am schnellsten verbreitete legale Software in der Geschichte des Internets.

Für viele ging mit Napster ein Traum in Erfüllung. Die Zahl der verfügbaren Lieder war schier unbegrenzt. Von kaum bekannten Genres bis zu schwer erhältlichen Raritäten, bei Napster schien jeder Hörer fündig zu werden. Ein Mausklick genügte, um den gewünschten Song von der Festplatte eines anderen Nutzers auf den eigenen Rechner zu übertragen. Napster wurde zum größten virtuellen Plattenladen der Welt und zugleich zum Alptraum der Musikindustrie. Denn weder Napster noch seine Nutzer zahlten auch nur einen Cent für heruntergeladene Stücke. Auf diese Art des Wilderns war die Musikindustrie nicht vorbereitet und reagierte deshalb schnell und heftig. Noch im selben Jahr reichte die **RIAA** (Recording Industry Association of America) Klage gegen Napster wegen Urheberrechtsverletzungen ein. Der Vorwurf lautete, daß es sich bei einem Großteil der getauschten MP3-Dateien um illegale Kopien urheberrechtlich geschützter Musikstücke handele. Sie forderte 100.000 Dollar Schadensersatz für jeden widerrechtlich getauschten Song. Bei mehr als 200.000 verfügbaren Liedern hätte sich die Forderung zu einer astronomischen Gesamtsumme von mehr als 20 Milliarden Dollar addiert.

Die ausgiebige Medienberichterstattung ließ Napsters Popularität noch weiter wachsen. Die Mitgliederzahlen vervielfachten sich, doch mit ihnen stieg auch der Protest der Künstler gegen die Tauschbörse.

Im Mai 2000 mußte Napster die erste juristische Niederlage einstekken. Die Anwälte der Heavy-Metal-Band Metallica erstellten eine Liste mit den Pseudonymen von über 300.000 Nutzern der Tauschbörse, die angeblich Lieder der Band zum Download angeboten hatten. Damit forderten sie von Napster die sofortige Sperrung dieser Nutzer. Napster kam der Forderung nach, indem es sie aus ihrer Datenbank entfernte. Das hielt indes keinen Nutzer davon ab, sich sogleich unter einem anderen Benutzernamen erneut anzumelden. Danach forderte Metallica, daß Napster den Austausch aller Lieder der Band unterbinden müsse. Andere Künstler, darunter auch der Produzent und Rapper Dr. Dre, folgten dem Beispiel Metallicas. Der Rapper Eminem erklärte, er wolle am liebsten jeden Filesharing-Nutzer eigenhändig verprügeln.[18] Die Berichterstattung der Medien und die Kommentare der Plattenfirmen und Künstler zum Thema Napster wurden immer schärfer. Dies alles vergrößerte den Bekanntheitsgrad aber nur noch und erhöhte die Nutzerzahlen der Tauschbörse. Mittlerweile teilten über 20 Millionen Menschen ihre digitalen Musikarchive. Die britische Fachzeitschrift *New Musical Express* kommentierte damals: »Der Rock 'n' Roll steht am Rande eines Bürgerkriegs. In einer Internetrevolution, die im Download von MP3s besteht, nehmen es die Fans mit den Plattenfirmen und Bands auf.«[19]

Im Laufe der Zeit setzten die Gerichte Napster jedoch immer mehr unter Druck. Bereits im Juli 2000 untersagte ein amerikanisches Bezirksgericht den Tausch urheberrechtlich geschützter Musik über Napster. Als der Anwalt von Napster darauf hinwies, daß dieses Urteil einer Schließung der Tauschbörse gleichkäme, erwiderte die amerikanische Richterin Marilyn Hall Patel lapidar: »Das ist Ihr Problem, Sie haben dieses Monster erschaffen.«[20]

Napster brach daraufhin unter dem Ansturm der Nutzer, die sich noch rasch mit möglichst viel Musik eindecken wollten, kurzfristig zusammen. Die Tauschbörse legte Berufung gegen das Urteil ein. Der Fall mußte neu aufgerollt werden, und bis zu einem endgültigen Urteil durfte Napster weiter online bleiben.

Der Hype um Napster war Mitte 2000 auf seinem Höhepunkt angelangt. Die Tauschbörse zählte über 40 Millionen Benutzer. Man ging davon aus, daß Napster auf fast jedem dritten Internetrechner der Welt installiert war. Im Oktober 2000 kaufte sich überraschend der Medienkonzern Bertelsmann bei Napster ein und kündigte an, seine Klage gegen die Tauschbörse fallenlassen zu wollen. Dennoch reagierten die Nutzer geschockt. Der Plan von Bertelsmann, Napster bis Sommer 2001 in einen bezahlten Download-Service zu verwandeln, bedeutete ein baldiges Ende des unbegrenzten, kostenlosen Downloads. Das Bezahlangebot kam jedoch nie zustande. Bertelsmann konnte sich mit den großen Plattenfirmen nicht über die Lizenzierung ihrer Musikbestände einigen, und so verweigerten die Plattenfirmen die Nutzung ihrer Rechte. Ohne deren Hits war eine bezahlte Tauschbörse jedoch undenkbar.

Am 1. Juli 2001 schließlich, dem Tag, an dem ursprünglich das neue kostenpflichtige Napster starten sollte, war es dann soweit: Eine richterliche Anordnung untersagte den weiteren Betrieb der zentralen Server von Napster. Diese stellten sich nun als Schwachstelle in der Architektur der Software heraus. Zwar konnte die Musikindustrie nicht Millionen von Nutzern rechtlich belangen. Als aber vor Gericht eine Abschaltung der Server erwirkt werden konnte, brach der Tauschbetrieb zusammen. Nach nur zwei Jahren mußte Napster seine Pforten schließen.

Diese kurze Zeit hatte jedoch ausgereicht, die digitale Welt nachhaltig zu verändern. Zuletzt hatten über 60 Millionen Menschen das unbegrenzte Angebot an kostenloser Musik genutzt. In den Köpfen von Millionen Nutzern hatte sich die Idee des Tauschens im Internet festgesetzt. Das digitale Drama der Musikindustrie hatte begonnen.

## WIEDERGEBURT

Napster war tot, doch seine Nachfolger standen schon in den Startlöchern. Von Napster inspiriert, entwarfen innovative Programmierer ihre eigenen Filesharing-Programme. Die Musikindustrie, die den

Untergang von Napster bejubelte, mußte feststellen, daß sie ihre Gegner keineswegs besiegt hatte. Vielmehr hatten sie sich aufgesplittert. Nach Napster konkurrierten Dutzende neuer Tauschbörsen um die Gunst der Nutzer. Wie bei einer ausgetrockneten Oase machten sich die ehemaligen User von Napster auf den Weg zu einer neuen Quelle. Sie installierten schlicht neue Filesharing-Programme wie zum Beispiel Audiogalaxy oder WinMX. Zudem wurden technische Innovationen ausgetüftelt, die die neuen Tauschprogramme sicherer vor Attacken der Industrie und Gerichte machten.

Die Idee der Dezentralisierung stellte sich für das Filesharing als vorteilhaft heraus. Dezentrale Programme sollten es den Behörden unmöglich machen, sie zu stoppen. Doch die Programmierer hatten noch weitere Gimmicks für ihre Produkte parat. Nun konnten die Nutzer nicht nur Musik, sondern auch andere Dateien tauschen. Der Austausch von Videofilmen, Software, Dokumenten, Bildern und eine freie Suche nach beliebigen Dateien wurde schließlich bei fast allen neuen Filesharing-Programmen zum Standard.

Auch die Geschwindigkeit des Downloads wurde verbessert, sogar unabhängig von der Verbreitung schnellerer Internetzugänge. So war es bei den meisten Filesharing-Programmen nun auch möglich, eine Datei von mehreren Nutzern gleichzeitig herunterzuladen. Da sich die Einzelgeschwindigkeiten dabei addierten, geschah das Herunterladen von Dateien deutlich schneller, als es noch bei Napster der Fall war. Ebenso neuartig war die Funktion der Wiederaufnahme abgebrochener Downloads (Resume). Bei Napster mußte ein abgebrochener Download immer neu gestartet werden, auch wenn er erst kurz vor Ende abbrach. Der Komfort der Tauschbörsen erhöhte sich durch diese Verbesserungen deutlich.

Geschockt von den neuen Entwicklungen zog die Musikindustrie gegen das Filesharing in den Krieg. Die Tauschbörse Audiogalaxy beispielsweise wurde 2002 gezwungen, alle urheberrechtlich geschützten Titel zu sperren. Viele dezentrale Systeme, wie auch das beliebte Filesharing-Programm Kazaa, konnten dagegen nicht gestoppt werden. Die Industrie suchte nach weitergehenden juristischen Mitteln und entschied sich schließlich, gegen Einzelpersonen vorzugehen. Daher initiierte sie polizeiliche Ermittlungen gegen Nutzer, die dann mit Klagen überzogen wurden. Der Erfolg blieb jedoch aus. Schon im August 2001 wurden über die vier beliebtesten Tauschbörsen mehr Dateien heruntergeladen als jemals über Napster zuvor.[21] Die Rechteinhaber blieben dessenungeachtet ihrem harten Kurs treu, in der Hoffnung, Millionen von Nutzern abzuschrecken.

Gegen Ende des Jahres 2004 schossen sie sich auf den neuen Liebling der Filesharing-Nutzer ein: das BitTorrent-Netzwerk. Das Besondere an BitTorrent war und ist seine enorm hohe Geschwindigkeit. Durch eine ausgeklügelte Technik können die Dateien im Durchschnitt schneller heruntergeladen werden als mit bisherigen Programmen. Hierzu werden sie in kleine Fragmente zerlegt, die von einem zum anderen Nutzer übertragen und am Ende des Downloads automatisch wieder zu einer Datei zusammengesetzt werden. Ein BitTorrent-Nutzer muß nicht zwangsläufig über die vollständige Datei verfügen, um sie auch anderen anbieten zu können. Noch während er zum Beispiel einen Film herunterlädt, können andere Nutzer Fragmente davon erhalten. Je mehr Nutzer sich in das Netz einwählen, desto schneller wird BitTorrent. Eine hohe Belastung im Netzwerk führt zu einer höheren Geschwindigkeit. Dabei hat BitTorrent selbst zwar einen Erfinder, nicht jedoch einen Betreiber. Die Tauschbörse funktioniert völlig dezentral und lebt allein von der aktiven Beteiligung ihrer Nutzer. Somit gibt es auch keine zentrale Instanz, die man per Klage zur Einstellung zwingen könnte.

### IM RAUSCH DER SZENE

In der Geschichte der Schwarzkopie wurde nie soviel getauscht wie mit der Filesharing-Technologie. In den letzten Jahren bildete sich eine Gemeinschaft, die den Tausch von Schwarzkopien nicht mehr nur im geheimen betreibt. Verglichen mit der überschaubaren FXP- und Release-Szene ist die Filesharing-Szene gigantisch. Sie bildet die dritte Stufe der Verbreitungspyramide. In ihr kann jeder Internetnutzer am Tausch von Warez teilhaben. Sie besteht hauptsächlich aus einer großen Zahl von Einzelgängern. Diese benutzen die Tauschbörsen lediglich, um sich Warez herunterzuladen, eine typische Nutzergruppe ist dabei kaum auszumachen. Ob Student oder Professor, Arbeiter oder Arzt, die Klientel ist buntgemischt. Ein szeneähnliches Engagement liegt ihnen zumeist fern.

Manche Filesharing-Nutzer möchten aber auch selber aktiv werden und zu einem besseren Funktionieren ihrer bevorzugten Tauschbörse beitragen. So entstanden große Internetforen, in denen die Nutzer von Tauschbörsen regelmäßig Informationen austauschen. Typische Themen sind Diskussionen über Vor- und Nachteile bestimmter Filesharing-Programme oder das Erscheinen neuster Warez. Im Gegensatz zur Release- und FXP-Szene herrscht in der Filesharing-Szene ein offener Informationsaustausch, und die Internetforen sind frei von elitärem »Szenegehabe«.

Häufig organisieren sich innerhalb dieser Netzwerke auch einige Nutzer in Gruppen, um selber Warez, die es in »ihrer« Tauschbörse bisher noch nicht gibt, per Filesharing zur Verfügung zu stellen. Die Filesharing-Szene verteilt vor allem Warez, die von der Release- und FXP-Szene längst verbreitet wurden. Aber es werden auch Kopien älterer Filme oder Musikalben erstellt, die mangels Aktualität von keiner Release Group mehr herausgebracht würden. Die Filesharing-Szene nennt diesen Vorgang wie ihre großen Brüder in der Release- und FXP-Szene »releasen«. Auch die Filesharing-Gruppen tragen oft eigene Namen. Im Gegensatz zu ihren Vorbildern aus der Release- und FXP-Szene kann man ihnen aber auch ohne außergewöhnliche Computerfertigkeiten oder szeneinterne Verbindungen beitreten. Von den beiden oberen Stufen der Verbreitungspyramide finden sie daher als Szene wenig Akzeptanz.

## DER WEG DER WAREZ

Obwohl sich alle drei Stufen der Verbreitungspyramide in ihrer Struktur deutlich voneinander unterscheiden, fließen die Warez zumeist durch alle Szenen hindurch. Das Bindeglied zwischen der zwielichtigen Release-Szene und den Millionen Gelegenheitskopierern der Filesharing-Szene ist die FXP-Szene. Einerseits verfügt sie zumindest vereinzelt über Kontakte zu Release Groups. Dort gelingt es, sich in der goldenen Schatzkammer der neusten Warez zu bedienen. Andererseits gibt es auch viele FXP-Mitglieder, die es gerne sehen, wenn ihre Schwarzkopien in den Filesharing-Netzwerken Verbreitung finden. So kommt es, daß täglich Tausende Warez von der obersten Stufe der Verbreitungspyramide bis zu den Tauschbörsen weitergereicht werden.

Landet schließlich eine Kopie in irgendeinem Filesharing-Netzwerk, sorgt die Filesharing-Szene dafür, daß sie innerhalb kurzer Zeit in allen bekannten Tauschbörsen auftaucht. Was von den Release Groups hinter verschlossenen Türen veröffentlicht wurde, findet somit seine Endstation auf den Festplatten von Millionen Computernutzern auf der ganzen Welt. Die Warez in den Filesharing-Netzwerken sind zwar im Vergleich zu den Schwarzkopien der Release- und FXP-Szene weniger aktuell. Die meisten Gelegenheitskopierer stört das jedoch nicht. Hier wird konsumiert, was das Netzwerk hergibt. Ohnehin sind die Warez oft nur wenige Tage oder gar nur einige Stunden alt, wenn sie in der Filesharing-Szene ankommen.

Die Rechteinhaber versuchen dagegen meist den Eindruck zu erwecken, die Tauschbörsen selbst seien ausschlaggebend für die Produktion von Warez. Als beispielsweise der Film *Star Wars: Episode III – Revenge of the Sith* im Mai 2005 noch vor dem offiziellen Kinostart als Kopie im Umlauf war, verkündete der Präsident der amerikanischen Filmgesellschaft **MPAA**, Dan Glickman, in einer Presseerklärung: »Es gibt kein besseres Beispiel dafür, wie Diebstahl die Magie der Filme verblassen läßt, als dieser heutige Bericht, nach dem der BitTorrent die

Nutzer mit illegalen Kopien von *Revenge of the Sith* versorgt. Dieser bedauerliche Umstand ist die Art von Diebstahl, wie er ständig in Peer-to-Peer-Netzwerken weltweit geschieht«.[22] Der wahre Verbreitungsweg war der MPAA anscheinend nicht bekannt. Dabei belegt der Fall *Star Wars: Episode III* lediglich die eindrucksvolle Geschwindigkeit, mit der sich Warez mittlerweile in den Szenen verbreiten.

Die **GVU** (Gesellschaft zur Verfolgung von Urheberrechtsverletzungen), die im Auftrag der Film- und Softwareindustrie Jagd auf Schwarzkopierer macht, weiß dagegen durchaus um den Ursprung der Warez (siehe Interview mit GVU-Chef Joachim Tielke auf S. 275). Häufig stellt sie jedoch Schwarzkopierer als eine Bande von Kriminellen dar, die das Kopieren nicht als Hobby, sondern aus reiner Profitsucht betreiben. Viele Meldungen lassen vermuten, daß die Industrie die wahren Hintergründe der Warez-Szenen häufig verzerrt darstellt, um ihre Interessen besser durchsetzen zu können. Als die Topsite Unreality 2003 von der Polizei stillgelegt wurde, sprach die GVU von der Entdeckung eines »Piratenservers« und spekulierte:»Die mutmaßlichen Täter versorgten sich höchstwahrscheinlich gegenseitig unter anderem mit dem neuesten Material an Filmen und Computerspielen, um dieses dann größtenteils gegen Entgelt weiterzuverbreiten.«[23] Auch als im April 2005 die Release Group Flatline von der Polizei ausgehoben wurde, bejubelte die GVU einen »schweren Schlag für die professionelle Raubkopiererszene«.[24] Die einzigen Profis hierbei waren allerdings die Ermittler und Kläger selbst.

### LEGAL, ILLEGAL ...

Rechtlich ist dem Dateiaustausch mit Filesharing-Programmen nur schwer beizukommen. Die Tauschbörsen selbst sind aus juristischer Sicht zunächst einmal nicht mehr als ein gewöhnliches Softwareprodukt. Schließlich bieten sie selbst keine Schwarzkopien an, sondern lediglich eine Technologie, die einen Austausch von Dateien ermöglicht. Mit derartigen Programmen können durchaus auch freie

Daten, wie beispielsweise selbsterstellte Musik, getauscht werden. So ist gerade die Tauschbörse BitTorrent dafür gedacht, große legale Dateien, wie das freie Betriebssystem **Linux,** rasch verbreiten zu können. Zu seinen Nutzern zählt BitTorrent auch Peter Jackson. Der *Herr der Ringe*-Regisseur verbreitete über die Tauschbörse ein tägliches Video-Tagebuch vom Dreh seiner *King Kong*-Verfilmung. Es existieren sogar alternative TV-Netze, die mit Hilfe von BitTorrent eine von den kommerziellen Sendern unabhängige Medienlandschaft aufbauen.

Viele Jahre lang galt es als unstrittig, daß der Austausch geschützter Dateien allein in der Verantwortung der Nutzer liegt. Auch Videorecorder sind nicht illegal, nur weil man mit ihnen auch Urheberrechtsverletzungen begehen könnte. Erst ein Urteil des Obersten Gerichtshofs der USA brachte diese Ansicht ins Wanken. Im Juni 2005 wurde dort nach einem Jahre andauernden Rechtsstreit der US-Unterhaltungsindustrie gegen die Tauschbörsen Grokster und Morpheus entschieden, daß die Betreiber von Filesharing-Programmen durchaus für Verstöße gegen das Urheberrecht haftbar gemacht werden können. Sofort wurden zahlreiche kritische Stimmen laut, einige befürchteten sogar ein Ende des Filesharings und eine Bremswirkung für technische Innovationen. Bei näherer Betrachtung war das Urteil jedoch weniger einschneidend als zunächst angenommen. Das Gericht nannte als Voraussetzung für eine Klage gegen Tauschbörsenbetreiber, daß die Software explizit für illegale Zwecke entworfen sein müsse. Tauschbörsensoftware wurde also nicht grundsätzlich für illegal erklärt. Vielmehr muß bei jeder einzelnen Klage vor Gericht geklärt werden, ob eine Verletzung des Urheberrechts von der Entwicklerfirma geplant war oder nicht.

Dieser Nachweis dürfte von der Musikindustrie jedoch nur schwer zu erbringen sein. Hinzu kommt, daß hinter zahlreichen Tauschbörsen wie zum Beispiel BitTorrent gar keine Firma mehr steht, die man verklagen könnte. Zudem werden oft auch legale Dateien getauscht. Ohnehin dürfte eine Klage gegen eine Tauschbörsenfirma Jahre dauern. Ob es die verklagte Tauschbörse dann überhaupt noch gibt, ist fraglich. In jedem Fall dürften bis zu einem Urteil schon wieder viele neue Tauschbörsen entstanden sein, über die sich die Internetnutzer mit Schwarzkopien versorgen.

Obwohl die Filesharing-Technik an sich nach wie vor legal ist, kann sie sich aufgrund der überwiegend illegalen Nutzung schwer als ein rechtmäßiger Teil des Internets behaupten. Der spanische Professor Jorge Cortell beispielsweise hielt an der Universität Valencia einen Vortrag über Filesharing und befaßte sich zur Abwechslung mit den legalen Nutzungsmöglichkeiten dieser Technik. Nach massivem Druck spanischer Verwertungsgesellschaften zwang die Universität den Professor im Mai 2005 schließlich zur Kündigung.[25]

Trotz oder gerade wegen der zumeist illegalen Nutzung ist Filesharing mittlerweile zum Allgemeingut geworden. Viele Millionen Menschen auf der ganzen Welt laden Musik, Software, Filme und Bücher herunter. Manche Internetanbieter werben sogar damit, daß ihre Leitungen für Filesharing-Netzwerke ausgestattet sind. Mit schnelleren Verbindungen und der Möglichkeit des Filesharings lassen sich neue Kunden für die Telekommunikationsindustrie gewinnen. Daher liegt die Unterhaltungsindustrie auch mit Internetanbietern im Streit. Bereits im Januar 2003 verklagte die RIAA den Anbieter Verizon, der sich geweigert hatte, die Daten eines Kunden herauszugeben. Dieser hatte angeblich Musiktitel von Janet Jackson und anderen Künstlern getauscht. Seitdem kommt es immer wieder zu Klagen gegen Anbieter, die sich entschieden gegen die Herausgabe von Kundendaten wehren.

Wäre es nach der Unterhaltungsindustrie gegangen, wäre auch der erste tragbare MP3-Player, der »Rio PMP300« der Firma Diamond Multimedia, nie erschienen. Mit einer Klage versuchte die RIAA 1998 erfolglos die Markteinführung des Rio PMP300 zu verhindern. Geräte wie Apples MP3-Spieler iPod oder weitere Produkte, die sich heute als Verkaufsschlager erweisen, wären dann in dieser Form nicht möglich gewesen. So scheint es, als würde sich die Unterhaltungsindustrie gegen jeden technischen Fortschritt stellen, der ihre konservative

Verkaufsstrategie behindern könnte. Wäre das Internet ein Produkt, würde die Unterhaltungsindustrie womöglich versuchen, es aus dem Markt zu klagen.

Die Filesharing-Nutzer selbst sind wohl nur durch ihre große Anzahl vor Klagen der Industrie geschützt. Das Rückverfolgen und Verklagen von Millionen Nutzern ist schlichtweg unmöglich. Eher aus Gründen der Abschreckung werden daher von der Musik- und Filmindustrie immer wieder Prozesse angestrengt, in denen an einzelnen Nutzern Exempel statuiert werden. »Raubkopierer haben keinen Grund, sich sicher zu fühlen«, macht GVU-Geschäftsführer Joachim Tielke die Strategie der Unterhaltungsindustrie deutlich.[26]

Allen Anstrengungen zum Trotz steigen die Nutzerzahlen kontinuierlich an. Nach einer Analyse des Internetmagazins Slyck hat sich die Zahl der in Tauschbörsen angemeldeten Nutzer in der Zeit von 2003 bis 2005 nahezu verdoppelt.[27] Dabei ist die populäre Tauschbörse BitTorrent nicht einmal in der Studie enthalten, da es laut Slyck technisch nicht möglich ist, ihre Nutzerzahlen korrekt zu ermitteln. Gemessen werden kann hingegen ihr Anteil am Internetdatenverkehr. Laut einer Studie des britischen Unternehmens CacheLogic geht mehr als ein Drittel des sogenannten **Traffics** auf das Konto von BitTorrent.[28] Insgesamt soll Filesharing für bis zu 80% des gesamten Datenverkehrs im Internet verantwortlich sein.[29]

Die Film- und Musikwirtschaft hat ihr »Napstertrauma« also noch lange nicht überwunden. Auch damals stiegen trotz diverser Klagen die Nutzerzahlen weiter an, und selbst die Schließung Napsters hatte noch mehr Filesharing-Nutzer zur Folge. In den Jahren danach sind viele neue Programme entstanden und viele wieder verschwunden. Die Tauschbörsenfans schienen ihren Verfolgern jedoch stets um zwei Schritte voraus.

Die Geschichte des Filesharings hat bislang vor allem eines gezeigt: Bevor die Unterhaltungsindustrie ein Problem lösen kann, sind längst neue entstanden.

# KRIEG DER SZENEN

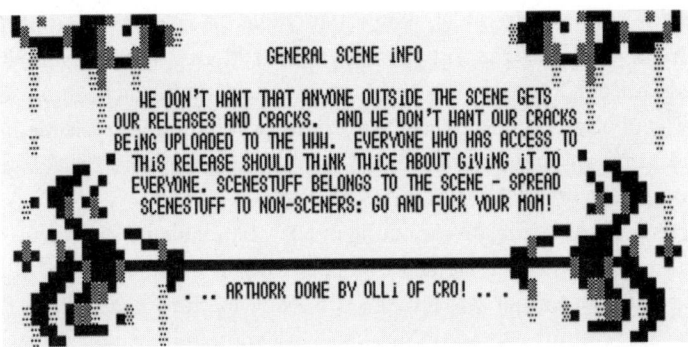

**Auszug aus einer NFO-Datei der Release Group Souldrinker**

Für die meisten Menschen ist das Internet zu einem Synonym für freien Informationsaustausch und weltumspannende Verständigung geworden. Die Untergrundorganisation der Warez dagegen ist eine abgeschottete und für Außenstehende unsichtbare Welt.

Zwischen ihren Mitgliedern herrscht Rivalität. Die Release Groups schauen verächtlich auf alles, was in der Warez-Nahrungskette unter ihnen steht. Sie mißbilligen sowohl die FXP-Szene als auch die Nutzung von Filesharing-Programmen zur Verbreitung »ihrer« Warez. Ebenso verhaßt sind ihnen Websites, die Szenematerial wie Cracks, NFO-Dateien oder Seriennummern von Software veröffentlichen. Zwar mehrt diese öffentliche Verbreitung ihren Ruhm, doch »daran ist uns nicht gelegen«, so Szenemitglied Predator. »Ich brauche nur Anerkennung von Personen, die auf meinem Level stehen.«[30]

Besonders verabscheut werden diejenigen, die ein Release der Szene umbenennen und weiterverbreiten. Häufig entfernen FXP Groups die NFO-Datei und fügen eine eigene hinzu, um selbst die Anerkennung für das Release in ihrer eigenen Szene zu ernten. Auf diese Weise kann man nicht mehr erkennen, daß die Schwarzkopie ursprünglich von einer Release Group stammt. Sie macht dann den Eindruck, als sei sie von einer FXP Group oder in einer Tauschbörse releast worden. Ähnlich wie in der Graffiti-Szene das Übermalen der Bilder anderer Gruppen verpönt ist, reagiert auch die Release-Szene empfindlich auf ein derartiges Vorgehen. Sie sieht zudem in den aktiven FXP- und Tauschbörsennutzern eine konkrete Gefahr für sich. Durch die massenhafte Verbreitung der Warez steigt das Interesse der Medien und Strafverfolgungsbehörden an der Szene insgesamt. Die Release Groups fürchten daher um ihre Sicherheit.

Ihren Unmut drücken sie häufig in NFO-Dateien aus. Hier verurteilen und beschimpfen sie alle unrechtmäßigen Benutzer ihrer Arbeit und betonen immer wieder, daß die Releases nur für den Kern der Szene bestimmt seien. Als die Release Group Souldrinker im April 2004 nach einem weltweit koordinierten Schlag der Polizei ihren Rückzug bekanntgab, machte sie mit deutlichen Worten die massenhafte Verbreitung der Warez durch die FXP- und Filesharing-Szene dafür verantwortlich.

```
Die letzten Ereignisse sind geschehen, weil Releases wie die unseren fuer
zu viele zugaenglich wurden. Unsere Releases waren von uns immer nur fuer
die Scene selbst gedacht und niemand von uns hat je finanzielle Interessen
mit den Releases verfolgt. Die von uns nicht gewollte Weiterverbreitung von
Releases in P2P-Systeme, in Usenet-Newsgroups, via FXP-Boards und unserer
Cracks auf WWW-Seiten wie Gamecopyworld haben wir stets abgelehnt, denn
genau diese Weiterverbreitung an praktisch jedermann hat auch der
Spieleindustrie den Schaden zugefuegt, der letztlich zu Aktionen von
Strafverfolgern fuehren musste.

Diejenigen unter euch, die gegen unseren und den Willen aller echten Scener
Releases weiterverbreitet haben (ihr wisst, wer ihr seid), sind auch fuer
das Ende unserer Scene verantwortlich. Schoenen Dank dafuer und moeget ihr
in naechsten Leben tatsaechlich als die niederen Kreaturen wiedergeboren
werden, deren Charaktere ihr schon jetzt gezeigt habt.
```

**Ausschnitt aus dem Rücktritts-NFO der Release Group Souldrinker**

Zudem ist es in der Release-Szene tatsächlich üblich, zum Erwerb des Originals aufzurufen. Der legendäre Spruch »A game worth playing is a game worth buying« war bereits unter den ersten Crackergruppen der 8oer Jahre beliebt.[31] Schließlich seien Warez nur für den szeneninternen Wettbewerb, nicht aber zur weiteren Benutzung erstellt worden. So rief auch die Release Group ACP (Alpha Cinema Project) in ihren NFO-Dateien regelmäßig zum Kinobesuch des jeweiligen Films auf, den sie als Release verbreitet hatte.

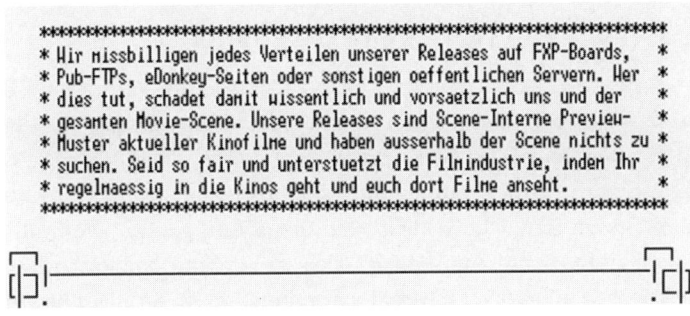

**Ausschnitt aus einem NFO der Release Group ACP**

Außerhalb der Szene scheint die Haltung der Release Groups paradox. Immerhin wird in der Release-Szene einem illegalen Hobby nachgegangen. Die Release Groups stellen widerrechtliche Kopien her und verbreiten diese, möchten aber selber bestimmen, wer sie nutzen darf und wer nicht. Dieser Umstand käme in etwa einem Geldfälscher gleich, der seine Blüten nur zum Wettbewerb innerhalb seiner Geldfälscherszene entwirft und nicht möchte, daß sein Falschgeld verbreitet wird. Zudem würde er dazu aufrufen, kein Falschgeld zu benutzen. Andererseits zeigt diese Haltung aber auch deutlich, daß die Release Groups ihr Hobby nur innerhalb der eigenen Szene betreiben wollen.

In vielen Internetforen werden die Standpunkte der verschiedenen Warez-Szenen erbittert diskutiert. Nicht selten enden diese Auseinandersetzungen in gegenseitigen Verhöhnungen und Beschimpfungen. Durch die offensichtliche Verwandtschaft der Release- und FXP-Szene gibt es in der verwendeten Szenesprache viele Gemeinsamkeiten. Viele FXP Groups verwenden den Jargon und Schreibstil der Release Groups. Oft verändern sie jedoch gewisse Begriffe und integrieren sie in ihre eigene Welt. Die Release-Szene fühlt sich daher von der FXP-Szene parodiert. Trotz der Debatte zwischen Release- und FXP-Szene, haben beide aber einen gemeinsamen Feind. Einig sind sie sich in ihrer Ablehnung der Filesharing-Nutzer.

## KOPIERGESCHÜTZTE SCHWARZKOPIEN

Den Release Groups gelingt es jedoch nicht, eine Verbreitung der Warez außerhalb ihrer Reihen gänzlich zu verhindern. Zu viele Personen scheinen in der Szene involviert zu sein. Viele Betreiber von Szeneservern können kaum kontrollieren, ob alle zugangsberechtigten Personen auch tatsächlich vertrauenswürdig sind. »Vermutlich denken einige Gruppenmitglieder, sie seien Robin Hood und müßten die Releases im ganzen Internet verbreiten. Denen ist nicht bewußt, daß sie der Szene mit der Publicity schaden«, berichtet Szenemitglied Moonspell.[32] Außerdem kann es keine totale Trennung zwischen den verschiedenen Szenen geben. Mitglieder von Release Groups haben Freunde und Bekannte in der FXP-Szene, oder jemand ist in beiden Bereichen aktiv.

Es gibt daher mittlerweile auch Release Groups, die ihre Warez nicht mehr der gesamten Szene, sondern nur noch einem kleinen Kreis zugänglich machen. Ihre Kopien sind dementsprechend seltener in der FXP-Szene und in den Internet-Tauschbörsen zu finden. So teilt zum Beispiel die Release Group Pandora in ihren NFO-Dateien mit, nur noch ihnen bekannten Szenemitgliedern die Warez zukommen lassen zu wollen. Sie sei nicht mehr daran interessiert, in Szeneranglisten gelistet zu werden, um den damit verbundenen Ruhm zu ernten. »Statistiken sind uns egal! Ihr habt noch nie von uns gehört? Wunderbar, so soll es sein!« verkünden sie in einem NFO.

Andere Gruppen versuchen ihre Warez durch Verschlüsselung zu schützen. 2003 war es die Release Group TGSC, die als erste deutsche Gruppe ankündigte, ihre Film-Releases von nun an zu verschlüsseln. Den benötigten digitalen Schlüssel zum Anschauen des Films wollte TGSC nur an bestimmte Szenemitglieder weitergeben.

Die geradezu groteske Entscheidung, Warez mit einem Kopierschutz zu versehen, sorgte für Diskussionsstoff innerhalb der Szene. Einige Release Groups zogen nach und verschlüsselten ihre Releases ebenfalls. Andere sprachen sich vehement dagegen aus und sahen in der Verschlüsselung nichts weiter als einen Kopierschutz, der der Grundidee der Szene widersprach und geknackt werden mußte. Folgerichtig kursierten schon bald Cracks, mit denen sich die Verschlüsselung aushebeln ließ. Am Ende wurde also ein kopiergeschütztes Original von einer Gruppe geknackt und verschlüsselt, um von einer anderen Gruppe wieder geknackt zu werden.

Bisweilen wird in der Release-Szene sogar zu drastischen Abwehrmaßnahmen gegriffen, um sich vor unerwünschter Öffentlichkeit zu schützen. Jeff Howe, Redakteur des US-Magazins *Wired*, wurde im Rahmen seiner Recherchen über die Release-Szene recht deutlich davor gewarnt, Details der Szene preiszugeben. »Du brauchst sicher keinen 150-Kilo-Schläger mit einer Pistole vor deiner Haustür«, drohte ihm damals ein Mitglied der Szene.[33]

Waren die Strukturen in den 8oer Jahren noch einigermaßen durchschaubar, so hat sich durch die Entwicklung des Internets ein Geflecht von Szenen gebildet, das von Jahr zu Jahr komplexer wird. Nach mehr als 20 Jahren Warez-Szene ist kein Rückgang der Aktivitäten ersichtlich. Polizeiliche Ermittlungen und Kampagnen der Industrie haben zwar zur Veränderung der Szene geführt, jedoch nicht zum Vorteil der Jäger. Je härter die Maßnahmen werden, desto mehr scheint sich die Szene in ihre geheime Welt zurückzuziehen. Betrachtet man die Geschehnisse der vergangenen Jahre, dann scheint es so, als hätte die Industrie einen Krieg begonnen, den sie nicht gewinnen kann.

**ALL YOU CAN EAT**

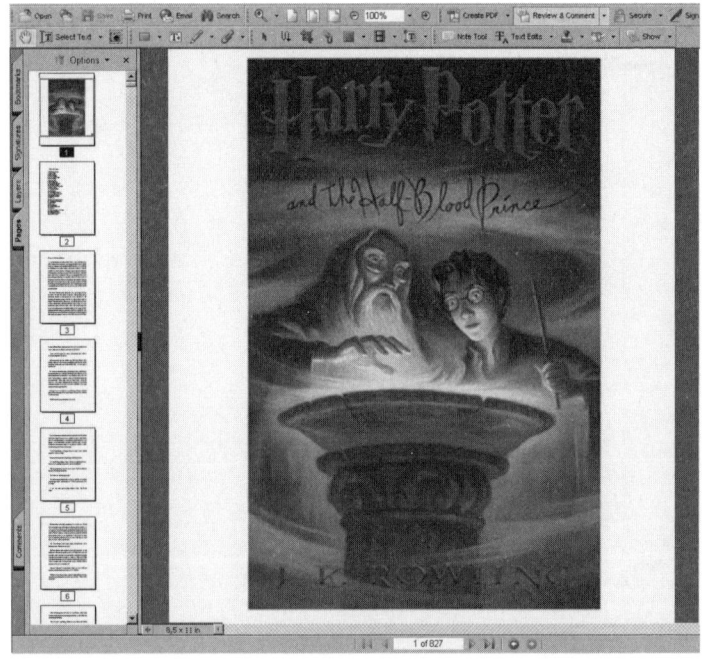

**Harry Potter 6 als eBook**

# WAREZ

Mittlerweile kann dank der Szene fast jedes digitale Produkt, das käuflich zu erwerben ist, als Schwarzkopie heruntergeladen werden. Ob Software, Filme, Musik oder Bücher, die Auswahl scheint grenzenlos. Für viele Anwender ist das Internet zu einem gigantischen Büffet geworden, an dem sie sich ausgiebig bedienen. Das Motto lautet »All you can eat«, Tag und Nacht, ohne daß je eine Rechnung zu begleichen wäre.

Die meisten der erhältlichen Kopien werden von den zahlreichen Release Groups in Umlauf gebracht, die sich auf ein bestimmtes Medium konzentrieren. Oft findet sogar noch eine weitere Spezialisierung statt. So gibt es Release Groups, die nur Konsolenspiele, HipHop-Alben oder japanische Zeichentrickfilme releasen. Einige Schwarzkopien, wie zum Beispiel ausgefallene Fernsehsendungen oder seltene Hörspiele, werden aber auch von Personen außerhalb der Release-Szene erstellt. Sie bieten die Kopien dann in der Regel direkt über eines der Filesharing-Programme an. Generell lassen sich vier Hauptgruppen von Schwarzkopien unterschieden: Warez, Moviez, MP3z und eBookz. Ursprünglich verstand die Szene unter dem Begriff »Warez« ausschließlich Schwarzkopien von Software. In der zweiten Generation wurde diese Bezeichnung als Oberbegriff auch auf die neuen Medien wie Musik-CDs übertragen.

Die Release-Szene beschränkt sich nicht nur auf die gängigen PC-Veröffentlichungen. Auch Profisoftware für den kaufmännischen Bereich oder Computerspiele für Konsolen werden regelmäßig gecrackt. Dabei stellen vor allem die Spielekonsolen wie die Playstation von Sony oder die Xbox von Microsoft eine Herausforderung für die Szene dar. Sie benutzen häufig eigens entwickelte Datenträger, die sich anders als herkömmliche Datenträger nicht ohne weiteres kopieren lassen.

Eine Release Group kann immer nur so gut sein wie ihr Supplier. Wenn eine Gruppe nicht über Kontakte zu Szeneinsidern verfügt, die möglichst früh Zugang zu neuen Softwareprogrammen haben, wird sie sich kein Ansehen in der Szene erarbeiten können.

Die Herstellung und der Vertrieb eines neuen Softwareprogramms bieten zahlreiche Möglichkeiten, eine Version zu entwenden. Der Alptraum jedes Unternehmens ist ein Angestellter, der nebenbei für die Szene als Supplier tätig ist. Ahnungslos rätselt man dann über die undichte Stelle in der Herstellung, während der Maulwurf wenige Meter entfernt im Büro sitzt.

Mitarbeiter können die Software sogar in der Entwicklungsphase entwenden und sie dann an Szenegruppen weitergeben. Auf diese Weise finden unfertige Neuentwicklungen illegale Verbreitung, noch bevor sie im Handel erscheinen.

Daneben gibt es sogenannte Beta-Versionen der Hersteller, kurz **Betas** genannt. Dabei handelt es sich um Vorabversionen, die vor der Markteinführung noch getestet werden müssen. Auch Personen, die Beta-Versionen auf mögliche Fehler untersuchen, die **Betatester**, erweisen sich für Unternehmen oft als Sicherheitsrisiko. Auch die Anstellung bei einem Computermagazin ist eine Goldgrube für jeden Supplier. Schließlich erhalten die Zeitschriften viele Spiele und Anwendungsprogramme weit vor dem Veröffentlichungstermin, um rechtzeitig einen Testbericht verfassen zu können.

Außerdem gibt es von der Fertigstellung bis zum Erscheinen einer Software zahlreiche Schwachstellen, die sich ein Mitarbeiter zunutze machen kann, um an ein Exemplar zu gelangen. Einige Supplier arbeiten zum Beispiel für Kurierdienste, die das **Master**, also die Kopiervorlage der Software, an die Preßwerke liefern. Wenn es dem Supplier gelingt, von diesem Master eine Kopie anzufertigen, gelangt eine Release Group in den Besitz einer Verkaufsversion, noch bevor die Exemplare überhaupt fabriziert worden sind. Auch Preßwerke beschäftigen oftmals nichtsahnend einen Mitarbeiter, der zugleich Supplier einer Release Group ist. Hier fällt das Entwenden einer Kopie nicht schwer. Häufig liegen aussortierte Kopien, beispielsweise mit beschädigten Verpackungen, achtlos herum.

Zwangsläufig geht eine Software durch viele Hände, bis sie im Geschäft gekauft werden kann. Dadurch ist es den Herstellern beinahe unmöglich, sich gegen die Tricks der Release Groups zu schützen.

# MP3Z

Die Szene konnte sich lange Zeit nicht vorstellen, daß Musikstücke kopiert und übers Internet verbreitet werden könnten. Selbst als das Medium CD bereits gängig war, verfügte die Szene über keine Möglichkeit, Musikstücke zu tauschen. Die Datenmengen der Lieder waren dermaßen groß, daß es unverhältnismäßig lang gedauert hätte, sie übers Internet zu verbreiten. 1995 hätte ein durchschnittlicher Nutzer etwa zehn Minuten warten müssen, um 30 Sekunden Musik herunterzuladen.[1]

Erst ein neues Datenformat sorgte für den Durchbruch digitaler Musik im Internet. Mitte der 90er Jahre veröffentlichte das Erlanger »Fraunhofer-Institut für Integrierte Schaltungen« ein Kompressionsverfahren für Musik. Genannt wurde diese neue Technologie »MPEG-1 Audio Layer 3«, abgekürzt MP3. Das MP3-Format filtert aus einem Musikstück alle Signale heraus, die das menschliche Ohr nicht wahrnehmen kann. Dadurch verringert sich die Größe der Datei erheblich. Lieder konnten von nun an ohne merklichen Qualitätsverlust um das Zehnfache ihrer Größe verringert werden.

Die Schwarzkopierer gehörten lange vor der Musikindustrie zu den ersten, die Internet und MP3 zu kombinieren wußten: Das Netz bildete einen idealen Verbreitungskanal. Das MP3-Format ermöglichte auch Nutzern, die über langsame Internetverbindungen verfügten, den Download von Musik. Es entstanden zahlreiche Internetsites über die Songs im neuen digitalen Format heruntergeladen werden konnten. Schon bald interessierten sich auch gewöhnliche Computernutzer für MP3-Musikstücke. Überdies trugen die steigenden Geschwindigkeiten der Internetanbindungen dazu bei, daß MP3 rasch zu einem neuen Musikstandard wurde.

In der bislang rein auf Software ausgerichteten Release-Szene entstand eine neue Disziplin: das Releasen von Musik. Es bildeten sich

Release Groups, die sich ausschließlich darauf spezialisierten. Da jede Woche Hunderte neue Alben erscheinen, hat die MP3-Szene alle Hände voll zu tun. Mittlerweile gibt es sogar Gruppen, die nur Musik eines bestimmten Genres veröffentlichen. Außerdem erstellen auch viele FXP Groups und Filesharing-Nutzer Kopien ihrer Lieblingssongs und verbreiten sie im Netz.

Das Internet bietet ganze Alben, Singles oder Remixes verschiedenster Länder sowie Zusammenstellungen mit kompletten Diskographien einer Musikgruppe. Das Netz hat sich so zum größten Musikladen der Welt entwickelt. In der Release-Szene erscheinen häufig auch Musikalben, bevor sie im Handel erworben werden können. Nicht selten sahen sich Künstler oder Plattenfirmen deshalb gezwungen, eine Veröffentlichung zu verschieben.

Die Supplier der Release-Szene, die für ein solch frühes Release verantwortlich sind, besetzen die verschiedensten Positionen innerhalb der Musikindustrie. Sie arbeiten für Plattenfirmen oder in Tonstudios. Auch als Mitarbeiter von Radiosendern oder Musikzeitschriften können sie noch vor der Veröffentlichung an neue CDs gelangen. So releaste die Szene 2005 zum Beispiel auch X&Y, das neue Album der britischen Band Coldplay. Dabei hatte die Plattenfirma EMI mit allen Mitteln versucht, die illegale Verbreitung zu verhindern. Die Rezensionsexemplare des Albums waren absichtlich unter dem falschen Namen Fir Trees verteilt worden. Nur ausgewählte Journalisten hatten diese Vorab-CD erhalten, die sie zudem persönlich entgegennehmen mußten. Darüber hinaus hatten sie eine Erklärung unterzeichnet, die CD nicht weiterzugeben.[2] Dennoch erschien das Album als Schwarzkopie vollständig und mit korrektem Titel eine Woche bevor es in den Handel kam.

Ähnlich wie bei Musik-CDs war es für ̶̶̶̶̶̶̶̶̶ ̶r̶, auch Filme zu kopieren und über das Netz z̶̶̶̶̶ ̶̶̶̶̶o̶-dateien waren viel zu groß für die damaligen Int̶̶̶̶̶ ̶̶̶̶en. Zudem brachten Computer lange Zeit nicht die R̶ ̶enleistung auf, die man für die Digitalisierung eines kompletten Films benötigt hätte. Der Durchbruch für kopierte Filme gelang erst Ende der 90er Jahre. Wieder einmal waren es Hacker, die maßgeblich für den technischen Fortschritt verantwortlich waren. Im September 1999 nahm der französische Filmfreak und Hacker Jérôme Rota alias Gej zusammen mit seinem deutschen Hackerkollegen Max Morice das MPEG4-Verfahren von Microsoft auseinander. Mit dieser Technik ließ sich der Speicherplatz von Filmdateien verringern. Die beiden Hacker experimentierten mit der Komprimierungsmethode und verbesserten sie nach eigenen Vorstellungen. Das Ergebnis war das Komprimierungsverfahren DivX, das als Programm auf Jérôme Rotas Website heruntergeladen werden konnte. Filmfreaks auf der ganzen Welt erkannten schnell, daß DivX eine Revolution auf dem Gebiet darstellte. Hatte ein gewöhnlicher DVD-Film bislang eine Größe von sechs bis acht Gigabytes, ließ er sich dank DivX bis auf das Zehnfache verkleinern. Trotz dieser enormen Verkleinerung blieb die Bildqualität des Films relativ hoch. Die komprimierte Datei paßte sogar auf eine einzige CD. Kurze Zeit nach Veröffentlichung wurde DivX zu einem neuen Standard im Filmbereich. Mittlerweile kann fast jeder handelsübliche DVD-Player auch Filme abspielen, die im DivX-Format vorliegen.

Nur einen Monat nach der Entwicklung von DivX wurde im Oktober 1999 erstmals der Kopierschutz von DVDs geknackt. Beide Techniken sollten sich zusammen bald als Schreckgespenst der Filmindustrie erweisen. Viele Release Groups fingen an, sich der neuen Disziplin des Filmetauschens zu widmen.

Heute ist die Auswahl an Filmkopien im Internet unüberschaubar. Es gibt kaum einen Film, der nicht im Netz erhältlich wäre. Nicht nur Kinofilme und DVDs werden digitalisiert und verbreitet. Auch TV-Sendungen können oft nur einen Tag nach ihrer Ausstrahlung im Netz heruntergeladen werden. Dabei stammen längst nicht mehr alle schwarzkopierten Filme aus der Release-Szene. Vor allem die Übertragungen von Sportveranstaltungen oder TV-Serien werden häufig außerhalb der Szene erstellt und im Internet verbreitet.

Die Release Groups konzentrieren sich hingegen hauptsächlich auf zwei Bereiche: aktuelle Kinofilme und DVD-Neuerscheinungen. Hier kämpfen sie stets um das schnellste Release. Ihr Wettbewerb führt zu einer umfänglichen Verbreitung von Moviez. Eine Studie des Unternehmens P4M und der Rheinisch-Westfälischen Technischen Hochschule Aachen ergab 2005, daß mittlerweile 94% aller US-Kinofilme im Internet heruntergeladen werden können, größtenteils sogar vor dem offiziellen Filmstart.[3] Um derart früh an brandneue Filme zu gelangen, pflegen die Release Groups beste Kontakte zu Insidern in der Industrie. Von ihnen bekommen sie die meisten Kopiervorlagen für neue Releases.

Aus Qualitätsgründen bevorzugen die Gruppen einen sogenannten DVD-Rip. Hierbei wird die Schwarzkopie des Films von einer DVD erstellt, die eine gute Bild- und Tonqualität garantiert. Selbst wenn ein aktueller Kinofilm noch nicht als DVD im Handel vertrieben wird, ist die Erstellung eines DVD-Rips in der Szene üblich. In der Filmbranche kursieren schon vor dem Kinostart DVD-Versionen des Films. Sie zirkulieren innerhalb der Personengruppe, die an der Fertigstellung beteiligt ist. Schauspieler, Produzenten und weitere Beteiligte besitzen in der Regel Kopien für den internen Gebrauch. Das Ziel jeder Release Group ist es daher, an derartige Vorab-DVDs eines Kinofilms zu gelangen. Eine Untersuchung amerikanischer Wissenschaftler ergab, daß fast 80% aller kopierten Filme aus den Reihen der Industrie in die Szene gelangen.[4] Für Supplier ergeben sich hier zahlreiche Möglichkeiten, der Szene neue Filme zuzuspielen. Selbst wenn der Supplier nicht Mitarbeiter des Filmstudios ist, kann er dennoch für externe Unternehmen und Dienstleister arbeiten, die an der Herstellung des Films beteiligt sind. So bietet beispielsweise eine Anstellung in einem Tonstudio oder einer Special-Effects-Firma gute Chancen, um frühzeitig an Kopien eines neuen Spielfilms zu gelangen.

## SCREENER

Als im Mai 2005 der Film *Star Wars: Episode III* noch vor dem Kinostart illegal und in guter Qualität ins Internet gelangte, war eine Zeitangabe im Bild zu sehen. Hierbei handelte es sich um nichts anderes als die interne Markierung eines Schnitt- oder Synchronstudios, genannt **Timer**.[5] Damit wurde klar, daß es einer Release Group gelungen war, den Film direkt aus einem Schnittstudio zu entwenden.

Auch Marketingfirmen erhalten noch vor der Kinopremiere oder dem DVD-Verkaufsstart Kopien neuer Filme auf DVD, um die Werbekampagne planen zu können. Darüber hinaus sind Kontakte zu Filmkritikern oder Mitarbeitern von einschlägigen Zeitschriften in der Szene sehr begehrt. Sie bekommen vor dem Kinostart sogenannte **Screener** auf DVD zugesandt, um anhand dieser Rezensionsexemplare rechtzeitig über den Film berichten zu können. Somit kann es schon ausreichen, daß eine Release Group zum Beispiel den Sohn eines Insiders kennt, der ihr den Screener seines Vaters zuspielt.

Selbst in der Oscar-Jury gibt es undichte Stellen. Ein solches Leck war zum Beispiel der Schauspieler Carmine Caridi, der unter anderem in dem legendären Film *Der Pate III* mitgewirkt hatte. Im Januar 2004 wurde bekannt, daß Caridi in den vorangegangenen drei Jahren ungefähr 60 Filme, die er als Mitglied der Oscar-Jury beurteilen sollte, an ein Szenemitglied weitergereicht hatte. Daraufhin wurde Carmine Caridi nach 42 Jahren Mitgliedschaft aus der Jury ausgeschlossen und auf Schadensersatz verklagt. Im November 2004 verurteilte ihn ein Gericht in Kalifornien zur Zahlung von 600.000 Dollar an die

Filmstudios Warner Bros. und Sony.[6] Neben solch exklusiven Quellen gibt es jedoch auch zahlreiche Supplier in weniger hohen Positionen. Viele Szenemitglieder jobben zum Beispiel in DVD-Geschäften oder Videotheken, da auch diesen die Neuveröffentlichungen einige Zeit vor dem Verkaufs- oder Verleihstart zugestellt werden.

## MONSTERFLOPP

All diese Kontakte führen zu einer außerordentlich effektiv funktionierenden Moviez-Szene. Die bereits erwähnte US-Studie ergab, daß es nur 5% der untersuchten DVD-Veröffentlichungen in den Handel schafften, ohne daß zuvor eine Kopie im Internet zirkulierte. Ab und zu gelangen sogar Versionen eines Films an die Öffentlichkeit, die nicht der endgültigen Fassung entsprechen. In diesen sogenannten Workprints können dann beispielsweise Mikrofone im Bild zu sehen sein. Einige enthalten zur Freude der Filmfans auch Szenen, die in der finalen Kinofassung herausgeschnitten worden sind.

Ein Beispiel für einen Workprint war der Actionfilm *Hulk*. Der 25-jährige Kerry Gonzalez, Mitglied der Release Group SMF, hatte den Film von einem Bekannten erhalten, der bei einer Werbeagentur arbeitete. Die Agentur wiederum hatte ihre *Hulk*-Version vom Filmstudio Universal bekommen.

Schon zwei Wochen vor dem Kinostart konnte *Hulk* im Juni 2003 als Kopie heruntergeladen werden. Bei dem im Internet erhältlichen Workprint fehlten jedoch zahlreiche Tonspuren und Spezialeffekte. Häufig schrie Hulk lautlos, in einigen Szenen fehlte ihm gar die Hose.[7] Die Schwarzkopierer nahmen fälschlicherweise an, die endgültige Fassung zu besitzen, und stempelten den Film kurzerhand als schlechte Produktion ab und verrissen ihn im Internet.

Universal sah sich veranlaßt, eine Pressekampagne zu starten, die darauf hinwies, daß es sich bei der im Internet erhältlichen Version um eine unfertige Fassung des Films handele. Dennoch schien der Ruf von *Hulk* ruiniert. Das Einspielergebnis blieb schließlich hinter den Erwartungen zurück.

## AUS DEM VORFÜHRRAUM

Wenn eine Release Group nicht über derart gute Kontakte verfügt, ist das für sie noch lange kein Grund, auf ein Release zu verzichten. Das Abfilmen neuer Kinohits direkt von der Leinwand ist in der Szene fast zu einer eigenen Disziplin geworden.

Eine solche im Kino abgefilmte Version, im Szenejargon **Camrip** genannt, stellt ebenfalls eine große Herausforderung für die Release Groups dar. Nicht selten ist die Aufnahme verwackelt und perspektivisch verzerrt, wenn die Kamera nicht frontal auf die Leinwand gerichtet ist. Zudem können in einem Kinosaal unterschiedliche Einflüsse die Aufnahme stören. Manchmal laufen Personen durch das Bild, oder man sieht die Hinterköpfe anderer Kinobesucher. Auch das Knistern von Popcorn- und Chipstüten oder das Gelächter der Zuschauer können den Filmgenuß bei einem Camrip trüben. Der Camrip von Steven Spielbergs Film *Minority Report* enthielt beispielsweise Hust- und Raschelgeräusche sowie koreanische Untertitel.

Dabei ist das Erstellen von Camrips nicht ungefährlich. In den USA können Camripper nach dem »Family Entertainment and Copyright Act« zu Gefängnisstrafen verurteilt werden.[8] Einige Kinos setzen mittlerweile Metalldetektoren ein, um Kameraausrüstungen schon am Eingang aufzuspüren. Auch Nachtsichtgeräte, mit denen Camripper im dunklen Kinosaal ausfindig gemacht werden sollen, gehören zur Grundausrüstung vieler Filmtheater.[9]

Die Release Groups finden jedoch auch andere Wege, um Camrips zu erstellen. Sie kooperieren beispielsweise mit Kinobetreibern oder Filmvorführern und stellen dann ihre Kamera auf einem Stativ im Kinosaal auf. Eine solche Aufnahme, in der Szene **Telesync** genannt, bietet ein weitaus ruhigeres Bild. Vor allem in kleineren Kinos können die Release Groups ihre Kameras manchmal direkt im Vorführraum aufstellen, von wo aus eine ungestörte Sicht auf die Leinwand garantiert ist. Darüber hinaus ist es durch gute Kontakte auch möglich, sich den Film privat vorführen zu lassen. Während einer dieser

Sondervorstellungen können die Gruppen den Film dann in aller Ruhe abfilmen. In der Regel erhalten Kinos die Filmrollen wenige Tage vor der Premiere. In dem Fall kann eine Release Group erneut damit angeben, einen Film vor Veröffentlichung verbreitet zu haben.

Um einen Film in höchstmöglicher Qualität zu releasen, benutzen viele Gruppen professionelles Kamera-Equipment. Die Camcorder, die vielfach von einem Hardware Supplier zur Verfügung gestellt werden, können mehrere tausend Euro kosten. Sie ermöglichen ein hervorragendes Bild, und auch die Tonqualität eines Telesyncs ist in der Regel einwandfrei, da die Release Groups nicht zwangsläufig auf das in die Kamera eingebaute Mikrofon angewiesen sind. Häufig können sie den Ton direkt vom Filmprojektor abzapfen. Einige Kinos bieten in den Armlehnen der Sitze auch Kopfhöreranschlüsse, die Hörgeschädigten zur Verfügung stehen. An diese schließen Szenemitglieder dann ihre Aufnahmegeräte an.

Ein sogenanntes **Telecine** bietet noch höhere Qualität. Mit Hilfe eines Filmabtasters wird der Film direkt von der Filmrolle abgetastet und in ein digitales Videoformat umgewandelt. Da dieses Verfahren überaus aufwendig und der benötigte Abtaster sehr teuer ist, sind Telecines recht selten in der Szene zu finden. Es gibt mittlerweile jedoch Kinoprojektoren, die einen Audio- und Videoanschluß besitzen. Hier können Szenegruppen den Film direkt kopieren. Andere Kinos wiederum haben auf digitale Vorführgeräte umgestellt. Auch in diesen Fällen genügt der Anschluß eines Laptops, um einen Film in perfekter Qualität aufnehmen zu können.

Die Filmindustrie versucht indessen, die Löcher in ihren Reihen zu stopfen. So stellte die Produktionsfirma Constantin Film erst Stunden vor der Premiere des deutschen Films *(T)Raumschiff Surprise* eine Komplettversion aus einzelnen Stücken her.[10] Außerdem wurden Pressevorführungen sowie die Kontakte bei Herstellung und Transport auf ein Minimum reduziert.[11] Viele Vorab-DVDs werden inzwischen mit einem Wasserzeichen im Bild versehen, damit unrechtmäßige Kopien zur undichten Stelle zurückverfolgt werden können.

Trotz der scharfen Sicherheitsvorkehrungen ist jedoch kein Rückgang von Moviez in Sicht. Vor der Premiere von *Matrix 2* beispielsweise bekam die Presse den neuen Science-fiction-Thriller nur in Ausschnitten zu sehen. Dennoch tauchte kurz nach dem Kinostart eine hochwertige Kopie im Internet auf. Obwohl es von dem Film offiziell noch gar keine DVD gab, war es der Szene offenbar gelungen, eine nur für den Produktionsprozeß angefertigte DVD zu kopieren.[12]

### DIE DEUTSCHE SZENE

Viele Filmfans in Deutschland kennen den Hinweis, der inzwischen zu fast jedem Kinobesuch gehört. Vor Beginn des Films wird darauf hingewiesen, daß ein Abfilmen verboten ist und strafrechtlich verfolgt wird.

Dabei ist dieser Hinweis im Grunde überflüssig. Der betreffende Film ist zu dem Zeitpunkt meist schon lange im Internet zu haben. Außerdem werden die meisten Filme gar nicht in Deutschland abgefilmt. Das liegt daran, daß 80% aller Kinostarts US-Produktionen sind und die Premieren in den USA in der Regel vor denen in Deutschland stattfinden. Zwar gehen die Filmstudios langsam dazu über, zumindest große Produktionen weltweit zeitgleich in die Kinos zu bringen. Dennoch sind einige Filme in den Staaten bereits als DVD erhältlich, wenn sie in den deutschen Kinos anlaufen. In der Zwischenzeit hat eine Release Group diese Filme gewöhnlich längst verbreitet.

Die deutschen Release Groups kooperieren daher oft mit ihren ausländischen Szenekollegen. Ihnen liegt die amerikanische Version des Films bereits vor. Was dem Film dann noch fehlt, ist lediglich der deutsche Ton. Statt einen Film im Kino umständlich abzufilmen, ist für deutsche Gruppen daher vor allem der Ton von Interesse.

Viele der in der Szene erstellten Tonspuren werden den Groups von Mitarbeitern von Ton- und Synchronstudios zugespielt. Aber auch Autokinos bieten sich als Quelle an. Da heutzutage der Ton im Autokino meist über eine UKW-Frequenz des Autoradios übertragen wird, kann der Ton in sehr guter Qualität aufgezeichnet werden.

Wenn eine Release Group sowohl die fremdsprachige Bildquelle als auch den deutschen Ton auf ihren Computern hat, muß sie beides nur noch zusammenfügen. Das Mischen von Ton und Bild (das sogenannte **Dubben**) stellt sich jedoch als gar nicht so einfach dar. Beide Quellen müssen exakt übereinanderliegen, damit dem Zuschauer nicht auffällt, daß der Film von einer Release Group selbst synchronisiert wurde. Zudem werden einige Filme für den deutschen Markt in einer anderen Version in die Kinos gebracht als in ihrem Herkunftsland. Ein Mitglied der Szene berichtete 2004 dem Magazin *Focus* über seine Mühen beim Dubben des Films *Peter Pan:* »Die Bildspur hatte ich aus den USA. Die war aber acht Minuten länger als die deutsche Fassung. Es war eine elende Arbeit, die Tonspur mit amerikanischen Versatzstücken zu verlängern, damit Ton und Bild synchron liefen.«[13]

# EBOOKZ

Im Internet sind unzählige Bücher verschiedenster Autoren ohne Genehmigung der Urheber zum Download erhältlich. Die Bandbreite des Angebots reicht von Klassikern über Comics bis hin zu Computerfachliteratur oder neuen Romanveröffentlichungen. Sogar Zeitungen und Zeitschriften wie F.A.Z., *DIE ZEIT*, *Der Spiegel* oder *Focus* können als Computerdatei heruntergeladen werden. Auch den *Playboy* gibt es Monat für Monat im Netz. Sie alle fallen der Szene als **eBookz** zum Opfer.

Wie in der Szene üblich, tarnen sich die Ersteller von eBookz mit Pseudonymen. In gemeinsamer Arbeit werden Schwarzkopien von Büchern und Zeitschriften erstellt und verbreitet. Im Gegensatz zu den anderen Warez-Szenen können aber auch Außenstehende neue Kopien ohne besondere technische Kenntnisse releasen. Viele Lesefreunde betreiben dies als Hobby und bieten ihre eBookz dann direkt in einer Tauschbörse zum Download an. Der Druck eines schnellen Releases, der ansonsten die Warez-Szene kennzeichnet, ist bei eBookz kaum vorhanden.

In der eBookz-Szene findet nur bei sehr bekannten Werken ein Wettrennen statt. Den Rekord für das schnellste eBookz-Release hält der sechste Band von *Harry Potter*. Nur zwölf Stunden nach dem Verkaufsstart der englischen Originalversion *Harry Potter and the Half-Blood Prince* ließ sich im Internet bereits eine Schwarzkopie des 607 Seiten starken Buchs herunterladen.[14]

Um ein Buch als Schwarzkopie verbreiten zu können, muß das Werk von einem eBookz-Spezialisten zunächst einmal digitalisiert werden. Dieser Vorgang ist aufwendig, da jede einzelne Seite in ein computerlesbares Format umgewandelt werden muß. Hierfür kann zum Beispiel ein Scanner verwendet werden. Je nach Umfang der Vorlage kann dies mehrere Stunden dauern.

Aufgrund des großen Zeitaufwands suchen die eBook-Freaks nach neuen technischen Möglichkeiten. Als effektiv haben sich Digitalkameras erwiesen. Da diese mittlerweile die Qualität von Scannern erreichen, können die Bücher auch abfotografiert werden. Das kann deutlich schneller gehen als das Scannen. Einige der Ersteller schneiden sogar den Buchrücken ab, um die losen Seiten schneller in einem speziellen Dokumentenscanner digitalisieren zu können.

Nach erfolgreicher Digitalisierung liegt das Buch in Form von Bilddateien vor und kann so auf dem Computer gelesen werden. Den eBook-Fans reicht das jedoch nicht. Mit Hilfe einer automatischen Texterkennung (**OCR**) wandeln sie die Bilder in Textdateien um. Am Computer kann dann der gesamte Text des Buches nach einzelnen Wörtern durchsucht werden. Zudem können die Leser digitale Notizen und Markierungen im Text vornehmen. Viele eBook-Leser schwören daher auf die Vorzüge elektronischer Bücher.

In Zukunft könnten sogar Handys das Erstellen von eBookz deutlich vereinfachen. Das britische Wissenschaftsmagazin *New Scientist* berichtete im September 2005 von der Entwicklung einer neuartigen, sehr leistungsfähigen OCR-Software für Handy-Kameras.[15] Mit dieser Technik soll es in einigen Jahren möglich sein, mit der ins Handy eingebauten Kamera Texte abzufotografieren und direkt in ein Textformat umzuwandeln. Selbst bei gewelltem Papier oder einer schief gehaltenen Kamera sollen gute Ergebnisse erzielt werden können.

Auf solche Innovationen müssen die eBook-Ersteller aber wohl noch einige Zeit warten. Noch ist ihr Hobby recht mühsam. So arbeiten die Texterkennungsprogramme derzeit nicht fehlerfrei. Oft wird das Layout nicht korrekt übernommen, oder es schleichen sich Rechtschreibfehler ein. Das eBook muß daher vor seiner Verbreitung Korrektur gelesen werden, was viel Zeit in Anspruch nimmt. Dies zeigt aber auch, daß es nicht die Motivation der eBook-Fans ist, möglichst viele Bücher zu digitalisieren und zu verbreiten. Vielmehr sind sie oft wahre Bücherwürmer, die ihr Hobby aus Freude am Lesen betreiben.

# DER FILM ZUR SZENE

»Wie bei allen anderen Süchten, dachte ich, ich hätte alles unter Kontrolle.«
Protagonist Brian Sandro in dem Film *The Scene*

Das durchschnittliche Szenemitglied hat mehr als zwei Chatprogramme auf seinem Rechner installiert und **chattet** zwischen fünf und zehn Stunden am Tag. Verhandlungen und Freundschaften, Mitgliedschaften und Debatten finden in Online-Chats statt. Das Leben in der Szene spielt sich ausschließlich vor dem Bildschirm ab.

Bei Ermittlungen sind selbst die Polizeibehörden gezwungen, sich undercover in Chatrooms einzuschleichen, um dort unauffällig an Informationen zu gelangen. Hinter dieser auf den ersten Blick einseitig erscheinenden Cyberwelt verbergen sich spannende »Gangster«-Geschichten, Rasterfahndungen und Dramen, wie man sie gewöhnlich aus Hollywoodstreifen kennt.

Die amerikanische Marketingagentur Jun Group kam 2004 auf die Idee, die Storys rund um die Szene in einem dramatischen Film zu erzählen. Auf Grundlage einer spannenden Krimigeschichte, wie sie in der Szene immer wieder vorkommt, wurde ein Drehbuch verfaßt. Da sich das gesamte Geschehen nur in Chaträumen abspielt, bestehen die Schauplätze aus Aufnahmen von Bildschirminhalten, auf denen sich die dramatische Geschichte einer Release Group lebendig »zusammenchattet«. Der Zuschauer sieht den gesamten Film aus der Perspektive eines vor dem Computer sitzenden Szenemitglieds. Nicht wenige ertappen sich dabei, wie sie unwillkürlich zur Maus greifen, um am Geschehen teilzuhaben.

Über sechs Millionen Downloads zählte Jun Group bereits mit dem außergewöhnlichen Episodenfilm, der frei zur Verfügung steht. Die Folgen von *The Scene* können auf welcometothescene.com kostenlos heruntergeladen werden.

Von Anfang an hält der Film die Zuschauer in Atem. Der Protagonist Brian Sandro ist Mitglied der Szenegruppe CPX, die Filme in der Szene releast. Aus finanzieller Not verkauft er Filme in den asiatischen Markt, bevor sie in der Szene erscheinen. Das Dilemma ist vorprogrammiert. Die Mitglieder seiner Gruppe schöpfen Verdacht, und schließlich muß Brian zumindest einem seiner Szenefreunde den Deal eingestehen. Dann findet Brian auch noch heraus, daß sein bester Freund vom FBI unter Druck gesetzt wird. Nach einem hektisch ausgetüftelten Plan lenkt Brian die Aufmerksamkeit des FBI schließlich ausgerechnet auf die asiatische Filmmafia. Deren Mitglieder schwören Rache. Doch Brian und seine Gruppe machen weiter, bis das Unvermeidliche immer näher rückt.

**DIE KUNST DES CRACKENS**

# DIE WELT DER CRACKER

*»Cracking is not just about software,*
*it's about information,*
*about all patterns of life.*
*To crack is to refuse to be controlled*
*and used by others,*
*to crack is to be free.«*
Einleitende Sätze aus einer Crackeranleitung

Kopierschutzmaßnahmen gibt es in verschiedenen Varianten. Viele Softwarehersteller nutzen eigens entwickelte Mechanismen, andere bedienen sich bereits bekannter Methoden. Auch die Vorgehensweisen der Cracker, den Kopierschutz zu entfernen, sind vielfältig. Cracker, die sich fast täglich mit dem Knacken neuer digitaler Publikationen beschäftigen, haben individuelle Techniken entwickelt. Die meisten Schutzmechanismen sind für einen geübten Cracker in wenigen Schritten zu entfernen.

Infolge jahrelanger Erfahrung hat ein durchschnittlicher Cracker eine Sammlung von zahlreichen Softwarewerkzeugen angelegt, die ihn bei seiner Arbeit unterstützen. Die meisten Cracker sind kenntnisreiche Programmierer und können bei Bedarf eigene Software zum Cracken entwickeln. Darüber hinaus ist ein enger und effizienter Erfahrungsaustausch unter den Mitgliedern üblich. Im Internet haben auch zahlreiche Anleitungen zu verschiedensten Crackmethoden das Wissen der Cracker verbreitet. Bekannt geworden ist zum Beispiel das Szenemitglied Buckaroo Banzai, das in verschiedenen Kapiteln erläutert, wie Cracken funktioniert.[1] *A Beginner's Guide to Cracking* wiederum ist eine der legendären Veröffentlichungen eines Crackers namens Red Cracker, der in ganzen acht Kapiteln detailliert seine eigene Vorgehensweisen offenlegt.[2]

Oft wird angenommen, der Kopierschutz solle den Cracker vom Kopieren abhalten. Er ist jedoch in erster Linie nicht als Schutz vor Crackern zu verstehen. Wäre dies tatsächlich so, würde er womöglich nicht Kopierschutz, sondern Crackschutz heißen. Vielmehr soll damit dem Heimanwender die Gelegenheit genommen werden, das Original zu kopieren, anstatt es zu erwerben. Der Kopierschutz ist daher eigentlich als Schutz vor Gelegenheitskopierern gedacht. Die Geschichte hat aber gezeigt, daß es bislang keinen Kopierschutz gegeben hat, der für Crackern unknackbar gewesen wäre.

## CRACKERLEHRE

Cracker haben sich darauf spezialisiert, kopiergeschützte Software so zu manipulieren, daß sie am Ende nicht mehr geschützt ist. Ihnen gegenüber stehen die Softwarehersteller, die auf Grundlage ihrer entwicklerischen Möglichkeiten einen Kopierschutz in einer bestimmten Programmiersprache entwerfen. Die Softwarehersteller sehen daher das Verhalten eines Crackers als destruktiven Akt. Immerhin programmiert der Cracker nicht, sondern möchte lediglich etwas zerstören, nämlich den eingebauten Kopierschutz. Dieser Standpunkt ist zumindest aus technischer Sicht zutreffend. Schließlich muß der Cracker, wie der Name bereits sagt, etwas *knacken*.

Wenn man die unterschiedlichen Welten von Crackern und Herstellern näher beschreiben möchte, eignet sich als Vergleich der Diebstahlschutz eines Autos. Der Autoknacker wird nicht unbedingt wissen, welche ingenieurtechnischen Leistungen erbracht werden müssen, um ein Auto vermeintlich einbruchssicher zu machen. Würde man einen professionellen Autodieb daher als Ingenieur in einem Unternehmen für entsprechende Alarmanlagen einstellen, würde das nicht unbedingt zu einer Verbesserung führen. Wahrscheinlich entstünde hier lediglich ein Produkt, das zwar einigen Einbruchsversuchen standhält, einem raffinierten Dieb aber nichts entgegenzusetzen hat. Spätestens nach der Markteinführung und den ersten Autodiebstählen würde das Unternehmen erkennen, daß ein Einbrecher verschiedene Methoden kennt, um vermeintlich einbruchssichere Anlagen zu knacken. Ließe man ihn einen Einbruchsschutz entwickeln, würde er vor allem die ihm bekannten Maßnahmen berücksichtigen und viele andere Methoden außer Acht lassen.

Andererseits glaubt auch ein Ingenieur oft zu wissen, wie Einbrecher vorgehen, und konstruiert von diesem Erkenntnisstand aus einen scheinbar einbruchssicheren Mechanismus. Ein Einbrecher hat einem Ingenieur die kriminelle Umgebung und jahrelange Erfahrung voraus. Nur so ist zu erklären, daß Fahrzeuge trotz ausgetüftelter Diebstahltechniken von professionellen Autodieben innerhalb weniger Minuten geknackt werden.

Ähnlich verhält es sich mit den Crackern und den Herstellern von Software. Um einen Kopierschutz zu entfernen, muß ein Cracker nicht zwangsläufig wissen, wie der Kopierschutz funktioniert. Die Fähigkeit, einen Kopierschutz zu programmieren, ist in den meisten Fällen nicht ausschlaggebend. Umgekehrt ist der Kopierschutzhersteller über die Vorgehensweise von Crackern entweder gar nicht oder nur theoretisch informiert.

Bestimmte Hochschulen haben dieses grundlegende Problem erkannt. 2003 bot die kanadische Universität von Calgary Kurse an, in denen Studenten lernen konnten, Viren und andere Computerschädlinge zu programmieren. Dan Seneker von der Hochschule erklärte, das Ziel des Kurses sei, Studenten in die Lage eines Cyberkriminellen zu versetzen, um ein Problem zu verstehen, das jährlich hohen Schaden anrichtet.[3] Im April 2005 kündigte die La-Salle-Universität in Barcelona das Angebot von Hackerkursen an. Sie hofft, Studenten ausbilden zu können, die im späteren Berufsleben Computersysteme besser vor Angriffen schützen können.[4]

## NICHTS IST UNKNACKBAR

Jeder Kopierschutz weist gewisse Schwachstellen auf, die ein Cracker lediglich aufspüren muß, um den Schutz auszuhebeln. Die Filmindustrie mußte dies bei ihrem angeblich unknackbaren Kopierschutz »Content Scrambling System« (**CSS**) erfahren, der Ende der 90er Jahre das neue Medium DVD vor dem Kopieren schützen sollte.

Im Herbst 1999 tauchte das Programm **DeCSS** im Netz auf, das den Inhalt einer DVD unverschlüsselt auf der Festplatte speichern konnte. Programmiert hatte es der erst fünfzehnjährige Norweger Jon Lech Johansen aus der Not heraus. Auf seinem Linux-Rechner war der CSS-Kopierschutz nicht lauffähig, und so konnte er nicht einmal handelsübliche DVD-Filme anschauen. Daher knackte er CSS und veröffentlichte seine Vorgehensweise getreu der Open-Source-Ideologie im Internet. DeCSS verbreitete sich auf der ganzen Welt, bis sich die Industrie gezwungen sah, auf ein anderes Verschlüsselungsverfahren umzusteigen, das mittlerweile ebenfalls geknackt ist.[5] 2001 gelang es dem russischen Programmierer Dmitri Sklyarov, den angeblich unknackbaren Sicherheitscode der eBook-Software der Firma Adobe ohne weiteres zu entschlüsseln.

Der Grund, warum es bislang keinen ultimativen Kopierschutz gibt, liegt in der Beschaffenheit von Computerdaten. Wenn man annähme, es gäbe den perfekten Schutz, müßten Daten so aufgebaut sein, daß ein Computer sie nicht lesen kann. Daten, die auf diese Weise geschützt werden, könnten auch nicht manipuliert werden. So simpel und effizient diese Methode in der Theorie erscheint, sie hätte einen entscheidenden Nachteil: Die Daten wären komplett unbrauchbar, da kein Computer sie lesen und somit auch nicht verarbeiten könnte. Der perfekte Kopierschutz wäre somit nutzlos für alle Beteiligten.

Daten müssen zwangsläufig kopierbar sein, um verarbeitet werden zu können. Da jede Datei letzten Endes aus computerlesbaren Zahlen besteht, kann sie auch verändert werden. Ein perfekter Kopierschutz scheint zumindest unter heutigen Voraussetzungen nicht möglich zu sein.

# DIGITALES FEINGEFÜHL

Es gibt zahlreiche Methoden für einen Softwarehersteller, einen Kopierschutz zu erstellen. Der Cracker hingegen besitzt das Wissen und die Instrumente, um den Kopierschutz einer Software zu beseitigen. Um die Arbeits- und die Denkweise eines Crackers vollends zu verstehen, muß man die Funktion der verschiedenen Kopierschutzmechanismen nachvollziehen. Detaillierte Erklärungen würden jedoch den Rahmen dieses Buches sprengen. Es bedürfte weitgehender technischer Erläuterungen, um die Methoden präzise darstellen zu können. Das Resultat wäre eine rein technische Auseinandersetzung mit dem Thema, die aus Zahlentabellen und Prozessorbefehlen bestünde. Die Tatsache, daß die Welt des Crackers nur aus mathematischen Zahlen besteht, macht eine Erklärung kompliziert. Dennoch ist auch eine weniger technische Betrachtung lohnenswert, um die Welt des Crackers nachvollziehen zu können.

## DER KOPIERSCHUTZ

Die meisten Kopierschutzverfahren arbeiten mit einem Mechanismus, bei dem absichtlich Fehler in den Datenträger eingebaut werden. Diese Fehler können mit Kratzern verglichen werden. Obwohl es sich dabei um keine sichtbaren Kratzer auf dem Datenträger handelt, täuscht der Aufbau der Daten dem Computer ein ähnliches Problem vor. Trotzdem wird die Silberscheibe natürlich nicht unbrauchbar. So kann ein Käufer sein soeben auf einer CD erworbenes Computerspiel durchaus spielen. Hierzu wird, wenn er das Spiel startet, zunächst automatisch ein kleines Vorprogramm initiiert. Dieses gibt dem Computer die Anweisung, alle nachfolgenden Fehler zu ignorieren. Die CD wird somit ohne eine Fehlermeldung gelesen, und das Spiel kann gespielt werden. Lediglich das Kopieren der CD ist nicht mehr möglich, da bei dem Kopiervorgang das Vorprogramm nicht gestartet wird. Der Computer erhält also keine Anweisungen mehr, die Fehler auf der CD zu ignorieren. Das CD-Brennprogramm bricht den Vorgang dann ab, da es annehmen muß, daß es sich um eine defekte oder zerkratzte CD handelt.

Einige Brennprogramme können die Software aber trotzdem kopieren. Sie bieten die Möglichkeit, eventuelle Fehler während des Kopiervorgangs zu ignorieren. Dennoch ist eine solche Kopie nicht lauffähig. Wenn nämlich Fehler übergangen werden, entsteht eine Kopie, auf der Fehler nicht mehr existieren. Darauf aufbauend haben die Hersteller meist ein zusätzliches, kleines Kontrollprogramm in ihre Software eingebaut. Dieses überprüft beim Start, ob die absichtlich eingebauten Fehler auf der CD weiterhin existieren. Ist das nicht der Fall, kann das Programm davon ausgehen, daß es sich bei der eingelegten CD um eine Kopie handelt. Es erscheint eine Fehlermeldung des Herstellers, und das Programm verweigert seine Funktion. Üblich sind Fehlermeldungen wie »Sie benutzen eine illegale Kopie. Bitte erwerben Sie das Original«.

Zusätzlich wird eine Vielzahl weiterer, häufig ähnlicher Verfahren angewandt. Mit ihnen können zumindest Gelegenheitskopierer erfolgreich aufgehalten werden. Übliche Kopierschutzmechanismen bei CDs sind zum Beispiel: New V2, Laserlock, PSX LibCrypt, CD-Cops, VOB Protect CD, Lockblocks, DiscGuard, CD-Check, illegal TOC, Dummy-Files, Überlänge, Tracks < 4 Sek, Cactus Data Shield, Cactus Data Shield 100, Cactus Data Shield 200, Key2audio, PhenoProtect, PhenoProtect 2, Coffeeshop 4, Räuber KS, Star Force, Tages.

### KNACKEN STATT KLONEN

In den letzten Jahren haben sich Kopierprogramme auf dem Softwaremarkt verbreitet, die ein exaktes Kopieren des Datenträgers ermöglichen. Hierbei werden die vom Hersteller eingebauten Fehler nicht ignoriert, sondern – so wie sie sind – auf eine leere CD oder DVD übertragen. Der Kopiervorgang dauert in diesem Fall oft etwas länger, da der Computer jede einzelne Information auf der Silberscheibe, so fehlerhaft sie auch ist, kopiert. Die Kopie unterscheidet sich in diesem Fall nicht mehr vom Original und wird daher als Klon bezeichnet.

Da ein solcher Klon uneingeschränkt funktionsfähig ist, braucht es mittlerweile keinen Cracker mehr, um kopiergeschützte CDs oder DVDs erfolgreich zu vervielfältigen. Die Verbreitung und Nutzung solcher Klonprogramme ist aber in vielen Ländern, seit 2003 auch in Deutschland, verboten. Danach hat die Verwendung dieser Programme stark abgenommen. Der tägliche Benutzer arbeitet mit Standard-Kopiersoftware, die oft kostenlos beim Kauf eines CD- oder DVD-Brenners mitgeliefert wird.

Für einen Cracker kommt das Benutzen solcher Klonprogramme ohnehin nicht in Frage. Schließlich ist die geklonte CD weiterhin kopiergeschützt. Der Schutz wird nicht entfernt, sondern mitkopiert. Würde ein Gelegenheitskopierer versuchen, mit seinem herkömmlichen Brennprogramm eine Kopie von diesem Klon zu erstellen, würde der Kopierschutz das verhindern.

Das Hauptinteresse des Crackers aber liegt darin, den Kopierschutz komplett zu entfernen und das szeneinterne Kopieren übers Internet zu ermöglichen.

**LABYRINTH DER ZAHLEN**

Hier beginnt die eigentliche Arbeit des Crackers. Er taucht in die Funktionsweise des Kopierschutzes ein, um ihn verstehen und ausschalten zu können. Zum Beispiel begibt er sich auf die Suche nach dem Kontrollprogramm in der Software, um es auszuschalten. Ist erst einmal das Kontrollprogramm entfernt, kann das Programm gestartet werden, obwohl es eine Kopie ist. Dem Cracker liegt dann eine CD vor, die keine kopierschützenden Funktionen mehr beinhaltet.

Ein fertiges Programm auszukundschaften, um darin Manipulationen vorzunehmen, stellt sich schwieriger dar, als man zunächst annehmen würde. Der Grund hierfür liegt in der Programmiertechnik. Ein Programmierer programmiert nicht in reinen Zahlen. Statt dessen nutzt er eine Programmiersprache, die verständliche Anweisungen in englischer Sprache enthält. Nach Beendigung seiner Arbeit wird sein Programm vom Computer in Zahlen umgewandelt, um vom Prozessor verstanden werden zu können. Nach dieser Umwandlung ist es den meisten Programmierern nicht mehr möglich, diese Zahlen nachzuvollziehen.

Sobald ein Cracker ein Programm sezieren möchte, um den Kopierschutz zu entfernen, setzt er sich jedoch mit der umgewandelten Form, also mit Zahlenkomplexen, auseinander. Dies stellt für ihn seine vertraute Umgebung dar. Er versteht sie, arbeitet täglich mit ihnen und denkt nur noch in diesen Zahlen. Dadurch kann er erkennen, welche Zahlen und Koordinaten einen Kopierschutz in dem Zahlengewirr andeuten. Er sucht nach ganz bestimmten Zeichenfolgen innerhalb des Labyrinths von Ziffern, da er weiß, daß er genau diese entfernen muß, um den Kopierschutz zu beseitigen.

```
0006636Oh: 8B 44 24 08 81 EC 04 01 00 00 3D 1F 01 00 00 57
00066370h: 8B F9 OF 87 40 02 00 00 OF 84 79 01 00 00 8B C8
00066380h: 83 E9 02 OF 84 5A 01 00 00 81 E9 OF 01 00 00 OF
00066390h: 85 2A 02 00 00 8B 8C 24 14 01 00 00 8B C1 25 FF
000663aOh: FF 00 00 05 DE B1 FF FF 83 F8 31 OF 87 OC 01 00
000663bOh: 00 33 D2 8A 90 58 66 46 00 FF 24 95 38 66 46 00
000663cOh: 8B CF E8 29 03 00 00 33 CO 5F 81 C4 04 01 00 00
000663dOh: C2 10 00 8B 84 24 OC 01 00 00 50 FF 15 34 82 49
000663eOh: 00 33 CO 5F 81 C4 04 01 00 00 C2 10 00 8B OD F8
000663fOh: 05 4B 00 8B 81 4C 10 00 00 85 CO 75 31 8B CF E8
00066400h: DC 9A FD FF 8B 17 BO FF 88 44 24 04 88 44 24 05
00066410h: 88 44 24 06 88 44 24 07 8D 44 24 04 8B CF 50 FF
00066420h: 52 2C 33 CO 5F 81 C4 04 01 00 00 C2 10 00 8B 8C
00066430h: 24 OC 01 00 00 51 FF 15 34 82 49 00 33 CO 5F 81
00066440h: C4 04 01 00 00 C2 10 00 8B 97 48 10 00 00 8B 87
00066450h: 88 10 00 00 6A 00 68 AO 6B 46 00 52 68 93 01 00
00066460h: 00 50 FF 15 78 82 49 00 33 CO 5F 81 C4 04 01 00
00066470h: 00 C2 10 00 8B CF 8B CF E8 A5 02 00 00 33 CO 5F 81 C4
00066480h: 04 01 00 00 C2 10 00 6A 00 8B CF E8 00 05 00 00
00066490h: 33 CO 5F 81 C4 04 01 00 00 C2 10 00 8B 97 5C 10
```

**Datei aus der Sicht eines Crackers: Die markierten Stellen zeigen Teile des Kopierschutzes an, die der Cracker erkannt hat.**

Nach der erfolgreichen Manipulation wird das Programm startbereit gemacht. Der Kopierschutz ist dauerhaft eliminiert. Im nächsten Schritt wird das Programm nicht mehr auf einem Datenträger angeboten, sondern als Datei zum Download.

# TOTALE KONTROLLE

Der Versuch, das Kopieren eines Datenträgers durch einen Kopierschutz zu verhindern, ist nur eine Methode. Viele Hersteller wenden weitere Strategien an oder kombinieren mehrere Techniken, um ihre Produkte vor Vervielfältigung zu schützen.

## SERIAL KILLER

Hersteller vertreiben heutzutage ihre Software nicht mehr nur als CD-Version, sondern nutzen auch das Internet als Vertriebskanal. Hier erhalten Anwender die Möglichkeit, Software direkt herunterzuladen und zu kaufen. Auch bieten fast alle Unternehmen den Interessierten vor dem Kauf eine Testversion an, um ihnen die Chance zu geben, das Produkt kennenzulernen. Zwangsläufig darf es bei diesen Testversionen keinen Kopierschutz geben.

Die meisten dieser Testprogramme haben eine begrenzte Funktionszeit. In der Regel wird eine Probelizenz von 15 bis 30 Tagen gewährt. Nach Ablauf dieser Frist verweigert die Testsoftware ihren Dienst und fordert den Benutzer auf, das Programm zu erwerben. Bei der Bezahlung erhält der Käufer dann zumeist eine mehrstellige Nummer als eine Art Schlüssel. Diese Seriennummer muß er eingeben, nur dann läßt sich die Software von einer Testversion in eine Vollversion umwandeln.

Auf Basis dieser Methode hat sich eine neue Art des Crackens entwickelt. Anfangs spezialisierten sich Cracker darauf, gültige Seriennummern der Software zu generieren und zu verbreiten. Unzählige Seriennummern sind in vielen Quellen des Internets zu finden (**Serialz** oder **S/N** genannt).

Oftmals wurden Softwarefirmen allerdings darauf aufmerksam, daß im Netz Seriennummern kursierten, die für die illegale Nutzung ihrer Programme verwendet wurden, und sperrten diese Nummern.

NO ©OPY

Die Cracker mußten danach wieder neue Seriennummern generieren und verbreiten.

Irgendwann gingen viele Cracker dazu über, selber Programme zu schreiben, die beliebig viele gültige Seriennummern für die Testversionen generierten. Diese werden in der Warez-Szene **Key Generator** (auch **Keygen** oder **Keymaker**) genannt. Selbst wenn eine Seriennummer aus dem Internet nicht mehr für die Freischaltung gültig sein sollte, kann der Schwarzkopierer mit Hilfe des Key Generators einfach eine neue, gültige Seriennummer erstellen. Cracker können Software auch so gestalten, daß sie gar keine Seriennummer mehr benötigt oder jede beliebige Nummer akzeptiert.

## HERSTELLERSCHIKANEN

Einige Schutzmechanismen verlangen von den Käufern, zunächst selbst aktiv zu werden. Wenn ein Anwender eine Software kauft und installiert, wird er beispielsweise aufgefordert, das Unternehmen per Internet oder Telefon zu kontaktieren. Der Hersteller sorgt dann übers Internet dafür, daß die Software auf dem Computer des Benutzers ohne Einschränkungen genutzt werden kann. Es ist jedoch mit einer negativen Reaktion der potentiellen Käufer zu rechnen, wenn auf diese Art und Weise Software vertrieben wird. Gerade Anwender mit wenig Erfahrung erwarten, daß ein Programm nach der Installation einwandfrei funktioniert. Wenn weitere Hürden des Herstellers auf die Anwender zukommen, sind sie überfordert und frustriert. Der Versuch, mit komplizierten Methoden Schwarzkopierer aufzuhalten, kann so für die Hersteller kontraproduktiv werden.

Microsoft machte als eines der ersten Unternehmen Schlagzeilen mit seiner rigorosen Lizenzpolitik. Als das Betriebssystem Windows XP auf den Markt kam, sollte es nicht mehr auf herkömmliche Weise installiert werden können. Seitdem haben Nutzer von Windows XP nach der Installation 30 Tage Zeit, das Produkt entweder telefonisch oder übers Internet zu aktivieren, obwohl sie es rechtmäßig erworben haben. Wenn das Produkt nach Ablauf dieser Frist nicht aktiviert wird, verweigert es die vollständige Funktion. Die große deutsche Computerzeitschrift PC-Welt sprach von »Schikanen« und sorgte für eine langanhaltende Diskussion:»Microsoft muß sich nach wie vor den Vorwurf gefallen lassen, daß die Produktaktivierung alles andere als kundenfreundlich ist. Sie hält keinen Schwarzkopierer davon ab, Windows XP zu kopieren, sondern belastet den ehrlichen Käufer, der sich mit einer Schikane konfrontiert sieht.«[6]

Noch bevor Microsoft die offizielle Version veröffentlichen konnte, waren trotz des Schutzes diverse Cracks über die einschlägigen Quellen im Internet erhältlich. Im Grunde gab es in der Geschichte der Crackerszene noch nie so viele verschiedene Cracks für eine bestimmte Software. Windows XP sorgte dafür, daß nicht nur konventionelle Release Groups die Software crackten, sondern auch Einzelgänger außerhalb der Szene ihr Glück versuchten. Einige Cracker führen noch heute ihre Begeisterung fürs Cracken auf den Versuch zurück, Windows XP zu knacken.

Je strikter die Maßnahmen des Herstellers, desto mehr Cracker fühlen sich anscheinend berufen, sie zu überlisten. Selbst Anwender mit einer legal erworbenen Lizenz verweigern oft die erforderliche Aktivierung. So kann man auch bei gewöhnlichen Anwendern beobachten, daß sie eine gecrackte Software installieren, während sie die rechtmäßig erworbene Lizenz in der Schublade behalten.

**SOFTWAREABFÄNGER**

Trotz Cracks und gefälschter Seriennummern lassen sich laut Herstellern nicht alle Bestandteile einer Software kopieren. Wer eine legale Software erwirbt, so heißt es, erwirbt dadurch nicht nur das Programm selbst, sondern auch die ganze Bandbreite einer guten Serviceleistung. Mit dem Kauf versprechen zahlreiche Anbieter gedruckte Handbücher, Telefon-Hotlines, Beratung und einiges mehr. Die wichtigste Dienstleistung ist dabei die kostenlose Programmaktualisierung. Einige Hersteller erlauben ihren Anwendern eine direkte Erneuerung oder Verbesserung ihres Produktes übers Internet. Der Um-

NO ©OPY

fang eines solchen **Updates** ist dabei unterschiedlich. Der Hersteller hat beispielsweise die Möglichkeit, Fehler, die sich in die Publikation eingeschlichen haben, im Nachhinein durch Aktualisierungen zu verbessern. Hierbei kommt es zwangsläufig zu einer Datenverbindung zwischen Anwender und Anbieter. Dabei überprüft der Hersteller meist, ob die Software eine gültige Lizenz beziehungsweise Seriennummer besitzt. Ist dies nicht der Fall, wird die Aktualisierung verweigert.

Aber auch dieses Hindernis umgehen Cracker. Selbst wenn eine der gesammelten Seriennummern auf einer Art »Schwarzen Liste« des Anbieters geführt wird und dieser die Aktualisierung abbricht, findet sich rasch ein anderer Schlüssel. Sogar mit verschiedenen gecrackten Versionen von Windows XP lassen sich problemlos Aktualisierungen übers Internet vornehmen. Für die Hersteller scheint es nicht möglich zu sein, alle Seriennummern auf ihre Gültigkeit zu überprüfen, geschweige denn alle illegal in der Crackerszene verwendeten Seriennummern aufzuspüren. Allein die Eingabe von »Windows XP Crack« ergibt bei der Suchmaschine Google über 2,7 Millionen Treffer.[7]

Mitunter fangen Cracker mit speziellen Programmen die Online-Übertragung der Aktualisierung ab. Hier ist die Arbeit des Crackers eher mit der eines Hackers zu vergleichen, denn es wird nichts gecrackt, es werden Daten aus einer Verbindung ausgelesen. Die Cracker legen dann die Daten, die zur Aktualisierung übertragen werden, auf ihren Computern ab. Abschließend schmücken sie sie mit ihrem Gruppennamen und verbreiten sie über eigene Quellen. So muß der Benutzer der Schwarzkopien keine Verbindung mehr zur Website des Herstellers aufnehmen, um ein Update zu erhalten.

**5** CRACKERETHIK

Pinguin Tux, Symbol des Betriebssystems Linux

# TEILET SOFTWARE

»Kommet zu uns und teilet Software,
Frei werdet ihr sein, ihr Hacker, frei.

Raffgeier mögen viel Geld verdienen,
Wahr ist das, ihr Hacker, wahr.

Nachbarn können sie aber nicht helfen,
Das ist nicht gut, ihr Hacker, nicht gut.

Haben wir aber dann genug freie Software,
In unseren Händen, ihr Hacker, Händen,

Werfen wir weg diese elenden Lizenzen,
Für immer weg, ihr Hacker, für immer.

Kommet zu uns und teilet Software,
Frei werdet ihr sein, ihr Hacker, frei.«

Open Source Song von Richard Stallman

Die meisten Cracker vertreten die Ansicht, daß sie die Software durch den Crack wieder *frei* machen. Ein Crack befreit dieser Betrachtungsweise nach die Software von den Fesseln des Kopierschutzes. Er durchbricht die Barrieren, die den Anwender daran hindern, die Software ohne Restriktionen zu nutzen.

Es stellt sich die Frage, wie eine derartige Ideologie überhaupt entstehen konnte. Hierzu muß zunächst einmal die Kultur der Hacker näher betrachtet werden, da sich die Motivation der Cracker nur vor diesem Hintergrund erklären läßt.

Die Hackerszene ist keineswegs eine Gesellschaft zwielichtiger Gestalten, die sich auf geheimen Treffen in ihre eigene Welt zurückziehen. Die Medien stellen die Hacker- und Crackerszene gerne als rätselhaftes Nebenprodukt einer längst etablierten Industrie dar, die man am liebsten schnell wieder loswerden würde. Durch derartige Berichte entsteht der Eindruck, es handele sich dabei um ein Problem, das man lösen müsse. Sieht man sich die Computergeschichte genauer an, wird jedoch deutlich, daß die Gemeinschaft der Hacker ihrerseits von Anfang an die Computerindustrie geprägt hat. In vielerlei Hinsicht hat sie die wirtschaftliche Entwicklung der Softwareindustrie nicht nur stark beeinflußt, sondern diese durch technische Innovationen überhaupt erst ins Leben gerufen.

## FREE SOFTWARE!

Während heutzutage Microsoft Windows als das wohl bekannteste Betriebssystem gelten darf, war in den 70er Jahren Unix gerade in Universitäten weit verbreitet. Unix wurde damals von der amerikanischen Telefongesellschaft AT&T zum Selbstkostenpreis vertrieben. Der Erfolg von Unix und die Verbreitung in Hochschulen waren darauf zurückzuführen, daß AT&T als Telefonmonopolist aufgrund der Kartellgesetzgebung in den USA mit Software kein Geld verdienen durfte. 1974 wurde jedoch vom U. S. Department of Justice ein Anti-Trust-Verfahren gegen den Monopolisten eingeleitet. 1984 entschied die US-Regierung schließlich, den amerikanischen Telefonriesen in sieben kleinere Unternehmen aufzuteilen. Die Zerschlagung von AT&T sollte die Konkurrenz auf dem Telefonmarkt beleben.

Dieses in der amerikanischen Wirtschaftsgeschichte bedeutende Ereignis schlug hohe Wellen bis hin zum MIT und anderen Universitäten. Da AT&T als zerlegtes Unternehmen keine Monopolstellung mehr innehatte, durfte es noch im selben Jahr sein Betriebssystem Unix für teures Geld verkaufen. Der durch die flächendeckende Verbreitung gewonnene Marktanteil entpuppte sich für den ehemaligen Telefonriesen als gewinnbringende Chance. Die Hochschulen waren vom Betriebssystem Unix abhängig geworden, und ihnen blieben wenig Alternativen. Sie waren gezwungen, die teuren Lizenzen mit den restriktiven Nutzungsbedingungen zu akzeptieren. Die Reaktion der Hacker ließ jedoch nicht lange auf sich warten. Der bekannteste Verfechter der Idee freier Software ist der New Yorker Programmierer Richard M. Stallman. Auch er war in den 70er Jahren Mitglied des »Artificial Intelligence Laboratory« (AI Lab) des MIT. Für Aufsehen sorgte der junge Hacker erstmals, als er seine Softwarephilosophie publik machte. Stallman vertrat vehement die Ansicht, daß jegliche Kontrolle über Software beim Anwender liegen sollte. Jede Einschränkung (so auch ein Kopierschutz) würde die natürlichen Rechte des Benutzers verletzen. Für Stallman sollte jemand, der im Besitz einer Software war, die gleichen Rechte haben wie jemand, der einen Stuhl, einen Fernseher oder ein Auto erworben hatte. Der Benutzer sollte demnach die Software auseinandernehmen, verändern, zerteilen und auch verkaufen dürfen. Empört über die Vermarktungsmethoden der kommerziellen Softwareanbieter, kam er schließlich auf die Idee, ein Betriebssystem zu programmieren, das seiner Ansicht nach komplett »frei« sein sollte. Dabei unterschied Stallman »freie Software« von »kostenloser Software«. In seinem Lizenzmodell darf freie Software durchaus auch verkauft werden. Im Grunde läßt sich seine Idee der Freiheit zusammenfassend auf die Formel bringen: »Du darfst mit der Software tun und lassen, was du möchtest, denn sie ist *frei*«.

Im selben Jahr, in dem AT&T begann, sein System Unix mit restriktiven Lizenzmodellen zu vermarkten, fing Stallman an, sein eigenes Betriebssystem zu entwickeln. Er nannte es **GNU**, als Abkürzung von »Gnu is Not Unix«. 1984 kündigte Stallman sogar seine Stelle beim MIT, um keine Rechte an seinen Arbeitgeber abtreten zu müssen. Um seinem Konzept für eine freie Software und insbesondere dem GNU-Betriebssystem mehr Bedeutung zu verleihen, verfaßte er zusätzlich das GNU-Manifest. Dort erklärt der junge Programmierer seine Motivation auf folgende Weise:

»Viele Programmierer sind mit der Kommerzialisierung von System-
software unzufrieden. Es mag ihnen die Möglichkeit geben, mehr
Geld zu machen, aber es zwingt sie zugleich, andere Programmierer
als Gegner anstatt als Kameraden zu betrachten. Der fundamentale
Akt der Freundschaft zwischen Programmierern ist das Teilen von
Programmen; derzeitige Vermarktungspraktiken verbieten Programmierern im wesentlichen, sich gegenseitig als Freunde zu behan-
deln.«[1]

## SOFTWARE MACHT FREIHEIT

Auch wenn Stallmans Thesen von vielen Kritikern als anti-ökono-
misch betrachtet werden, spricht es für ihn, daß er schon in den 70er
Jahren den Einfluß der Software auf die Gesellschaft erkannte. Betrachtet man die heutige Diskussion über Software, kann man durchaus behaupten, daß das Thema, mehr als vierzig Jahre nach der
Computerrevolution, weder philosophisch noch wirtschaftlich eine
klare Definition gefunden hat.

Dabei ist Software mittlerweile ein fester Bestandteil unseres Lebens und bestimmt die Möglichkeiten und Grenzen der digitalen
Welt. Sie ist das Gehirn und Herz des Computers. Ohne Software sind
unsere Computer, die täglich für uns arbeiten, leer. Ohne sie werden
wir nie die Grenzen eines Rechners ausloten oder gar überschreiten
können. Was nützt eine komplexe Rechenmaschine mit viel Leistung,
wenn sie keine Anweisungen erhält, mit denen sie arbeiten kann?

Stallman formulierte einst am MIT, daß eine gekaufte Hardware
ohne die Erlaubnis, die Software beeinflussen zu dürfen, für den Benutzer wertlos sei. Zu diesem Schluß kam er, als er eines Tages den
Code des Druckertreibers eines Xerox-Druckers beim Hersteller an-
fragte und dieser aufgrund des Copyrights die Herausgabe verwei-
gerte. Die Tatsache, daß jemand eine Hardware herstellte, dann aber
den Code der Software unter Verschluß hielt, ließ den jungen Stallman eine tiefe Antipathie gegen jegliche Art von Software-Copyright
entwickeln.

Stallmans Haltung erscheint vielen überspitzt. In einigen Punkten ist sie jedoch keinesfalls abwegig. Mit Software kontrollieren Menschen Systeme aller Art. Software übernimmt mittlerweile steuernde, überwachende, helfende und warnende Funktionen in allen Lebensbereichen. In vielen Fällen rutscht die Hardware an zweite Stelle. Wenn beispielsweise vor zwanzig Jahren ein Rechner eine bestimmte Leistung nicht erbringen konnte, warf man ihm vor, nicht leistungsstark genug zu sein. In der heutigen Computerwelt ist es dagegen üblich geworden, mehr Leistung und Effektivität von der Software zu fordern.

Dabei ist Software nichts anderes als eine Ansammlung von Zahlen, die uns Menschen in Rohform unverständlich erscheint. Um sie zu verstehen, brauchen wir Hilfsmittel wie Betriebssysteme, die ebenfalls Software sind. Nur so können wir die komplexe Zahlenwelt der Computer überhaupt verstehen. Die Abhängigkeit von Software ist auch damit zu erklären, daß wir bereits Software benötigen, um Software zu erschaffen.

Mehr denn je ist der Anwender auf Softwareprodukte angewiesen, deren Hersteller eine Art Monopolstellung genießen. Der Idee Stallmans zufolge sollte jedoch der Nutzer selbst seine Gestaltungsräume individuell bestimmen können. Jeder sollte die freie Entscheidung haben, welche Software er für welche Aufgaben benutzen möchte. In einem Interview mit dem Online-Magazin *Telepolis* gab Stallman zu bedenken:

»1983 gab es auf einmal keine Möglichkeit mehr, einen auf dem aktuellen Stand der Technik befindlichen Computer ohne proprietäre Software zu bekommen, ihn zum Laufen zu bringen und zu nutzen. Es gab zwar unterschiedliche Betriebssysteme, aber sie waren alle proprietär, was bedeutet, daß man eine Lizenz unterschreiben muß, keine Kopien mit anderen Nutzern austauschen darf und nicht erfahren kann, wie das System arbeitet. Das ist eine Gräben öffnende, schreckliche Situation, in der Individuen hilflos von einem ›Meister‹ abhängen, der alles kontrolliert, was mit der Software gemacht wird.«[2]

Die logische Schlußfolgerung für Stallman war GNU. Es sollte ein freies System sein, das von allen kopierbar und veränderbar war. In seinem Manifest warf er der Softwareindustrie unter anderem vor, ihre Software vom Anwender isolieren zu wollen. Sie würde gegen das Gebot der Nächstenliebe verstoßen, indem sie den Anwendern verbietet, Programme zu teilen. Stallman wollte mit seiner Ideologie das »digitale Denken« grundsätzlich verändern.

Um den nötigen finanziellen Rahmen für seine Unternehmung zu schaffen, gründete Stallman 1985 die »Free Software Foundation« (FSF). Der gemeinnützige Verein sollte die Basis für das ideologische System GNU bilden. Das Projekt wurde mit der Zeit immer bekannter und fand innerhalb weniger Jahre zahlreiche Anhänger. Schließlich beteiligten sich sogar Unternehmen an dem Projekt, und die FSF konnte neben vielen freiwilligen Programmierern auch einige feste einstellen. Die Ideologie, die Stallman formuliert hatte, veranlaßte Tausende Programmierer, ihre Software unter verschiedenen GNU-Definitionen kostenlos und »frei« der Gesellschaft zur Verfügung zu stellen.

Die FSF definiert noch heute mehrere GNU-Lizenzmodelle als Leitfaden für die »Freiheit der Software«. Aus diesen Modellen entwikkelten sich weitere Begriffe wie »Copyleft«, »Open Source«, »Creative Commons License«, »Public Domain« und viele mehr. Vor allem »Open Source« wird heute oft synonym mit »Freie Software« benutzt. Laut der »Open Source Initiative« kann man bei einer Software dann von einem Open-Source-Programm sprechen, wenn folgende Bedingungen erfüllt sind:

– Die Software (der Programmcode) liegt in einer für den Menschen lesbaren und verständlichen Form vor.

– Die Software darf beliebig kopiert, verbreitet und genutzt werden.

– Die Software darf verändert und in der veränderten Form weiter gegeben werden.[3]

## PINGUIN-KULTUR

Bei Free Software und Open-Source-Software hat sich mittlerweile sogar eine Sekundärforschung etabliert. Wissenschaftler aus den Bereichen Soziologie, Politologie und Philosophie beschäftigen sich mit dem Phänomen und versuchen zu erklären, wieso Programmierer sich täglich mit hochwertigen Programmen auseinandersetzen, um sie später zum Wohle der Gemeinschaft frei und unentgeltlich zur Verfügung zu stellen.

Angespornt von der Nachfrage nach freier Software, fing der finnische Informatikstudent Linus Torvalds 1991 ebenfalls damit an, ein Betriebssystem zu programmieren. Im Gegensatz zu Richard Stallman sah sich der junge Finne nicht als Idealist. Seine Motivation lag zunächst in der Lust am Programmieren und darin, auf dem Computer eine neue Welt zu erschaffen.

Ursprünglich als Zeitvertreib und Hobby gedacht, entwickelte sich aus seinem Projekt ein ernstzunehmendes und vollwertiges Betriebssystem namens Linux. Als seine Software die wesentlichen Anforderungen eines Betriebssystem erfüllte, entstand der Wunsch, es mit Stallmans GNU zu verbinden, das zu der Zeit immer noch nicht vollständig programmiert war. Gemeinsam mit der FSF und durch den Einbau weiterer freier Softwareprodukte, wurde die Verbindung von GNU und Linux zum Meilenstein der Freie-Software-Bewegung.

**GNU/Linux** (meist einfach nur Linux genannt) stellt heute eine ernsthafte Konkurrenz und Alternative zu Microsofts Betriebssystem Windows dar. Die Weiterentwicklung wird durch den unermüdlichen Einsatz Tausender Programmierer weltweit gewährleistet, da jede Veränderung am Programm erlaubt ist. Weil die Verbreitung unkontrolliert und frei ist, ist die Anzahl der Benutzer nicht genau zu bestimmen. Die Website Linux-Counter[4] hat es sich seit 1993 zur Aufgabe gemacht, Zugriffe von Linux-Anwendern zu zählen. Die Anzahl der Benutzer wird dort vorsichtig auf 29 Millionen geschätzt. Betrachtet man die eingegebenen Suchbegriffe im Februar 2005, haben insgesamt 269 Millionen Benutzer den Begriff »Linux« eingegeben, dagegen nur 162 Millionen Benutzer »Windows«.[5] Somit zählt Linux derzeit zu den meistdiskutierten Themen im Bereich der Betriebssysteme.

In Deutschland setzen mittlerweile bereits 20% der Unternehmen das freie Betriebssystem ein.[6] Die Stadt München entschied im Mai 2003, ihre 14.000 Computer von Windows auf Linux umzustellen. Anstatt Microsoft-Produkte wie Word, Excel, Powerpoint etc. soll in Zukunft die freie Bürosoftware OpenOffice benutzt werden.[7] Neben Linux gibt es eine Vielzahl weiterer freier Softwareprodukte. Laut F.A.Z. wird weltweit derzeit an insgesamt über 70.000 Open-Source-Projekten gearbeitet.[8]

Auch im Bereich des Filesharings werden Open-Source-Lösungen immer beliebter. Viele Anbieter der Filesharing-Technologien sehen in ihnen einen Ausweg aus den Klagen der Musikindustrie. Im September 2005 forderte die RIAA mehrere Tauschbörsenanbieter auf, das Tauschen urheberrechtlich geschützter Musik zu unterbinden.[9] Die Tauschbörse Ares reagierte recht originell. Ihre Betreiber veröffentlichten das Programm als Open-Source-Software. Von da an war es jedermann erlaubt, die Software Ares zu verändern und weiterzuverbreiten. So war es möglich, daß das Programm selbst bei rechtlichen Problemen des Herstellers eine unkontrollierte Entwicklung und Verbreitung finden würde. Auch die Tauschbörse Limewire ist mittlerweile als Open-Source-Variante erhältlich. Selbst wenn Limewire eines Tages nur noch abgeschwächte Versionen veröffentlichen dürfte, wäre aus dem Kreis der Tauschbörsenfans umgehend mit der Programmierung einer uneingeschränkten Variante zu rechnen. Die beiden beliebtesten Filesharing-Programme eMule und BitTorrent sind ohnehin seit jeher frei erhältlich. Ihre Weiterentwicklung wird wohl trotz diverser Klagen der RIAA nicht gestoppt werden können.

# SELBSTREGULIERUNG STATT KONTROLLE

Der Begriff der Selbstregulierung wurde 1929 vom amerikanischen Physiologieprofessor Walter B. Cannon eingeführt und kommt in der sogenannten Systemtheorie vor. Die Systemtheorie ist ein Forschungsansatz, der das Funktionieren von Systemen in Natur, Sozialleben oder Technik untersucht. Systemtheoretiker halten die Einhaltung von Systemregeln für notwendig, damit Systeme fehlerfrei arbeiten können. Wenn diese aber komplexer werden, wird eine Regulierung von außen immer schwieriger. Dann kann es von großem Vorteil sein, wenn ein System die Fähigkeit besitzt, sich in gewissem Maße selbst in einem stabilen Zustand zu halten. In der Natur ist dieses Prinzip allgegenwärtig. So stellt zum Beispiel jeder lebende Organismus ein selbstregulierendes System dar. Er kann die zu seinem Überleben notwendigen Bedingungen, wie zum Beispiel die Körpertemperatur, von sich aus konstant halten. Durch derartige selbstregulierende Funktionen können auch solche Systeme fortbestehen, die ansonsten durch ungehemmtes Wachstum oder nicht mehr beherrschbare Komplexität zusammenbrechen würden.

Die Idee der Selbstregulierung ist in den vergangenen Jahren im Zusammenhang mit dem Prinzip der freien Software immer mehr in den Vordergrund gerückt. Im Grunde hat sie das Internet aber von Anfang an geprägt. Gerade das Internet lebt und profitiert seit jeher davon, daß jeder Benutzer als Teil der Gemeinschaft nach Belieben Informationen publizieren kann. Oft wird als Gegenargument die mangelnde Qualität der Inhalte angeführt. Doch gerade die Masse der Teilnehmer macht es möglich: Wenn jeder genug Inhalte publiziert und möglichst viele Teilnehmer mitmachen, kann ein Vergleich wiederum Qualität garantieren.

Das Internet hat sich nicht einfach von gestern auf heute verselbständigt. Vielmehr wurde es bewußt als freies Medium geschaffen. In einer Kooperation der Universität MIT und des US-Verteidigungsministeriums wurde 1962 der Vorläufer des Internets mit dem Namen ARPANET (Advanced Research Projects Agency Network) gestartet. Die Idee hierzu war aus der Not geboren. Im Falle eines atomaren Erstschlags während des Kalten Krieges hätten die NATO-Kräfte weiterhin ein Kommandonetzwerk benötigt, das alle militärischen Einrichtungen miteinander verbindet. Ein dezentrales Netzwerk sollte dafür sorgen, daß selbst bei größten Verwüstungen die Kommunikation aufrechterhalten werden konnte. Um keinen zentralen Knotenpunkt als Schwachstelle zu bieten, sollte das perfekte Kommunikationssystem dezentral sein. Von diesem Gedanken geleitet, wurde schließlich ein System initiiert, das aus mehreren verbundenen Stützpunkten bestand. Keine der Einheiten des Netzwerks erhielt zentrale Autorität oder Steuerungsaufgaben, alle sollten eigenständig funktionieren können.

Das Resultat war das erste dezentrale Computernetzwerk der Welt. Es bestand aus den vier Universitäten Stanford Research Institute, University of Utah, University of California in Los Angeles und der University of California in Santa Barbara.

Die dezentrale Struktur des ARPANET erlaubte eine schnelle und effiziente Ausdehnung. 1972 waren aus den vier Knotenpunkten bereits 37 geworden. 1984 bestand das Netzwerk aus über 1.000 Knoten, und Anfang der 90er Jahre wurde die Millionengrenze überschritten. Mittlerweile ist die Anzahl der Knotenpunkte auf mehr als 500 Millionen gewachsen.[10]

Der aus dieser Zeit stammende Gedanke der Dezentralisierung und des freien Austauschs von Informationen prägte daher von Anfang an die Entwicklung des modernen Internets. Selbst die zugrundeliegende Software wurde als lizenzfreies Gut vertrieben. Die

Internettechnologie namens »Transfer Control Protocol/Internet Protocol« (**TCP/IP**), die die Kommunikation im Internet überhaupt erst möglich macht, unterliegt keinen Lizenzbeschränkungen. Sie wurde von der University of Southern California für das Geheimdienstprojekt DARPA (Defense Advanced Research Projects Agency) entwickelt und 1981 freigegeben.[11] Bis heute gibt es im Internet keine zentrale Kontrollinstanz.

## NETZGEMEINDE

Das Internet eröffnete einzigartige Möglichkeiten, die es in dieser Form noch nie gegeben hatte. Es erlaubte den Menschen, sich mit anderen zu vernetzen. Dadurch macht es den Austausch von Informationen und Wissen möglich, ohne räumlich beschränkt zu sein. Über viele Jahre hinweg entstand so eine internationale Netzgemeinde, die ihre Erkenntnisse, Neuigkeiten und auch Kunstwerke nicht mehr in Schubladen hortete. Und je mehr Anwender das weltweite Netz nutzen, desto mehr wird daraus ein Kulturgut der Gesellschaft.

Zu den intensivsten Beobachtern des Internets gehört der Programmierer Ward Cunningham. Er kam durch die Entwicklung der Netzkultur auf eine weitere, revolutionäre Idee: Wenn es nur genug Nutzer gäbe, die an einer Aufgabe mitwirken, bräuchte es seiner Meinung nach keine Kontrollinstanz mehr. Die gemeinsame Arbeit aller könnte am Ende ein Werk schaffen, das inhaltlich effizient wäre. 1995 entwarf er daher eine Website namens **Wiki.** Er programmierte sie so, daß jeder Besucher ohne Zugangsbeschränkungen beliebige Artikel erstellen, ändern oder löschen konnte. 2001 entwikkelte der Unternehmer Jimmy Wales gemeinsam mit dem Philosophen Larry Sanger eine Internetenzyklopädie namens **Wikipedia** nach dem Wiki-Konzept von Cunningham.

Das Prinzip von Wikipedia ist ebenso simpel wie genial. Zwar kann jeder Benutzer Artikel beliebig und ohne Autorisation ändern. Jede Änderung wird jedoch in einer Art Historie festgehalten. Wenn ein weiterer Nutzer der Arbeit des anderen nicht zustimmt, kann er die alte Version wiederherstellen oder sie nach eigenem Ermessen verbessern. Die Hemmschwelle, Artikel einzustellen, ist äußerst gering, da Wikipedia eine anonyme Teilnahme ohne Registrierung erlaubt.

Die ersten Kritiker prognostizierten einem Konzept wie diesem eine anarchistische Zukunft. Als beispielsweise die *L. A. Times* in ihr Online-Portal ein Konzept nach dem Muster von Wikipedia integrierte, endete das im Chaos. Die Inhalte wurden von diversen anonymen Nutzern mit obszönen und politisch umstrittenen Artikeln versehen. Nach nur zwei Tagen mußte die Software vom verantwortlichen Redakteur Michael Newman entfernt werden, der das Ganze ohnehin nur als ein Experiment betrachtet hatte.[12]

Aus Wikipedia entwickelte sich im Gegensatz dazu die größte Enzyklopädie der Welt.[13] Waren es 2001 noch knapp 5.000 englische Artikel, hat Wikipedia mittlerweile die Millionengrenze erreicht und bietet zudem Inhalte in mehr als 100 Sprachen an.[14] Damit enthält Wikipedia mehr Einträge als jedes gewöhnliche Wörterbuch. Selbst große Tageszeitungen wie *Daily Telegraph Online, The Guardian, Sydney Morning Herald* und andere zitieren mittlerweile aus Wikipedia.[15] Entgegen der Meinung vieler Kritiker ist die Qualität der Inhalte bewundernswert. »Es handelt sich großteils um solides Weltwissen«, befand 2004 auch das Nachrichtenmagazin *Der Spiegel.*[16]

Mehr als 100.000 registrierte Benutzer sowie unzählige anonyme Mitgestalter und Administratoren pflegen freiwillig die Enzyklopädie und sorgen für qualitativ hochwertige Inhalte. Die Netzgemeinde wächst unaufhaltsam, und täglich kommen etwa 500 neue Artikel hinzu. Offensichtlicher Unfug oder fehlerhafte Texte werden von der Wikipedia-Gemeinde schnell korrigiert oder entfernt.[17] Geht es um strittige Themen, entbrennt oft ein Streit über bestimmte Artikel. Meinung und Gegenmeinung stoßen aufeinander, und es wird hin und her formuliert, bis am Ende das Faktenwissen siegt.[18]

Dadurch, daß die Texte online sind, ist Wikipedia zudem äußerst aktuell, wie es auch schon sein Name verspricht. Das Wort »wiki« kommt aus dem Hawaiischen und bedeutet »schnell«. Studenten und Wissenschaftler nutzen Wikipedia für ihre Arbeiten, so daß man auch in wissenschaftlichen Texten immer mehr Zitate aus der freien Enzyklopädie wiederfindet. Schließlich können die Texte und Bilder von Wikipedia ohne Lizenzrechte von jedem genutzt werden. Unterdessen ist Wikipedia auch zu einer ernsthaften Konkurrenz für die bisher am Markt bekannten Enzyklopädien wie Brockhaus oder Microsoft Encarta geworden. Gemessen an der Menge verfügbarer Artikel, können die kommerziellen Anbieter nicht mehr mithalten. Verglichen mit knapp einer Million Einträge der englischsprachigen Wikipedia, erscheint selbst die Encyclopaedia Britannica mit etwa 65.000 Artikeln bescheiden.[19] Sogar die Qualität der Inhalte beider Enzyklopädien ist nach einer Studie des führenden Wissenschaftsjournals *Nature* gleichzusetzen.[20]

Der Erfolg von Wikipedia führte zu einer interessanten Debatte: »Wie kann das sein, was nicht sein darf?« fragte zum Beispiel Prof. Dr. Matthias Fank vom Institut für Informationswissenschaft der Fachhochschule Köln: »Wikipedia zeigt uns, daß Wissen und Macht nicht synonym sind und wir Menschen durchaus bereit sind, Wissen zu teilen«.[21]

Auch das Verzeichnis der bekannten Suchmaschine Google greift auf ein Produkt zurück, das sich selbst reguliert. Das Linkverzeichnis Open Directory Project (ODP) wird täglich von freiwilligen Helfern erweitert. An dem Verzeichnis arbeiten weltweit mehr als 69.000 Editoren, die mittlerweile mehr als fünf Millionen Websites einzeln kategorisiert und kommentiert haben.[22] Somit gehört ODP zu den größten von Menschenhand gepflegten »Suchmaschinen« im Internet.

Aus einer Idee werden im Internet weitere geboren. Kurz nach dem Aufstieg von Wikipedia wurde ein weiteres System populär, das ebenfalls auf Selbstregulierung basiert: Obwohl sie bereits seit langem in kleinen Communitys genutzt wurden, erfreuen sich seit einiger Zeit **Weblogs** (oder einfach nur **Blogs**) wachsender Beliebtheit. Blogs sind im Grunde kleine Kolumnen, in die Benutzer (**Blogger**) hineinschreiben dürfen. Man kann sich einen Blog wie ein digitales

Notizbuch vorstellen. Die Inhalte drehen sich oft um wissenschaftliche, religiöse oder politische Themen, die Beiträge sind von den persönlichen Meinungen einzelner geprägt. Daher werden Blogs oft als Pamphlete des digitalen Zeitalters bezeichnet.[23] In den letzten Jahren hat sich eine regelrechte Blogkultur gebildet. Inhalte von Blogs verweisen oft mit einem Link auf weitere Blogs. Durch die vielen Querverweise entsteht eine Verkettung, die insgesamt als **Blogosphäre** bezeichnet wird. Verfolgt man alle Links, kehrt man theoretisch irgendwann wieder zu dem Blog zurück, bei dem man ursprünglich zu lesen begonnen hat. Dieses zirkuläre Muster der Verlinkung erinnert an das Prinzip des Internets selbst.

Der Grundgedanke des Teilens und das digitale Miteinander haben Ideen wie Linux, Open Source und Wikipedia erst möglich gemacht. Fast alle daraus resultierenden Produkte stehen in direkter Konkurrenz zu proprietärer und kommerzieller Software. Der bedeutendste Unterschied bei den freien Produkten ist, daß sie von einer Schar von Fans begleitet werden. Und die Gemeinde der Anhänger im Internet ist dermaßen groß, daß Ergebnisse viel schneller, effizienter und qualitativ besser erzielt werden können als bei der Arbeit eines kleinen Teams in einem Konzern.

Die Ideen von Selbstregulierung und Dezentralismus gehören zu den fundamentalsten Merkmalen der Internetkultur. Sie zu fördern und zu erhalten ist das oberste Anliegen ihrer Anhänger.

# HACKERETHIK

*Alle Informationen sollen frei sein.*
*Mißtraue Autoritäten, fördere Dezentralisierung.*
*Hacker sollten nach den Fähigkeiten ihres Hackens beurteilt werden,*
*nicht nach Titel, Alter, Rasse oder gesellschaftlicher Stellung.*
*Zugang zu Computern und allem, was dich lehrt, wie die Welt*
*funktioniert, sollte absolut und ohne Limits sein. Wehre dich immer*
*gegen das Imperative!*
*Mit dem Computer kann man Kunst und Schönheit erschaffen.*
*Computer können dein Leben zum Besseren ändern.*
*Wie bei Aladins Wunderlampe können sich deine Wünsche erfüllen.*
Steven Levy in seinem Buch *Hackers* über die Hackerethik
in den 80er Jahren[24]

Während eine komplexe, mathematische Maschine wie der Computer für einige Menschen nicht mehr als ein Arbeitsgerät darstellt, ist sie für andere zur Lebensphilosophie geworden. Im Grunde lassen sich hier Parallelen zu allen Hobbys finden, die Menschen faszinieren. Ob Sport, Musik, Literatur oder Briefmarkensammeln, jedes Hobby hat für den Hobbyisten einen besonderen Wert. Der Unterschied bei der Faszination Computer ist jedoch, daß dieser in den letzten Jahrzehnten einen immer höheren Stellenwert für *alle* Menschen bekommen hat. Ein zunächst unscheinbares Hobby einiger Computerfreaks hat derartige Ausmaße angenommen, daß nicht nur die Industrie, sondern die gesamte Menschheit davon abhängig geworden ist. Ohnehin waren es häufig die Hobbyisten selbst, die die Computerwelt mit neuen Produkten und Innovationen direkt beeinflußt haben: Bill Gates (Microsoft-Gründer), Steve Wozniak und Steve Jobs (Apple-Gründer), Linus Torvalds (Linux-Gründer), Richard Stallman (Free-Software-Ideologe), Douglas Engelbart (Erfinder der Maus),

Ed Roberts (Erfinder des wohl ersten Home Computers Altair 8800) und viele mehr. Die Liste der Hobbyisten und Hacker, die direkten Einfluß auf die Entwicklung der Technik genommen haben und die Geschichte des Computers auch heute noch beeinflussen, ließe sich fast endlos fortsetzen.

## BÜROKRATEN UND STOPPSCHILDER

Obwohl die Geschichte des Computers zeigt, daß es zunächst die Hacker waren, die die Computerrevolution ausgelöst haben, gab es auch immer die andere Seite. Die Firma IBM beispielsweise war in den ersten Jahren für idealistische Hacker der Inbegriff einer bürokratischen Institution. Für sie produzierte IBM nur Computer, um den Zugang ausschließlich einer ausgewählten Gruppe zu gestatten. Die Grundhaltung von IBM war damals weit entfernt vom Gedanken der Dezentralisierung oder dem Slogan »Information frei für alle«. Während die MIT-Studenten von wissenschaftlichen Projekten den unbeschränkten Zugang zu Computern gewohnt waren, hatte IBM eine andere Vermarktungsstrategie.

Das Beispiel eines zwölfjährigen Hackers, der Anfang der 60er Jahre am MIT seine Faszination für Computer entdeckte, verdeutlicht die Gegensätze der damaligen Zeit: Der junge Peter Deutsch war der Sohn eines Professors am MIT und hielt sich oft auf dem Campus auf. Eines Tages fand er auf dem Boden eine Anleitung, auf der nichts weiter stand als mathematische Algorithmen zur Programmierung eines der wandschrankgroßen Lochkarten-Computer. Für den kleinen Jungen wurde das zum aufregendsten Fund seines Lebens. Begeistert entwarf er nach einem ähnlichen Prinzip selbst ein Programm und wollte nun wissen, ob auch sein Werk in einem der Computer funktionieren würde. So trug er sich in die Liste zur Nutzung der Labore mit den millionenteuren Computern ein. In Hackermanier ließen die studentischen Hilfskräfte den Zwölfjährigen seine Programme auf den Supercomputern ausprobieren, auch wenn einige etwas verwundert auf ihn herabblickten.

In der Folge korrigierte der Junge Fehler der Mitarbeiter, die die Codes anderer nicht korrekt interpretiert hatten. McKenzie, der Leiter der Labore, befürchtete zwar, daß eines Tages jemand etwas sagen könnte wie: »Junge, das hier ist kein Spielplatz, geh nach Hause«. Die Studenten und Wissenschaftler akzeptierten den Jungen jedoch wegen seines ausgeprägten mathematischen Verständnisses. Zudem entwarf er Codes, von denen andere Wissenschaftler tatsächlich noch etwas lernen konnten. Peter Deutsch war einer der jüngsten Hacker der Welt.[25]

Der genaue Gegensatz zum Treiben in den MIT-Laboren waren die Arbeitsstätten von IBM. Sie waren voll von Mitarbeitern, die im Anzug und mit akkuratem Scheitel ihrem routinierten Arbeitsalltag nachgingen. IBM entwickelte sich zwar zum Marktführer im Computergeschäft, aber aus der Sicht der Hacker waren die Rechner nicht fortschrittlich genug. Ihrer Meinung nach hatte nur das aggressive Marketing IBM den Erfolg eingebracht. Die Hacker suchten das Gespräch und wünschten sich die Möglichkeit der Kooperation mit den Entwicklern, um Verbesserungsvorschläge zu unterbreiten. IBM dagegen fand die Vorstellungen der MIT-Hacker mit den Geschäftsinteressen nicht vereinbar. Ein Hacker sagte damals polemisch, wenn es nach IBM ginge, wäre die ganze Welt ein Programm in einem Computer, zu dem nur einige wenige Zugang hätten.[26]

Die Antipathie der Hacker gegenüber regulierenden Institutionen zeigte sich jedoch nicht nur bei IBM. So galt in Deutschland die Telekom noch bis Mitte der 90er Jahre als Feindbild der Hacker. Damals unter dem Namen Deutsche Post noch ein staatliches Unternehmen, verbot sie die Benutzung von Modems, die keinen »Stempel« der Post trugen. Dabei unterschieden sich die »postzugelassenen« Modems in ihrer Ausstattung kaum oder gar nicht von anderen. Im Kreise der Hacker verbreiteten sich bereits in den 80er Jahren Anleitungen zum Eigenbau von Modems. Die technische Ausstattung der kommerziellen Modems war aus Sicht der Hacker ihr Geld nicht wert. Des weiteren war selbst die Nutzung von Telefonen untersagt,

die nicht bei der Post gekauft worden waren. Nutzer von Importtele-
fonen, die ihr Gerät in einem der einschlägigen Läden für wenig Geld
erworben hatten, mußten mit einer Anzeige rechnen.[27]

## KONSTRUKTIVE DESTRUKTION

Bürokratische Einrichtungen, vor allem staatliche Institutionen, stellen für Hacker eine Bedrohung dar. Ein offener Austausch und der
Zugang zu freien Informationen sind nur gewährleistet, wenn keine
Regeln und Beschränkungen sie behindern. Der Hacker verbindet
diese Ethik jedoch nur mit dem Computer. Eine anarchistische Einstellung gegenüber politischen Systemen steht nicht zwangsläufig
im Vordergrund. Viele Programmierer, die in ihrem Tun mehr als nur
einen Beruf sehen, sind wahre Enthusiasten. So wie ein Schriftsteller
erklären würde, daß Schreiben ihn deswegen fasziniert, weil das
Spiel mit Worten ihn erfüllt, so ist Programmieren für den Hacker ein
Spiel mit Zahlen.

Bei der ersten Hackerkonferenz, die 1984 in San Francisco statt-
fand, definierte der damalige Apple-Mitarbeiter Burrell Smith einen
Hacker als jemanden, der seiner Tätigkeit nicht gleichgültig, sondern
mit Begeisterung nachgeht. Die Arbeit an der Technik muß dieser
Definition nach nicht im Vordergrund stehen. Für Smith könnte man
durchaus auch ein Handwerk wie Schreinern »Hacken« nennen.[28]
Der Open-Source-Pionier Eric Raymond merkte 1999 an, daß man die
Philosophie der Hacker in allen Bereichen des Lebens wiederfinden
könne, so auch auf den höchsten Ebenen jeder Wissenschaft oder
Kunst.[29]

Die wichtigsten Elemente, die einen Hacker letztendlich zu seinem
Tun antreiben, lassen sich in drei wichtige Bedürfnisse aufteilen:

1. Demontage (das Bedürfnis, Dinge auseinanderzunehmen)
2. Verbesserung (das Bedürfnis, Dinge zu verbessern)
3. Kreation (das Bedürfnis, etwas Eigenes zu schaffen)

NO ©OPY

## DEMONTAGE

»Gregor, ein ehemaliges, sehr aktives Mitglied der Szene in den 8oer Jahren, hatte bereits im Alter von vierzehn Jahren ein ungewöhnliches Hobby. Während andere es vorzogen, ihre Computer einfach nur zu benutzen, nahm er in seiner Freizeit Geräte auseinander. Gregor hielt auf Schrottplätzen oder in Industrie-Müllcontainern ständig Ausschau nach defekten Videorecordern oder Fernsehern, um sie zu Hause wieder in Schuß zu bringen. Er fummelte für sein Leben gern an allem, was elektrisch war. Vor ihm war kein Gerät sicher, das ein Netzteil besaß. In seinem Zimmer hatten sich mittlerweile unzählige Geräte angesammelt, die wild verstreut herumlagen. Er hatte immer mindestens ein Gerät neben sich liegen, das sich in seinen Augen als wertvoll genug erwies, ganzkörperobduziert zu werden.«[30]

Viele Erzählungen von Hackern spiegeln eine ähnliche Faszination an der Demontage wider, so auch die bekannte Geschichte von den »kleinen Leuten im Radio«: Die Eltern kommen nach einem längeren Einkauf nach Hause und müssen entsetzt feststellen, daß der kleine Sohnemann die teure Musikanlage komplett auseinandergenommen hat, um die »little people« im Radio herauszulassen.[31]

Es gibt einen Unterschied zwischen dem, was wir glauben zu wissen, und dem, was wir bereit sind, aktiv zu erforschen. Der begeisterte Bastler oder typische Hacker wird sich lieber damit beschäftigen, Geräte oder Software selber auseinanderzunehmen, um sie zu verstehen. Auch Kevin Mitnick, einer der bekanntesten Hacker der Welt, beschreibt, daß seine Faszination bereits mit dreizehn Jahren damit begann, Geräte auseinanderzunehmen und wieder zusammenzufügen. Im selben Alter fing Mitnick an, Radios zu konstruieren.[32]

John Draper alias Cap'n Crunch, der Erfinder des **Blue Boxing** und einer der ersten **Phreaker** der Welt, baute bereits in jungen Jahren einen eigenen Piratensender. Später wurde das Manipulieren von Telefonnetzen zu seinem Hobby, woraus sich eine eigene Disziplin des Telefonhackens entwickelte.[33]

Das Verlangen, elektronische Geräte oder Software zu demontieren, taucht in der Hackerkultur regelmäßig auf. Es gehört zu den elementaren Antrieben eines Hackers. Gary Robson, Ingenieur und Autor, beschreibt in einem seiner Artikel die Eigenschaften, die ein Hacker entwickeln sollte. Dort zählt er die Neugier zur Hauptvoraussetzung: »Sei neugierig. Nimm Dinge auseinander. Sieh unter die Haube. Bohr dich in das System und schau, was dort ist.«[34] Beim Auseinandernehmen steht jedoch nicht der destruktive Akt im Vordergrund. Vielmehr ist dabei die Neugier an der Technik entscheidend. Maßgeblich sind das Verständnis und die Erforschung des Unbekannten. Auch Tim-Berners Lee, der Erfinder des ersten Internet-Browsers und damit des World Wide Web, vergleicht seine Faszination mit »Herumbasteln am Softwarespielzeug«.[35]

Die Demontage von Technologie wird unter Hackern oft als positiver Akt im Namen der Neugier und Forschung legitimiert. Die Gesetzgeber der EU-Länder sehen die Angelegenheit jedoch anders. Sie haben sich gegen das Recht auf Zerlegen von Software ausgesprochen und klare Gesetze verabschiedet. Hiernach darf niemand ohne Genehmigung des Urhebers Software auseinandernehmen.[36] Unternehmen müssen sich daher nicht zwangsläufig gefallen lassen, daß ihre Software seziert wird. Auf der anderen Seite lassen sich die Hacker von derartigen Gesetzen nur bedingt beeindrucken. Sie fühlen sich durch jegliche Blockaden in ihren Grundprinzipien und Freiheitsrechten verletzt. Viele Unternehmen stützen sich auf Gesetze und die Ratschläge ihrer Anwälte, anstatt zu versuchen, die Beweggründe der Hacker nachzuvollziehen.

Großspurige Behauptungen, eine bestimmte Technik sei nicht zu knacken, können unerwartete Folgen haben. Eine solche Erfahrung mußte auch die Musikindustrie machen. Als klar wurde, daß das Dateiformat MP3 sich immer weiter verbreitet, entschied der Industrieverband **SDMI** (Secure Digital Music Initiative), den ultimativen Kopierschutz zu entwickeln. MP3-Musik sollte mit einem einzigartigen Algorithmus vor dem Kopieren geschützt werden. Im September

2000 war die High-Tech-Initiative, der rund 180 Plattenfirmen und Technologieunternehmen angehörten, offenbar davon überzeugt, einen unknackbaren Code geschaffen zu haben. In einem offenen Brief rief sie alle Hacker der Welt mit einer Belohnung von 10.000 US-Dollar dazu auf, die entworfenen SDMI-Technologien zu knacken. Der Direktor des SDMI, Leonardo Chiariglione, forderte von der digitalen Community: »Hier ist die Einladung: Attackiert die vorgestellte Technologie: Knackt sie.«[37]

Bereits nach kurzer Zeit wurde der SDMI-Kopierschutz von verschiedenen Hackern geknackt. Dies war nicht zuletzt auf den provokativen Aufruf des Verbandes zurückzuführen. Überraschenderweise war es schließlich Edward Felten, Professor der Universität Princeton, der die Ergebnisse im Namen der Forschung veröffentlichen wollte. Als die Plattenlobby den Professor daraufhin zu verklagen drohte, wurden die Ergebnisse von den Hackern Julien Stern und Julien Beuf kurzerhand auf einer Website veröffentlicht. Es wurde offensichtlich, daß der Verband mit dem Hackeraufruf einen Fehler begangen hatte. Der Direktor Leonardo Chiariglione trat zurück, und SDMI verschwand bald darauf von der Bildfläche.

Nach Meinung von Steven Levy, dem wohl bekanntesten Forscher der Hackerethik, sind Hacker bestrebt, alle Barrieren zu brechen, die ihnen den Zugang zu Informationen versperren. Dieses Grundprinzip wird damit begründet, daß die essentielle Erkenntnis, wie die Welt funktioniert, nur dadurch gewonnen werden kann, daß man Dinge auseinandernimmt, um sie zu verstehen. Nur das Wissen darüber, wie etwas funktioniert, kann neue und noch interessantere Dinge erschaffen. Folglich müssen Informationen frei sein.[38] Sind sie es nicht, macht es sich ein Hacker zwangsläufig zur Aufgabe, die gesperrten Daten zu befreien. So ist letztendlich auch die Idee der freien Software auf das Bedürfnis zur Demontage zurückzuführen.

## VERBESSERUNG

Das Verlangen nach freiem Informationsfluß ist für einen Hacker auch deshalb so wichtig, weil er den ausgeprägten Wunsch hegt, Dinge zu verbessern.[39] Dies reicht zurück bis zu den Hackern der 50er Jahre. Damalige Rechner wurden gewöhnlich ohne Software ausgeliefert, die Programmierer mußten sie selber schreiben. Dadurch entwickelte sich unter den Hackern eine Zusammenarbeit, die effiziente Resultate ermöglichte. Daß ein Hacker an einem Programm ohne die Erfahrung des anderen arbeiten könnte, war zu der Zeit am MIT unvorstellbar.

Bis heute möchten Hacker daher Dinge verbessern, wenn sie ihnen unvollständig oder lückenhaft erscheinen. Sie nehmen Software instinktiv auseinander, verbessern sie und fügen sie anschließend wieder zusammen. Laut Levy kann man das am besten daran sehen, daß Hacker beim Autofahren vom Ampelsystem genervt sind:»Sie würden am liebsten die Kästen der Verkehrsampeln aufschrauben und das gesamte System redesignen.«[40]

Etwas zu verbessern ist für Hacker ein Weg zu vollkommener Zufriedenheit. Apple-Gründer Steve Wozniak äußerte 1986 in einer Rede an der University of California, Berkeley:»Glück ist das einzige, was im Leben zählt. Man kauft einen Computer, weil es der Weg zum Glück ist. (…) Das einzige, wonach man das Leben beureilen sollte, ist die Anzahl glücklicher Gesichter jeden Tag. Es geht um Essen, Spaß und Freunde.«[41]

Alles dreht sich also um Anerkennung, Glück und Zufriedenheit. Hacker möchten etwas für die Gesellschaft leisten und ein positives Feedback erhalten. Die Lösung eines Problems oder die Verbesserung der Bedingungen sind es, die zu gesellschaftlicher Anerkennung führen. Die Entwicklung von Linux ist ein einzigartiges Beispiel dafür. Es wird noch heute stetig durch eine Unzahl freiwilliger Programmierer verbessert und aktualisiert, die daraus ihre einzige Motivation ableiten.

NO ©OPY

Das Prinzip ähnelt einem Hobbybastler, der monatelang an der Miniatur eines Modellschiffs arbeitet. Täglich findet er neue Details, die einer weiteren Verfeinerung bedürfen. Das Ziel ist nicht die Fertigstellung des Ganzen, sondern die Arbeit an den Einzelteilen. Die ständige Verbesserung des Modells steht im Vordergrund. Dies erinnert an die ersten Hacker am MIT, die Mitglieder des Modelleisenbahnclubs TMRC. Auch sie bastelten und »hackten« tagelang an ihrem System, bis schließlich eine eigene Philosophie entstand, die sich heute Hackerkultur nennt. Wikipedia ist genauso ein Phänomen, das zeigt, wie sich die Computerfreaks daran erfreuen, die Arbeit anderer Menschen fortzusetzen. Ein System nicht nur zu beobachten, sondern auch die Möglichkeit zu haben, direkten Einfluß zu nehmen, erfüllt die Gemeinde in ihrer Arbeit.

**KREATION**

Irgendwann aber genügt die alleinige Verbesserung den Bedürnissen eines Programmierers nicht mehr. Er strebt danach, Neues zu erschaffen. Als der Musiksender MTV 1993 einen bestimmten Musikclip im TV zeigte, war die Begeisterung in der Crackerszene groß. Es handelte sich um das Werk *State of the Art* der Szenegruppe Spaceballs. Den dazugehörigen Musiktitel *Condom Corruption* hatte das Szenemitglied Travolta komponiert.[42]

Die Entwicklung animierter Clips geht auf die Cracker der 8oer Jahre zurück. Damals gaben sich einige Cracker besonders viel Mühe, kleine Vorspanne (Cracktros) in ihre gecrackte Software einzubauen. Sie manifestierten damit ihren Namen und signalisierten dem Nutzer der Kopie, wem er den Crack zu verdanken hatte. Parallel zur Crackerszene entstand aus dieser Tätigkeit eine neue, legale Szene, die **Demoszene**. Statt Software zu cracken, erstellte sie nur noch derartige Cracktros.

Bis heute ist die Demoszene eine der größten Vereinigungen der digitalen Computerkunst. Ihre Mitglieder erschaffen sogenannte **Demos**, die kleinen Videoclips ähneln und mit multimedialen Effekten und Musik für Begeisterung sorgen. Sie dienen ausschließlich Präsentationszwecken, um das programmiertechnische Können der Szene widerzuspiegeln. Die Demogruppen nehmen an weltweiten Wettbewerben teil, und ihre Werke sind für jedermann frei zugänglich. Das größte Portal der Demoszene mit einer eigenen Download-Sektion findet man unter: www.scene.org

Programmieren ist an das Können und die Kreativität des einzelnen gebunden. Die Welt des Computers ist zwar eine rein mathematische, aber niemand muß sich an zwingende Regeln halten. Würde man hundert Programmierern dieselbe Aufgabe stellen, würde jeder Code anders aussehen. Es gibt unendlich viele Möglichkeiten, um ein bestimmtes Ziel in einer Programmiersprache zu erreichen. Das macht Programmieren für seine Anhänger so einzigartig.

Außerdem ist die Arbeit am Computer für einen Programmierer auch aufgrund der visuellen Möglichkeiten attraktiv. Er kann seine Experimente und die Welt, die er erschafft, visuell verfolgen. Die Ergebnisse lassen sich auf dem Bildschirm darstellen, lange Wartezeiten oder wissenschaftliche Beweise werden überflüssig. Der einzige Nachweis, den ein Programm benötigt, ist die Tatsache, daß es funktioniert. Der Programmierer ist zugleich Wissenschaftler, Architekt, Bauarbeiter und Bewohner seines Gebildes. Er ist der Gott seiner eigenen Welt. Linus Torvalds beschreibt diese Faszination mit folgenden Worten: »Du kannst dir deine eigene Welt erschaffen, und die einzigen Faktoren, die dich in deinen Möglichkeiten einschränken, sind die Fähigkeiten der Kiste – und, mehr als je zuvor, dein eigenes Können.«[43]

Der Philosoph und Soziologe Dr. Pekka Himanen untersuchte das Phänomen der Hackerethik und kam zu dem Schluß, daß der enthusiastische Programmierer seiner Tätigkeit nachgeht, weil es ihn mit Freude erfüllt. So ermittelte Himanen in seiner Untersuchung weitere Hacker, die aus ähnlichen Motivationsmustern handeln.[44] Dazu zählt beispielsweise Vinton G. Cerf, der bei der Entwicklung des Internets in den späten 7oer Jahren eine Schlüsselrolle gespielt hat und deswegen als Vater des Internets bezeichnet wird. Für ihn war das Programmieren »eine absolut faszinierende Welt«.[45] Die Hackerin Sarah Flannery gehört zu den jüngsten Genies im Bereich der Kryptographie. Mit sechzehn entwickelte sie eine einzigartige Kryptographiemethode und gewann den ersten Preis im »European Union Contest for Young Scientists«. Auch sie sagt: »Ich arbeitete tagelang und war in Hochstimmung. Es gab Zeiten, da wollte ich nie wieder damit aufhören.«[46]

Die Software wird für ihre Erschaffer zu einem fazinierenden Werk. Sie sehen darin eine Erfindung mit einer individuellen Note. Jedes Programm trägt die Handschrift des jeweiligen Programmierers und wird zum einzigartigen Kunstwerk. An diesem Kunstwerk sollen alle teilhaben können. Ein Programm beinhaltet für sie eine Schönheit oder Ästhetik, die es nicht zu verbergen, sondern mit anderen zu teilen gilt.

Für den Programmierer ist es nicht wichtig, ob eine Kreation mit Muskelkraft oder getippten Codes am Computer geschaffen wird. Entscheidend ist die Motivation, die in jedem Fall dem Geist des Menschen entspringt.[47]

# KULTUR DES CRACKERS

Es wäre sicherlich falsch zu behaupten, alle Cracker hätten von Anfang an die Freie-Software-Bewegung von Stallman gekannt oder sich mit Themen wie Selbstregulierung und Hackerethik auseinandergesetzt, um dann aus ideologischen Gründen Software zu cracken. Tatsächlich kennen viele Cracker die geschichtlichen Hintergründe des Computerzeitalters und deren Helden gar nicht.

Aus juristischer Sicht läßt sich das Cracken als destruktiver Akt betrachten. Auf eine andere Betrachtungsweise ist das Cracken aber auch eine Art Protest gegenüber kommerzieller Software. Während sich auf der einen Seite Institutionen wie FSF dafür einsetzen, möglichst viel freie Software auf legale Weise zu kreieren, setzen sich Cracker dafür ein, proprietäre Software mit Gewalt zu knacken. Während der »legale Protest« darauf abzielt, sich möglichst viele Türen offenzuhalten, haben Cracker sich zum Ziel gesetzt, alle geschlossenen Türen aufzubrechen.

Dennoch bleibt die wichtigste Frage unbeantwortet: Wie kann eine organisierte Subkultur eine Ideologie durch ihr Handeln vertreten, ohne sie bewußt zu kennen?

### GEBOREN IM CYBERSPACE

Die Gemeinsamkeiten von Hacker und Cracker erklären sich aus dem Umfeld. Beide bewegen sich in derselben digitalen Welt und führen ein Leben im Internet.

In der Psychologie wird seit langem untersucht, inwieweit computervermittelte Kommunikation Einfluß auf den Menschen nimmt. Ein Experiment der Psychologen Russell Spears, Martin Lea und Stephen Lee zeigte 1990 auf, wie stark sich Nutzer innerhalb eines anonymen Netzes gegenseitig in ihrer Meinung beeinflussen. Etwa fünfzig Studenten wurden bei dem Versuch per E-Mail miteinander verbunden und diskutierten über vier vorgegebene Themen. Nach der Diskussion wurde an die Studenten eine Auswertung mit der Durchschnittsmeinung aller Teilnehmer verteilt. Die Bekanntgabe eines derartigen Meinungsbildes gab somit eine gewisse Gruppennorm vor. In der Folge beobachteten die Psychologen, daß sich die Mehrheit der Studenten dieser Richtung anschloß.[48] Innerhalb kürzester Zeit hatte sich aus kontroversen Meinungen eine Gruppe mit gleichen Vorstellungen gebildet.

Die Psychologinnen Sabine Helmers, Ute Hoffmann und Jeanette Hofmann zogen bei ihrer Untersuchung der Cyberkultur ähnliche Schlüsse: Die Internetteilnehmer schaffen sich ihre eigenen »Kulturräume«, in denen sie »spezifisches Wissen teilen und eigene Regeln, Gesetze, Gewohnheiten, Rituale, Mythen und künstlerische Ausdrucksformen etablieren«.[49]

Die Gedanken und Ideen, die in der Internetkultur kursieren, können sich also leicht auf neue Mitglieder übertragen. Wenn man den Kulturraum Internet näher betrachtet, stellt man fest, daß er nicht nur geschichtlich, sondern in seinem ganzen Aufbau die Idee der freien Information in sich trägt. Auf dieser Grundidee basierend, haben sich weitere Bewegungen und Ideologien entwickelt. Vom ARPANET über GNU bis hin zu Linux und Wikipedia – sobald sich Programmierer und Technikfreaks innerhalb der Netzkultur bewegen, scheint es nur eine Frage der Zeit, bis die Ideen der freien Software, Dezentralisierung und Hackerethik auf sie einwirken.

Daher ist es nicht richtig zu glauben, daß sich ein Cracker aus rein destruktiven Gründen eines Tages dazu entschließt, Schwarzkopien zu erstellen und zu verbreiten. Vielmehr macht ihn erst sein Umfeld zu dem, was er ist. Wenn sich ein Technikfreak oder Programmierer dazu entschließt, die Welt der Computer tiefer zu ergründen, stößt er im Internet zwangsläufig auf viele Gleichgesinnte, darunter auch Hacker und Open-Source-Ideologen.

## ERZOGEN VON HACKERN

Schon der Einstieg eines Interessierten in diese Netzwelt bereitet den Boden für eine grundsätzlich liberale Einstellung gegenüber Information. Wer gerne programmiert, wird sich früher oder später einer Gemeinschaft im Internet anschließen müssen, um sein Wissen zu erweitern. Und um an dem Netzwerk teilhaben zu können, wird es unumgänglich für ihn, auch sein eigenes Wissen mit anderen zu teilen.

Die Entwicklung zum Cracker beginnt mit einer Phase der digitalen Sozialisation. Er wächst in einer digitalen Umgebung auf, die sein Denken nachhaltig beeinflußt. Die Grundprinzipien der Cyberkultur sind im Internet stets präsent, insbesondere in den Untergrundkanälen der Szene. Jeder Cracker ist daher zwangsläufig Teil einer Entwicklung, die ihren Ursprung bei den ersten Hackern hat.

Für viele der jungen Cracker sind daher Software, aber auch Filme und MP3-Dateien nichts weiter als Informationen, die es zu tauschen gilt. Und selbst wenn Cracker nicht direkt von den Ideologien ihrer Vorgänger angetrieben werden, fehlt vielen einfach die Wertschätzung für kostenpflichtige Informationen, die die Industrie einfordert. Sie akzeptieren nicht, daß das Knacken und Verbreiten von Software oder Filmen nicht erlaubt sein kann. Sie cracken, weil sie damit aufgewachsen sind. Und je mehr sich die Unternehmen mit neuen Beschränkungen gegen Cracker wehren, desto mehr fühlen diese sich herausgefordert, sie auszuhebeln.

Es scheint, als würde die Netzwelt eine ganz eigene Computerethik in sich tragen, die wie ein genetischer Code an jeden weitergegeben wird, der sich auf sie einläßt. Ob Cracker, Hacker oder begeisterter Programmierer, viele von ihnen scheinen immer wieder auf die gleichen Prinzipien zu stoßen und ihnen zu folgen.

**6** RAUB, KOPIE, PHILOSOPHIE

# WARE INFORMATION

*»Verkaufe ich jemandem ein materielles Gut, sagen wir, ein Auto, so hat nach dem Geschäft der Käufer das Auto, ich habe es nicht mehr. Verkaufe ich jedoch jemandem eine Information, so hat nach dem Geschäft natürlich der Käufer die Information, ich habe sie aber auch noch.«*
Prof. Dr. Wolfgang G. Stock, Universität Düsseldorf

Das digitale Zeitalter brach in die privaten Haushalte ein, noch bevor sich der Gesetzgeber an die neuen Technologien anpassen konnte. »Immer wenn neue Techniken zum Vertrieb von Unterhaltung und Information eingeführt werden, gibt es eine Übergangsphase, bis die rechtlichen Bestimmungen die Technik einholen«, bemerkte Lawrence Lessig, Professor für Jura an der Stanford University.[1] Bis dahin sieht der Gesetzgeber sich mit Problemen einer digitalen Gesellschaft konfrontiert, denen er mit herkömmlichen Gesetzen gerecht zu werden versucht. Die Informationstechnologie ist die nächste Herausforderung, der sich die Gesellschaft zu stellen hat. Das Thema führt geradewegs zu philosophischen Debatten über Software und Information im allgemeinen.

### VERTRAUEN IST EIN GUT

Wie Bill Gates der Community 1976 in seinem Open Letter mitteilte, könne er keinen Sinn darin erkennen, mit viel Geld und Mühe Software zu entwickeln, um dann zuzusehen, wie sie jeder kopiert.[2] Aus wirtschaftlicher Sicht entwickelt ein Unternehmer ein Produkt zum Zweck der Gewinnmaximierung und möchte dementsprechend vergütet werden. Doch wenn es um den Preis einer Information beziehungsweise Software geht, tun sich die Entwickler schwer.

Jeder Besitzer eines Luxusfahrzeugs kennt den Wert seines Autos. Der praktische Wert muß dabei nicht ausschlaggebend sein. Dinge wie Fahrsicherheit, Geräumigkeit und moderne Technik möchte man sicherlich nicht missen. Ginge es aber allein um den Nutzen, würde auch eine durchschnittliche Automarke in gleicher Ausstattung genügen. Der persönliche Wert übersteigt oft den Nutzeffekt, bei einem Luxuswagen spielen beispielsweise die Marke und die Exklusivität eine Rolle. Natürlich muß ein Produkt auch eine Nachfrage befriedigen, der Konsument muß das Gefühl haben, daß das Produkt einen Zweck erfüllt. Der emotionale Aspekt und das persönliche Empfinden sind jedoch ebenfalls wichtige Kaufentscheidungen. Menschen kaufen Dinge nicht aus reinem Nutzen heraus.

Bei Software dagegen sieht es anders aus. Es ist nicht die Marke, die eine Kaufentscheidung hervorruft. Hier steht die Funktionalität, also der Nutzen, im Vordergrund.

Ebenso eigen verhält es sich mit den Entwicklungskosten eines Autos gegenüber denen einer Software. Bei einem neuen Automodell entstehen wie bei allen Produkten Entwicklungskosten. Sobald dieser Prozeß abgeschlossen ist, folgt die Produktion. Die Zusammensetzung des Fahrzeugs in der Fabrik nimmt Material- und Arbeitskosten in Anspruch. Auch bei einer Software entstehen Entwicklungskosten. Sobald die Software diese Kosten eingeholt hat, gehen jedoch die Herstellungskosten gegen null. Die Software kann nun ohne großen Aufwand vervielfältigt werden, schließlich besteht sie lediglich aus kopierbaren Daten. Daher sind beim Kauf einer Software so gut wie keine Materialkosten zu bezahlen. Der Kunde erwirbt lediglich die Kopie.

Der Wert einer Software ist also der Verkaufspreis, den das Unternehmen für diese Software ansetzt. Was der Kunde am Ende erwirbt, kann nicht am Rohmaterial gemessen werden. Dabei handelt es sich um einen Datenträger, der einen Materialwert unter einem halben Cent hat. Weder das Gewicht des Datenträgers noch die Verpackung lassen den Wert des Produktes erkennen. Für den Kunden ist es deshalb nicht annähernd möglich, den realen Wert der Software nachzuvollziehen.

NO ©OPY

Der Kunde muß dem Hersteller glauben, daß der Preis dem Nutzen entspricht. Außerdem muß er darauf vertrauen, daß das Programm auch bei längerer Nutzung seinen Zweck erfüllt. Beobachtet man die derzeitigen Feldzüge gegen Schwarzkopierer, zeigt sich, daß die Hersteller ihrerseits nicht bereit sind, dem Kunden zu vertrauen. Ausgerechnet bei einem Wirtschaftsgut wie Software, das frei in die Welt gekommen ist, und einem Marktplatz namens Internet, der dezentral existiert, versuchen die Softwarehersteller totale Kontrolle auszuüben.

Zu den größten Kritikern der Beschränkung digitaler Güter gehört Lawrence Lessig. 2002 ging er gegen den amerikanischen Kongreß vor Gericht und warf ihm in bezug auf Copyright-Regelungen vor, gegen die Verfassung verstoßen zu haben. Gemeinsam mit weiteren Kritikern legte er der Regierung zur Last, den Grundsatz der Meinungsfreiheit verletzt zu haben. Sie würde durch restriktive Gesetze den Zugriff auf kulturelle Werke im Internet einschränken, die der Öffentlichkeit zustünden.[3] Lessig vergleicht die Beschränkungen und Copyrights von Software mit dem Feudalsystem: »Das ist ungefähr so, als ob ich einen Tisch habe und ihn vom Eßzimmer ins Arbeitszimmer stellen will. Vorher muß ich aber den Hersteller des Tisches anrufen und um Erlaubnis fragen, ob ich das Möbelstück umräumen darf.«[4]

### GUT, BÖSE

Widersprüche und umstrittene Urteile sind Auswirkungen einer panischen Industrie. Diese führt einen Kampf gegen die digitale Gesellschaft, in der das Umdenken längst eingesetzt hat.

Als 1999 der Informatiker Jon Lech Johansen sein DeCSS-Programm zum Knacken des DVD-Kopierschutzes entwickelt hatte, lief die Industrie Sturm. Auf Grundlage des amerikanischen Copyright-Gesetzes »Digital Millennium Copyright Act« (**DMCA**) aus dem Jahre 1998 wurde die Verbreitung eines derartigen Codes gerichtlich verboten. Zahlreiche Betreiber von Websites, darunter auch das Hackermagazin 2600, wurden verklagt, weil sie den Programmiercode von DeCSS im Internet veröffentlicht hatten.

Schon bald schlug der Industrie aus der Internetwelt eine Welle des Protests entgegen. Der Komponist Joseph Wecker beispielsweise sang den Code und bot ihn unter dem Titel *Descramble (This Function Is Void)* als MP3-Song im Internet an.[5] Es gab DeCSS unter anderem als Bilddateien, als Gedicht und sogar als dramatische Lesung. Interessant war auch die Aktion des T-Shirt-Herstellers Copyleft, der den Code kurzerhand auf ein T-Shirt druckte. Der Informatikprofessor David Touretzky trug dieses DeCSS-T-Shirt sogar vor Gericht, während er für die Verteidigung als Experte aussagte. Er argumentierte, ein Verbot von DeCSS sei ineffektiv, da die Informationen auch auf andere Weise, zum Beispiel in geschriebener Form oder auf einem T-Shirt, weitergegeben werden könnten. Würden diese Formen der Informationsmitteilung ebenfalls untersagt, schränke dies das Recht auf freie Meinungsäußerung ein.[6] Für ihn sei ein Programmiercode daher durchaus eine Form der Meinungsäußerung: »Wenn man etwas auf ein T-Shirt drucken kann, dann ist es eine Äußerung.«[7] Dennoch wurde es dem Hackermagazin 2600 und den anderen Angeklagten untersagt, DeCSS weiterzuverbreiten. Der Richter Lewis Kaplan war der Meinung, die Zeilen eines Computerprogramms seien nicht prinzipiell von der amerikanischen Verfassung als Meinungsfreiheit geschützt, und unterstrich dies mit einem absurden Vergleich: »Ein Computercode ist ebensowenig rein expressiv, wie die Ermordung eines Politikers eine rein politische Äußerung ist.«[8]

**DeCSS-T-Shirt**

Zumindest gegen die Freiheit der Kunst ist die MPAA noch nicht vorgegangen. Am 1. September 2000 startete unter dem Namen »DeCSS Art Contest« ein Kunstwettbewerb, um das Verbot auf der Website Lemuria.org zu umgehen. Das Motto lautete »Express Yourself«. Ziel war es, den Code auf künstlerische Weise zu gestalten und die Filmindustrie trickreich zu provozieren. Bereits nach kurzer Zeit waren mehr als zehn Werke eingereicht worden, die sich in grafischen, rhythmischen und animierten Digitalkunstwerken darstellten. Alle vier Wochen gab es DVDs als Preise, und in der Jury saß ausgerechnet der DeCSS-Hacker Johansen.[9]

Wenn es nach dem Gesetzgeber geht, kann Software auch unter das Waffenexportgesetz fallen. 1991 schrieb der Mathematiker Phil

Zimmermann eine Verschlüsselungssoftware namens PGP und verbreitete sie frei als Open Source im Internet. Zimmermann wurde in der Folge zum Ziel von Ermittlungen, da die US-Zollbehörde erklärte, die Software verstoße gegen das amerikanische Waffenexportgesetz. Verschlüsselungstechniken, die eine bestimmte Effizienz überschritten, wurden von der amerikanischen Zollbehörde damals noch als Munition definiert. Zimmermann wurde somit vorgeworfen, Waffen illegal außer Landes gebracht zu haben.[10] Aus Protest gab es auch damals T-Shirts, die den Code von PGP zeigten. Man sollte damit allerdings nicht ins Ausland fliegen, hieß es in den Foren sarkastisch. Den T-Shirt-Fans hätten in diesem Falle tatsächlich mehrere Jahre Haft gedroht.

# MOTIVATION DER CRACKER

*»Die Szene ist wie eine Sucht. Wenn du es einmal gesehen hast und Teil davon warst, willst du immer mehr. Natürlich, es ist ein gefährliches Spiel. Aber ich würde lügen, wenn ich nicht sagen würde, daß gerade die Gefahr es so attraktiv macht.«* Brian Sandro, Protagonist des Films *The Scene*

Laut wissenschaftlichen Untersuchungen sind Echtzeit-Applikationen, wie sie im Internet bei Chats zu finden sind, suchtfördernd. Das gleichzeitige Chatten mit mehreren Mitgliedern und die Sozialisierung im Netz sind starke Einflußfaktoren.[11] Gerade in der Szene spielen noch weitere Aspekte eine Rolle, die dazu führen, daß ihre Mitglieder von ihr geradezu besessen sind. Die Illegalität schreckt sie dabei in keiner Weise ab. Gründe für die Mitgliedschaft in einer Szenegruppe sind unter anderem der Thrill und die Gefahr. Als Cracker ist man Mitglied einer Untergrundorganisation, die es geschafft hat, sich in den letzten Jahrzehnten mit verschiedenen Methoden vor der Zerschlagung zu schützen. Teil einer derartigen Vereinigung zu sein erfüllt die Mitglieder mit einem Gefühl der Einzigartigkeit. Neben dem Wettbewerb und der damit verbundenen Herausforderung sind die Motivationen allerdings auch im starken Zusammenhalt zu suchen. Das Gemeinschaftsgefühl stellt einen besonderen Anreiz für die Mitglieder der Szene dar.

### GEMEINSAM SIND WIR STARK

Ein Mitglied der Szene ist kein Einzelgänger oder Ausgestoßener. Er ist Teil eines Kollektivs und genießt die Loyalität zwischen den Mitgliedern. Dieses Zusammengehörigkeitsgefühl vermittelt ihm ein gesteigertes Selbstwertgefühl, das sein Handeln begünstigt. Hinzu kommt, daß in der Szene untereinander keine ethnischen, religiösen oder physischen Unterscheidungen getroffen werden. Wissenschaftliche Untersuchungen belegen, daß innerhalb geschlossener Gruppen wie beispielsweise Subkulturen keine Diskriminierung unter den Mitgliedern herrscht.[12] Das liegt unter anderem daran, daß ein derartig negatives Feedback innerhalb einer Minderheit sofort die gesamte Gruppe betreffen würde. Eine Diskriminierung innerhalb der eigenen Strukturen würde eine Diskriminierung der gesamten Szene bedeuten.[13]

Hinzu kommt, daß das Szeneleben meist nur im Chat stattfindet. Selbstgewählte Pseudonyme ermöglichen den Nutzern, sich anderen gegenüber nach Belieben darzustellen. Beurteilt werden Szenemitglieder nach ihrer Leistung in der Szene. Die Anonymität gibt dem Mitglied die Möglichkeit, Teile seiner Persönlichkeit nach Belieben offenzulegen oder zu verbergen.

Viele Außenstehende empfinden das typische Bild eines Szenemitglieds als skurril. Sie werden als sogenannte Nerds oder Freaks abgestempelt, die ihre Zeit mit sinnlosen Plaudereien und rätselhaften Aktivitäten am Computer vergeuden. Die Lobby der Softwareindustrie und die Presse tun ihr Bestes, um dieses Bild mit möglichst vielen negativen Attributen aufzuladen. Dem Begriff »Hacker« haftet bis heute ein abwertender und negativer Unterton an. Für die meisten Leute ist ein Hacker nach wie vor jemand, der destruktiv vorgeht und seinen Tag allein damit verbringt, fremdes Eigentum zu stehlen oder zu zerstören. Szenemitglieder sind in ihren Augen nicht nur »verbrecherische Raubkopierer«, sondern auch eine Bande organisierter Krimineller, die man am liebsten als »Mafia« bezeichnen würde.

Diese Art von Propaganda und Bestätigung von Vorurteilen hält die Szene allerdings nicht von ihrem Treiben ab, sie hat sogar einen gegenteiligen Effekt: Die Szene wird noch mehr motiviert. Verhaltensforscher haben längst erkannt, daß die Herabsetzung einer Minderheitsgruppe durch Außenstehende den inneren Zusammenhalt weiter verstärkt. Das Phänomen wird dadurch erklärt, daß die Mitglieder sich gegen derartige Angriffe in einer Protesthaltung zu verteidigen suchen. Es entstehen Gegenreaktionen, die beweisen sollen, daß die Vorurteile nicht gerechtfertigt sind. Die Szene sieht sich selbst als eine von Außenstehenden unverstandene Gemeinschaft. In den eigenen Reihen werden daher für Außenstehende provokativ wirkende Slogans und Regeln entwickelt. Die Hackerethik und Grundsätze wie »Mit dem Computer kann man Kunst und Schönheit erschaffen«[14] sind nur einige Beispiele hierfür. Diese Überzeugungen verbinden sich zu einer generellen Lebenseinstellung, aus der sich weitere Anschauungen und Bewegungen entwickeln: Die Subkultur wächst.

Aus dieser Perspektive läßt sich auch verstehen, warum Anti-Raubkopierer-Kampagnen meist das Gegenteil bewirken. Die wichtigste Erkenntnis in diesem Zusammenhang ist die Tatsache, daß es sich bei einer Release Group eben nicht um Einzelgänger handelt, sondern um eine Gemeinschaft.

### FREUNDSCHAFT ZÄHLT

Ein gesteigertes Selbstwertgefühl und die Mitgliedschaft in einer Subkultur mit festen Grundsätzen sind nicht die einzigen Motivationsgründe für Szenemitglieder. Im Vordergrund stehen, wie in vielen anderen Subkulturen auch, die Freundschaft und der Kontakt mit anderen Mitgliedern. Anders als in Kontaktbörsen im Internet, wo nach einer erfolgreichen Online-Begegnung der persönliche Kontakt im »realen Leben« gesucht wird, finden die Beziehungen in der Szene meist ausschließlich online statt.

Online-Beziehungen und -Freundschaften wurden in den letzten Jahren von Soziologen weitgehend erforscht. Eine Untersuchung der Zeitschrift *Monitor on Psychology* hat beispielsweise ergeben, daß 5,7% der Online-Chatter Symptome wie soziale Isolierung, Depression und Vereinsamung aufweisen. Sie verbringen laut der Analyse mehr Zeit online als im realen Leben.[15] Derartige Studien sollen zeigen, daß im Online-Leben Dinge wie Freundschaft oder Liebe nur vorgetäuscht werden. Teilnehmer von Online-Beziehungen seien laut ei-

nem Artikel in *CyberPsychology & Behavior* unpersönliche und intro-
vertierte Charaktere.[16] Ein Soziologe der University of Minnesota er-
forschte die Eigenschaften von Menschen, die Beziehungen online
aufbauen. Die Schlußfolgerungen deuten an, daß derartige Kontakte
eher mit Vorsicht zu genießen sind. Allein die Vorstellung, eine andere Person übers Internet kennenzulernen, wäre schon äußerst merkwürdig. Immerhin wisse man nie, wer sich vor dem anderen Bildschirm befände. Er könnte ein Psychopath oder ein Killer sein.[17]
Soziologen und Psychologen, die sich dem Phänomen widmen,
kommen meist zu ähnlichen Ergebnissen. Fast alle behavioristischen
Untersuchungen ergeben, daß viele extensive Nutzer von Online-
Kontaktbörsen diverse Charakterschwächen haben. Oft wird argu-
mentiert, daß die Teilnehmer ihre sozial nicht kompatiblen Verhaltensweisen hinter ihrer Anonymität verstecken.

Bei all diesen Untersuchungen fällt jedoch auf, daß der typische
Hacker oder die Subkultur der Computerbegeisterten, wie sie in der
Szene anzutreffen sind, äußerst selten oder gar keine Erwähnung
finden. Das mag einerseits daran liegen, daß die Gruppe der Hacker
nicht ins Bild einer flächendeckenden, allgemeinpsychologischen
Untersuchung paßt. Andererseits läßt sich dieses Manko auch darauf zurückführen, daß es sich bei Hackern um in sich geschlossene
und für Soziologen und Psychologen nur schwer greifbare Gruppen-
phänomene handelt.

Ein Blick hinter die Kulissen der Szene zeigt jedoch ein ganz anderes Bild ihrer Mitglieder. Man möchte meinen, daß soziale Vereinsamung oder Inkompetenz nicht unbedingt zu ihren Merkmalen
zählen. Tatsächlich gehen die meisten Szenemitglieder gesellschaftlich anerkannten Berufen nach. Sie führen ein Gesellschaftsleben,
haben reale Beziehungen und Freunde. Bei besonders aktiven Mitgliedern ist zudem ein erhöhtes Selbstbewußtsein zu erkennen. Ihr
Expertenwissen in einem speziellen Bereich gibt ihnen das Gefühl
der Überlegenheit. Sie passen weder in das Bild der Verhaltensforscher bezüglich Online-Beziehungen, noch fühlen sie sich von derar-

tigen Untersuchungen angesprochen. Im Gegenteil: Die Szenemitglieder bezeichnen andere Online-Chatter als Verlierer. Diese gelten für sie als Außenseiter und bemitleidenswerte Menschen.

Die Beweggründe der Szene sind ganz andere. Die Anonymität beispielsweise, hinter der sich die Mitglieder verstecken, ist zwar eine Schutzmauer, nicht jedoch vor ihrer Persönlichkeit, sondern vor der Gefahr polizeilicher Ermittlungen. Während telefonische oder gar persönliche Kontakte ein Risiko bedeuten, bietet der Chatroom den einzig effektiven Schutz. Da Szenemitglieder weltweit organisiert sind, bietet der Chatroom zudem die Möglichkeit, alle an einem Ort zu versammeln. Die meisten Scener chatten auch nur mit ihresgleichen. Aufgrund der ständigen Gefahr einer Entdeckung zählt außerdem Loyalität zu den wichtigsten Eigenschaften. Nur so können in der Szene langfristig Respekt und Vertrauen aufrechterhalten werden. Da sich die Gruppen untereinander in einem Wettstreit befinden, wird von jedem einzelnen Mitglied Zuverlässigkeit verlangt. Das Einhalten von Terminen, versprochenen Leistungen und eine rege Teilnahme sind unerläßlich.

Zusammengefaßt ergibt das Online-Leben der Szene einen eigenen sozialen Kosmos, der sich von bekannten Mustern der Online-Bekanntschaft grundlegend unterscheidet. Häufig wird diese Art der Freundschaft von den Mitgliedern als Hauptmotivation angegeben. Obwohl die Online-Bekanntschaft oft nur Mittel zum Zweck ist, um ein Release als erster herauszubringen, wird sie unter den genannten Umständen für ihre Mitglieder einzigartig.

# PSYCHOLOGIE DES KOPIERENS

*»Wer begeht denn noch Ladendiebstahl, wenn es auch so einfach geht?«*
Fritz Behrens, ehemaliger Innenminister von Nordrhein-Westfalen[18]

Während in der Szene ein ausgeprägtes Gemeinschaftsgefühl zur Verbreitung von Schwarzkopien führt, sind bei den Gelegenheitskopierern andere Gründe ausschlaggebend. Obwohl die Industrie alles tut, um auf die Illegalität von Schwarzkopien und Tauschbörsen hinzuweisen, werden sie von vielen Millionen Menschen weltweit genutzt. Was aber veranlaßt diese, zum Beispiel ein Computerspiel aus dem Internet herunterzuladen, anstatt es im Geschäft zu kaufen?

## HOMO DOWNLOADICUS

Jeder Schwarzkopierer hat ganz individuelle Gründe, warum er auf das Kaufen von Originalsoftware verzichtet. Nur wenigen ist nicht bewußt, daß ihr Handeln illegal ist. Viele folgen einem Sammeltrieb oder sind Gewohnheitstauscher, da sie mit Tauschbörsen aufgewachsen sind.

Weitaus verbreiteter sind jedoch rein wirtschaftliche Motive. Einerseits kopieren Schwarzkopierer, weil sie sich das Original nicht leisten können, andererseits stellen Kopien auch eine einfache Möglichkeit dar, das Geld für das Original zu sparen. Betrachtet man das Schwarzkopieren als anti-ökonomische Haltung, stellt man sich zwangsläufig auf die Seite der Industrie.[19] Ein Modell der Wirtschaftswissenschaften versteht den Menschen dagegen als »Homo oeconomicus«. Danach versucht jeder Mensch so zu handeln, daß er einen möglichst großen Nutzen daraus zieht. Das Verhalten eines Schwarzkopierers kann durchaus in dieses Handlungsmodell eingeordnet werden. Wenn er vor die Alternative gestellt wird, das Produkt zu kaufen oder zu kopieren, wird sich der »Homo oeconomicus«

letztlich für die vorteilhafteste Option und damit für das Kopieren entscheiden.

Andere wiederum kopieren tatsächlich aus ideologischen Motiven und benutzen prinzipiell Schwarzkopien. Sie sind dann zum Beispiel der Meinung, Filme, Musik und Software sollten völlig frei erhältlich sein, nach dem Motto »Freie Informationen für alle«. Einige sehen die Benutzung illegaler Kopien als Protest gegen die aus ihrer Sicht überzogenen Preise der Hersteller an. Vor allem in bezug auf die Musikindustrie ist das Argument verbreitet, die Plattenfirmen würden in erster Linie ihre eigenen Künstler ausbeuten. Die Schädigung der Plattenfirmen sei daher durchaus legitim. Auch Microsoft-Produkte werden zum Teil aus Protesthaltung gegen den Softwaremonopolisten kopiert. Weltweit dürften die Idealisten trotzdem nur für einen kleinen Teil der Kopien verantwortlich sein.

Nicht zu unterschätzen ist der soziale Druck, der vom privaten Umfeld der Schwarzkopierer ausgeht. In sozialen Gruppen, deren Mitglieder in engem Kontakt zueinander stehen, ist das Teilen gewisser Dinge eine Selbstverständlichkeit. Für Ian Condry vom MIT ist das Kopieren von Musik sogar das einzig Logische, wenn man von einem Mitbewohner, Familienmitglied oder Freund darum gebeten wird. »Wenn man zum Beispiel in einem Uni-Wohnheim lebt, stellt sich nicht die Frage, warum man das Urheberrecht nicht akzeptiert. Die Frage ist, warum man Musik nicht teilen sollte.«[20] Für ihn zählt Musik zu den Dingen, die man üblicherweise verpflichtet ist zu teilen. Jemand, der sich weigert, kann schnell als Außenseiter abgestempelt werden. Laut Condry festigt die Weitergabe von Musik soziale Bindungen: Es bereite Menschen Freude, ihrem Umfeld bislang unbekannte Lieder zugänglich zu machen. Man könne sich dann über den Künstler, neue Alben oder anstehende Konzerte unterhalten.

Auch für den Open-Source-Idealisten Richard Stallman stellt das Teilen den wesentlichen Bestandteil einer Freundschaft dar. Freunde, die das Programmieren gemein haben, befinden sich allerdings seiner Meinung nach in einem Dilemma. Ersucht ein Freund den anderen um eine Software und dieser lehnt die Bitte ab, steht die Freundschaft auf dem Spiel: »Der Käufer von Software hat die Wahl zwischen Freundschaft und Gesetzestreue. Naturgemäß entscheiden viele, daß Freundschaft für sie wichtiger ist, aber diejenigen, welche an das Gesetz glauben, haben einen schweren Stand.«[21]

### FANG MICH DOCH!

Dennoch kann das nicht erklären, warum Millionen Computernutzer Musik, Filme, Bücher und Software in Tauschbörsen mit unzähligen Fremden teilen. Es gilt zu ergründen, weshalb so viele Menschen, die sich ansonsten gesetzestreu verhalten, in Sachen Urheberrecht so häufig das Gesetz übertreten.

Ein generell fehlendes Unrechtsbewußtsein kann dabei nicht als Grund herhalten. In Deutschland wissen 74% der Menschen, daß die meisten Musikangebote in Tauschbörsen illegal sind, so eine Untersuchung der Gesellschaft für Konsumforschung (GfK) aus dem Jahre 2004.[22] Bei einer Studie der Universität Witten/Herdecke im gleichen Jahr waren sogar 98% der Befragten der Meinung, daß Software kein freies Gut sei.[23] Trotz dieses Rechtsempfindens werden massenhaft Schwarzkopien benutzt.

Kriminalwissenschaftler befassen sich seit langem mit der Frage, warum Menschen illegale Handlungen begehen. Eine der jüngeren Kriminalitätstheorien stammt von Michael R. Gottfredson und Travis Hirschi.[24] In ihrer *General Theory of Crime* gehen sie von der Annahme aus, daß Menschen rational handeln und vor jeder Handlung mögliche Vor- und Nachteile ihrer Taten abwägen. Für die Wissenschaftler entstehen Straftaten aus Eigeninteresse und zur Befriedigung von Bedürfnissen. Sie finden dann statt, wenn der zu erwartende Nutzen das Risiko einer möglichen Strafe rechtfertigt. Je geringer die Gefahr einer Entdeckung und Bestrafung ist, um so eher werden Menschen das Gesetz übertreten. Hier trifft die Aussage von Gottfredson und Hirschi auf die Motivation von Schwarzkopierern zu. Denn beim Schwarzkopieren sind rechtliche Sanktionen eher unwahrscheinlich.

Prof. Markus Giesler von der York University im kanadischen Ontario sagt, daß die Gefahr des »Erwischtwerdens‹ bei illegalem Filesharing quasi gleich Null« ist.[25] Dahinter steckt laut Giesler das einfache, aber effektive Prinzip der Kollektivierung von Risiko: »Je größer die Zahl der Nutzer in einer Tauschgemeinschaft, desto geringer das Risiko für den einzelnen.« Die Studie der Universität Witten/Herdecke ergab daher auch folgerichtig, daß die Mehrzahl der Nutzer von Schwarzkopien keine Angst hat, jemals überführt zu werden.[26]

## ANONYMUS

Die scheinbare Anonymität des Internets ist dabei ein wichtiger Faktor. Die Anwender fühlen sich unbeobachtet und sicher. Dem Soziologen Dr. Michael Schetsche zufolge sind im Netz »alle realweltlichen Identifizierungsmerkmale prinzipiell erst einmal ausgeblendet. Dies betrifft die (...) feststehenden biologischen Charakteristika (wie Alter, Geschlecht, Hautfarbe) ebenso wie soziale Identifikationskriterien (also Name, Postadresse, Sozialversicherungsnummer)«.[27]

Vielen Internetnutzern verleiht diese Anonymität Selbstvertrauen und baut Hemmungen ab.[28] Sie tun Dinge, die sie sich im realen Leben nicht trauen würden. Wenn man sich als Teil einer anonymen Masse fühlt und sich nicht persönlich für sein Handeln verantworten muß, wird unsoziales Verhalten begünstigt.[29]

Das bestätigte indirekt auch das Landgericht Berlin. In zwei Verfahren wurden dort im Mai 2005 mehrere Verkäufer kopierter Software verurteilt. Die Strafen wurden schließlich zur Bewährung ausgesetzt. Laut der Urteilsbegründung war hierbei zu berücksichtigen, »daß die Taten unter Ausnutzung der Anonymität des Internets und somit besonders einfach zu begehen waren«.[30]

Dabei ist die Anonymität im Internet nur eine vermeintliche Sicherheit. Prinzipiell kann jeder Nutzer zurückverfolgt werden. Trotzdem fördert sie offenbar illegale Handlungen. Hinzu kommt, daß sich die meisten Menschen in ihren eigenen vier Wänden grundsätzlich unbeobachtet und sicher fühlen. Auch die Scham einer möglichen Entdeckung, die einen zum Beispiel vom Ladendiebstahl abhalten mag, spielt beim Schwarzkopieren keine Rolle. Selbst in dem unwahrscheinlichen Fall, daß man ertappt werden sollte, drohen keine peinlichen Blicke umstehender Personen. Außerdem ist es psychologisch ein Unterschied, ob man eine strafbare Handlung direkt ausführt oder indirekt durch das Drücken einiger Knöpfe von seinem Schreibtisch aus.

Die Tatsache, daß kein Downloader einem Geschädigten gegenübertreten muß, erleichtert ihm zusätzlich das Kopieren rechtlich geschützter Produkte. Zu diesem Ergebnis kam auch eine Studie englischer Wissenschaftler. Trotz zahlreicher Versuche der Industrie, Schwarzkopieren mit Ladendiebstahl gleichzusetzen, stelle der Verbraucher zwischen beiden Taten keine Verbindung her: »Sie sehen es einfach nicht als Diebstahl an. Für sie ist es einfach unumgänglich, besonders angesichts der Verfügbarkeit neuer Technologien«, sagte Dr. Jo Bryce von der University of Central Lancashire.[31]

Laut der bereits erwähnten Studie der Universität Witten/Herdecke ist ein fehlendes inneres Verständnis der Rechtslage hierfür verantwortlich. Die Urheberrechtsgesetze entsprechen nicht dem allgemeinen Verständnis von Eigentum, wie es über Jahrhunderte hinweg historisch gewachsen ist. Nach dieser herkömmlichen Sichtweise ist ein Diebstahl immer zwangsläufig mit einer Wegnahme verbunden. Die Übertragung dieses Eigentumsverständnisses auf nicht faßbare Dinge wie Musikdateien ist daher problematisch. Daß es auch einen Diebstahl ohne Wegnahme geben kann, erfordert ein grundlegendes Umdenken.

Hinzu kommt, daß kaum ein Nutzer schon einmal selbst Opfer einer Urheberrechtsverletzung war. Auch das erschwert die Nachvollziehbarkeit der Rechtslage. Somit kennen zwar viele die aktuelle Gesetzgebung, können sie aber nicht aus einer inneren Überzeugung heraus nachvollziehen. Für die Rechteinhaber und den Gesetzgeber stellt das ein ernsthaftes Problem dar. Denn nur wenn der Nutzer die Gesetze nachvollzieht und akzeptiert, wird er sich auch an die rechtlichen Regelungen gebunden fühlen. Kann er dem Recht hingegen nicht intuitiv zustimmen, bleibt dem Gesetzgeber nur noch die Androhung konsequenter Strafen.

# 7 IM PARAGRAPHENDSCHUNGEL

# VON A BIS §

*»Das Gesetz ändert sich ständig. Diese Veränderung beeinflußt die Voraussetzungen, auf denen Kultur aufbaut; das sollte dich etwas angehen.«* Prof. Lawrence Lessig[1]

Ein Schwarzkopierer muß für seine Taten nicht einmal den Schreibtisch verlassen. Auch wenn er sich in seiner Wohnung meist unbeobachtet und sicher fühlt, befindet er sich keineswegs im rechtsfreien Raum. Verbreiter und Nutzer von Schwarzkopien stehen daher zwei wichtigen Instanzen gegenüber. Zum einen gibt es das Gesetz, das freies Kopieren von Filmen, Software oder Musik in den meisten Fällen verbietet. Zum anderen gibt es die Urheber, wie Plattenfirmen, Filmstudios und Softwareschmieden, die Schwarzkopierern schon vor Jahren den Krieg erklärt haben.

Neue Schreckenszahlen der Industrie vermitteln der Öffentlichkeit den Eindruck, Schwarzkopierer wären in der Lage, ganze Wirtschaftszweige in ihrer Existenz zu gefährden. So sehen sich vor allem die Warez-Szenen, zunehmend auch Privatkopierer, verstärkter Strafverfolgung ausgesetzt. Immer wieder werden Release Groups gesprengt und Tauschbörsennutzer angeklagt. Ein Großteil der Schwarzkopierer ist sich der Konsequenzen jedoch nicht bewußt. Die Gesetze, die ein illegales Kopieren verbieten, scheinen vielen kompliziert.

## VON GUTENBERG ZU GATES

Geschichtlich gesehen, ist das Urheberrecht ein vergleichsweise junges Recht. Bis ins 15. Jahrhundert gab es die kontroverse Diskussion um Urheberschutz nicht. Das Kopieren war größtenteils derart aufwendig, daß ein solcher Schutz nicht notwendig war. Zu den gängigen Kopierverfahren gehörte damals das Abschreiben theologischer Schriften von Hand.

Die Veränderung fremder Erzählungen und die Übernahme von Liedern anderer Sänger waren übliche Vorgänge. Besitzen konnte man nur Gegenstände. Eine Vorstellung von »geistigem Eigentum« gab es nicht.

Mit der Entwicklung des Buchdrucks entstand Ende des 15. Jahrhunderts die Möglichkeit, große Mengen an Texten vergleichsweise einfach zu kopieren. Erst zu diesem Zeitpunkt kam auch die Frage auf, wer eigentlich die Rechte an Vervielfältigung, Veröffentlichung und Verkauf eines Werkes haben dürfe. In der Folge entstanden erste Regelungen für dieses Problem. Konkrete Gesetze zum Schutz des Urhebers gibt es aber erst seit dem 18. Jahrhundert. Mittlerweile haben fast alle Länder solche Gesetze entworfen, wenn auch die einzelnen Regelungen äußerst unterschiedlich sein können.

Das aktuelle Urheberrecht in Deutschland basiert auf dem »Gesetz über Urheberrecht und verwandte Schutzrechte« (abgekürzt: UrhG) aus dem Jahre 1965.[2] Durch die sich ständig ändernden technischen Bedingungen gehört es zu den am meisten geänderten Gesetzen.

Der Grundgedanke des Urheberrechts ist es, dem Urheber einen wirtschaftlichen Ertrag aus seiner geistigen Leistung zu ermöglichen. »Viele Innovationen werden nur unternommen, wenn sich Aufwand und Investition auch auszahlen. Die meisten Urheber möchten von ihren Werken leben können und damit Geld verdienen«, erläutert Bundesjustizministerin Brigitte Zypries.[3] Das Urheberrecht soll daher ein Ansporn für die Entwicklung neuer Ideen sein. Könnten Trittbrettfahrer von den Leistungen anderer profitieren, bestünde kaum noch ein Anreiz, neue Werke zu schaffen. Aus diesem Grund werden dem Urheber umfangreiche Rechte zur Verwertung seines Werkes zugestanden. Er kann unter anderem bestimmen, ob und wie sein Werk veröffentlicht, vervielfältigt und verbreitet werden darf.[4] Auch kann er über die Art der Nutzung seines Werkes bestimmen und hat Anspruch auf eine Vergütung.[5] Ohne seine Zustimmung darf im Prinzip niemand über sein Werk verfügen. Das Urheberrecht ist sogar vererbbar und gilt bis siebzig Jahre nach dem Tod des Urhebers.

Trotz des umfassenden Rechts sind dem Schutz des Urhebers aber auch Grenzen gesetzt. Privatpersonen sollen veröffentlichte Werke möglichst frei nutzen können, damit sie sich am kulturellen Leben des Staates beteiligen können. Auch der Staat selbst hat ein Interesse daran, sein kulturelles Erbe zu bewahren und zu mehren. Zudem bauen Werke künftiger Urheber immer auch auf den Leistungen ihrer Vorgänger auf. Viele Schöpfungen entstehen erst durch die Umarbeitung oder Neuinterpretation bereits vorhandener Werke. Daher wird vom Urheber erwartet, daß er gewisse Beschränkungen seiner Rechte hinnimmt, wenn dies dem kulturellen und wirtschaftlichen Fortschritt zugute kommt. Das Gesetz muß also derart ausbalanciert sein, daß es die Leistung des Urhebers anerkennt, ohne die Informationsfreiheit und die Entstehung neuer Werke einzuschränken.

Vor allem bei den elektronischen Medien und der steigenden Bedeutung des Internets scheint das bestehende Urheberrecht dieses Gleichgewicht nur mit Mühe halten zu können. Einerseits wird Information in einer Gesellschaft, die sich selbst als »Informationsgesellschaft« bezeichnet, immer wichtiger. Andererseits wird das Kopieren der Informationen immer einfacher.

Um diesem Problem gerecht zu werden, enthält das Urheberrecht eine Fülle von Ausnahmen – und Ausnahmen von den Ausnahmen. Die Details der Gesetzestexte sind für den privaten Anwender undurchschaubar: Beispielsweise ist das Fotokopieren einiger Seiten aus einem Buch legal. Das Kopieren von Musiknoten hingegen ist strikt verboten. Das Abschreiben der Noten per Hand ist dagegen erlaubt.[6]


## KEINE REGEL OHNE AUSNAHME

Filme, Softwareprogramme oder Bücher fallen alle unter den Schutz des Urheberrechts. Ihre Erzeuger genießen das Recht, ihr Werk so zu verwerten, wie sie es wünschen. Wer eine CD kauft, erwirbt daher nur das Eigentum an der Plastikscheibe, nicht jedoch an den Rechten der Komponisten, Musiker oder Plattenfirmen. Ein allgemeines Vervielfältigen einer CD oder DVD ist ohne Zustimmung nicht erlaubt. Grundsätzlich untersagt ist auch das Anbieten fremder Musik oder Filme übers Internet. Auch das Setzen von Links auf illegal kopierte Werke im Internet ist verboten. Das Gesetz sieht klare Strafen vor. Wer ein Werk unerlaubt vervielfältigt, verbreitet oder öffentlich aufführt, kann mit Geldstrafen oder mit bis zu drei Jahren Gefängnis bestraft werden. Derjenige, der mit dem Verkauf von Schwarzkopien Geld verdient, kann sogar bis zu fünf Jahre Haft bekommen.

Die Ausnahmen im Gesetzestext erlauben es den Nutzern aber, zumindest Filme und Musikstücke für den privaten Gebrauch zu kopieren.[7] Erlassen wurde dieses Gesetz einst, um die Persönlichkeitsentfaltung des einzelnen zu fördern. Auch denjenigen, die sich die Originale nicht leisten konnten, sollte die Teilnahme am kulturellen Leben ermöglicht werden. Daher ist es zum Beispiel legal, ein Musikalbum auf CD zu brennen, um die Musik auch im Auto hören zu können. Ebenso erlaubt ist die Anfertigung einer Sicherheitskopie zur Schonung des Original-Datenträgers. Sogar das Verschenken von Kopien ist unter Umständen legal. So kann man ruhigen Gewissens eine DVD überspielen und an einen Freund verschenken. Auch das fällt unter »privaten Gebrauch«, solange das Kopieren nur im Kreise der Familie und Freunde geschieht.[8] Das Verschenken einer gebrannten CD an einen Arbeitskollegen oder Nachbarn hingegen ist verboten. Zudem ist nur die Anfertigung einiger weniger Kopien zulässig. Das Gesetz macht zwar hierzu keine genauen Angaben, Rechtsexperten gehen jedoch davon aus, daß etwa drei bis maximal sieben Kopien erlaubt sein dürften.[9] Auch von Bekannten, aus der Bibliothek oder einer Videothek ausgeliehene Werke dürfen für den privaten Gebrauch kopiert werden.[10] Das Aufzeichnen von Fernseh- oder Radiosendungen zu privaten Zwecken ist ebenfalls erlaubt. Kopien dürfen jedoch weder verkauft noch außerhalb des privaten Kreises verbreitet werden. Auch die öffentliche Wiedergabe, wie beispielsweise das Abspielen von Privatkopien auf einer Party, ist untersagt.

Es hängt somit von den Umständen der Herstellung und Nutzung ab, ob eine CD eine legale Kopie oder eine rechtswidrige Schwarzkopie ist. Ein legal als Privatkopie benutztes Musikalbum kann zu einer Schwarzkopie werden, sobald es beispielsweise auf dem Flohmarkt verkauft wird.

## DIE PRIVATE KOPIE

Am 13. September 2003 trat eine umfangreiche Überarbeitung des bisherigen Urheberrechts in Kraft.[11] Sie war aufgrund einer 2001 beschlossenen EU-Richtlinie nötig geworden, die die europäischen Gesetze an Bedingungen des digitalen Informationszeitalters anpassen sollte. Die Richtlinien entfachten eine hitzige Auseinandersetzung zwischen Politik, Medienindustrie und Verbraucherschützern. Seit der Umsetzung in deutsches Recht gelten für Privatkopien zwei wichtige Einschränkungen: Das private Kopieren ist nun nicht mehr erlaubt, wenn eine »offensichtlich rechtswidrig hergestellte Vorlage« verwendet wird.[12] Damit wollte der Gesetzgeber deutlich machen, daß nur noch bezahlte Download-Angebote rechtmäßig seien. Ob dadurch aber wirklich das Herunterladen von Filmen und Musik generell illegal ist, gilt unter Juristen als umstritten. Fest steht bislang nur, daß der Download von Musikalben oder Filmen verboten ist, die noch nicht auf CD oder DVD im Handel erhältlich sind. In jedem Fall verboten ist das Anbieten urheberrechtlich geschützter Werke im Internet. Hierfür gab es noch nie eine Ausnahmeregelung, da einer solchen Verbreitung immer erst der Urheber zustimmen muß.

Die zweite wichtige Änderung des Urheberrechts schränkt die Möglichkeit des privaten Kopierens direkt ein. Eine Privatkopie ist nur noch dann erlaubt, wenn hierfür kein Kopierschutz umgangen werden muß.[13] Wer also mit einer speziellen Software eine kopiergeschützte CD kopiert, handelt illegal. Diese Regelung führte zu einem paradoxen Zustand: Einerseits wird das Anfertigen von Kopien für den privaten Gebrauch ausdrücklich erlaubt, andererseits bietet das Gesetz den Urhebern an, diese Möglichkeit durch den Einsatz eines

Kopierschutzes abzuschaffen. Dieser Umstand führte zu einem Sturm der Entrüstung unter den Computernutzern. Viele fühlten sich um ihr Recht auf eine Privatkopie betrogen. Und zu ihrem Entsetzen mußten sie auch noch feststellen, daß es nie ein gesetzlich verankertes Recht auf eine private Kopie gegeben hatte. »Der Verbraucher hat sich nun an die Privatkopie gewöhnt, und mancher hält sie fälschlicherweise für sein ›Recht‹. (…) Es gibt kein Recht auf kostenlosen Zugriff auf das Eigentum anderer«, erklärte Bundesjustizministerin Zypries.[14] Die Privatkopie sei 1965 nur deshalb zugelassen worden, weil man die Urheber ohnehin nicht vor dem Kopieren hätte schützen können.[15] Von Urheberrechtsexperten wird dieses Argument jedoch angezweifelt. Vielmehr ist es naheliegend, daß die Urheber an den Kopien mitverdienen wollten. Nur aus diesem Grund wurden private Kopien damals nicht verboten. Schließlich wurden Gebühren auf Datenträger und Geräte erhoben, die Kopien ermöglichten.

### DOPPELT HÄLT BESSER

Um den Urhebern einen finanziellen Ausgleich zukommen zu lassen, wurden private Kopien in gewissem Umfang legalisiert. Es wurde ein System geschaffen, bei dem Gebühren auf Leermedien und Vervielfältigungsgeräte erhoben wurden. Da es mit einem enormen Aufwand verbunden wäre, jedem einzelnen Künstler die ihm zustehenden Beträge abzugelten, haben Verwertungsgesellschaften als Stellvertreter der Urheber diese Aufgabe übernommen. Sie verteilen die Gebühren unter den Urhebern. So werden beispielsweise beim Kauf von Scannern, CD- und DVD-Brennern sowie bespielbaren Medien Abgaben erhoben. Ohne sich dessen bewußt zu sein, zahlt der Konsument diese Gebühren an die Verwertungsgesellschaften. Beim Kauf eines DVD-Brenners fließen beispielsweise 9,21 Euro an die jeweilige Verwertungsgesellschaft. Eine bespielbare DVD mit einem Preis von knapp 50 Cent schlägt mit rund 17 Cent Leermedienabgabe zu Buche.[16] Für Drucker, Faxgeräte oder Scanner werden teilweise mehrere hundert Euro an Abgaben fällig.

In Deutschland gibt es verschiedene Verwertungsgesellschaften, die Geld an die Urheber verteilen. Für den Bereich Musik ist die GEMA (Gesellschaft für musikalische Aufführungs- und mechanische Vervielfältigungsrechte) zuständig. Für jedes abgespielte Lied im Radio oder in einer Diskothek fließen Abgaben an die GEMA. Für Sprachwerke wie Literatur kommt die VG Wort (Verwertungsgesellschaft Wort) zum Zuge. Beim Kauf von Fotokopierern fallen somit ebenfalls Gebühren an.

Die Verwertungsgesellschaften erhalten das Geld zum Ausgleich dafür, daß der Privatnutzer die gesetzliche Möglichkeit hat, Kopien von den Werken herzustellen, und den Urhebern dadurch ein wirtschaftlicher Schaden entstehen könnte. Sie funktionieren wie ein Scharnier zwischen Urheber und Konsument und finanzieren sich hauptsächlich aus ihrem Anteil an der Geräte- und Leermedienabgabe.

Viele Nutzer waren verärgert, als ihnen 2003 gesagt wurde, sie hätten sich besser gar nicht erst an die Privatkopie gewöhnen sollen. Viele sahen das im Grundgesetz garantierte Recht auf Informationsfreiheit verletzt. Vor allem wurde kritisiert, daß für Geräte und Datenträger Gebühren zu zahlen waren, obwohl das Kopieren vieler Medien gar nicht mehr erlaubt war. Empört fragten sich Konsumenten, weshalb für jeden MP3-Player Gebühren fällig seien, wenn man kopiergeschützte CDs gar nicht mehr in MP3-Musikstücke umwandeln dürfe.

Doch aller Protest half nichts. Das Umgehen eines Kopierschutzes ist seit der Urheberrechtsreform verboten. Auch die Herstellung, Verbreitung und der Verkauf von Kopierprogrammen, die dies ermöglichen, war ab sofort illegal. Selbst das Veröffentlichen oder Verbreiten von Anleitungen zum Umgehen eines Kopierschutzes wurde untersagt.[17] Damit ist das Verschenken einer älteren Computerzeitschrift, die eine derartige Anleitung enthält, strenggenommen strafbar. Viele Hersteller spezieller Brennsoftware mußten nach der Gesetzesänderung ihr Geschäft aufgeben oder ins Ausland verlagern,

wie zum Beispiel die Firma SlySoft, die ihre in Deutschland illegal ge-
wordene Software nun von der Karibikinsel Antigua aus vertreibt.

Das Erstellen einer Sicherheitskopie bleibt jedoch in jedem Fall erlaubt, wenn der Nutzer befürchten muß, daß der teure Datenträger
eines Tages unbrauchbar werden könnte.[18] Liefert der Hersteller oder
Verkäufer des Originals allerdings eine Kopie mit, darf keine weitere
Kopie mehr angefertigt werden.[19] Die Sicherheitskopie einer Software
wird als dermaßen wichtig eingestuft, daß es hierfür sogar ausnahms-
weise erlaubt ist, einen vorhandenen Kopierschutz zu übergehen.

### EIN KORB VOLLER FRAGEN

Die Reform des Urheberrechts ist noch lange nicht abgeschlossen.
2003 wurden lediglich diejenigen Teile der EU-Richtlinie umgesetzt,
die für die EU-Staaten zwingend vorgeschrieben waren. Seitdem
wird über eine weitere Verfeinerung, den sogenannten »2. Korb« der
Reform des Urheberrechts, beraten. Wieder einmal prallen die Meinungen aufeinander. Die Nutzer treten gegen eine Kriminalisierung
von Tauschbörsen und für das Recht auf eine Privatkopie ein. Die
Industrie hingegen fordert ein noch härteres Vorgehen gegen Downloader und sähe am liebsten eine völlige Abschaffung der Privatkopie.
In einer wahren Lobbyschlacht wurden immer wieder neue Vorschläge gemacht, diskutiert und geändert.

Nach Veröffentlichung eines ersten Entwurfs landeten nicht weniger als drei Aktenordner mit Stellungnahmen verschiedenster Inter-
essengruppen auf dem Schreibtisch der Justizministerin.[20] Das vor-
läufige Ergebnis enthielt aber kaum wesentliche Änderungen.[21] So
sollte lediglich der unklare Begriff der »rechtswidrig hergestellten Vorlage« genauer erläutert werden. Zudem sah der Entwurf eine vorsich-
tige Reform der sogenannten Geräte- und Leermedienabgabe vor.

Ursprünglich sollte der »2. Korb« der Urheberrechtsreform bereits
im Herbst 2005 in Kraft treten. Doch durch die vielen Diskussionen
und Änderungswünsche von allen Seiten kam die Novelle aus dem
Tritt. Zwar wurde im Januar 2006 ein aktueller Entwurf vorgelegt,

doch dieser entfachte die Diskussionen erneut. Die Vorschläge reichten von der Einführung einer »Bagatellklausel«, die rechtswidriges Kopieren in geringem Maße straffrei ausgehen läßt, bis zu einer weiteren Beschneidung des Rechts auf Privatkopien. Einige forderten die völlige Legalisierung des Downloads von Texten, Musik und Filmen. Als Ausgleich wäre dann eine Pauschalabgabe, die sogenannte »Kultur-Flatrate« zu zahlen. Allerdings stemmen sich die Rechteinhaber mit aller Kraft gegen eine solche Abgabe. So werden wohl weiterhin Gebühren für DVD-Geräte und andere Medien an die Verwertungsgesellschaften fällig, obwohl das Kopieren längst verboten ist.

# 8 DAS IMPERIUM UND SEINE REBELLEN

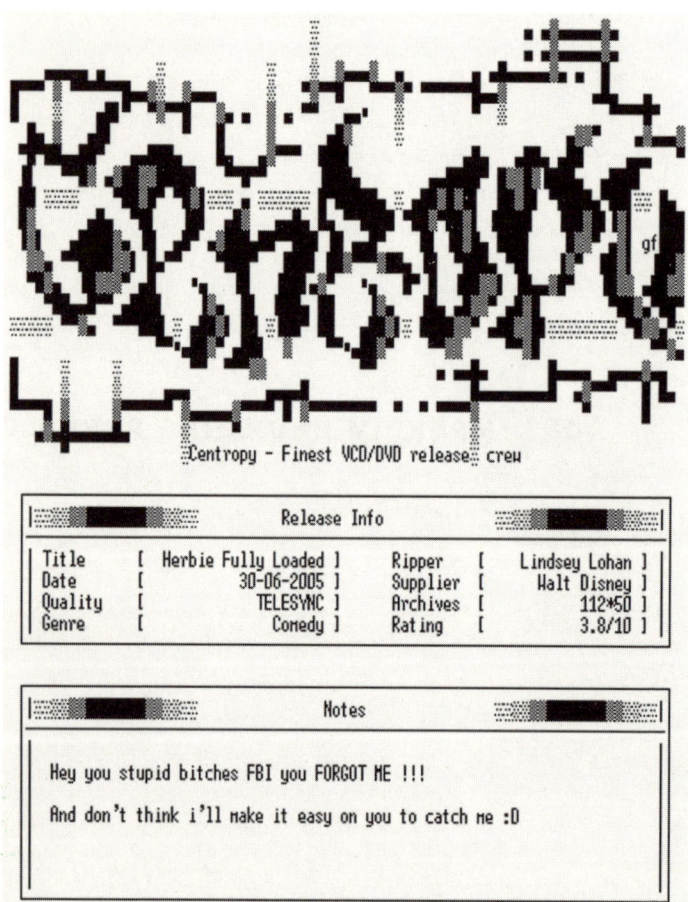

Centropy - Finest VCD/DVD release crew

```
|▓░░▒░░▒░░           Release Info           ▓░░▒░░▒░░|
|                                                     |
| Title    [  Herbie Fully Loaded ]   Ripper    [    Lindsey Lohan ] |
| Date     [          30-06-2005 ]   Supplier  [      Walt Disney ] |
| Quality  [            TELESYNC ]   Archives  [          112*50 ] |
| Genre    [              Comedy ]   Rating    [          3.8/10 ] |
```

```
|▓░░▒░░▒░░              Notes                ▓░░▒░░▒░░|
|                                                     |
| Hey you stupid bitches FBI you FORGOT ME !!!        |
|                                                     |
| And don't think i'll make it easy on you to catch me :D |
```

**Auszug aus Centropys NFO zu *Herbie: Fully Loaded***

# DAS IMPERIUM SCHLÄGT ZURÜCK

*Größter Fall von Web-Piraterie in Deutschland aufgedeckt*
Financial Times Deutschland, 20.09.2004
*FTP-Welt: Größter Fall illegaler Downloads*
Tagesschau, Heise.de, 16.09.2004
*Weltweit größter illegaler Server entdeckt*
Badische Zeitung, 05.09.2004
*Größter illegaler Musik-Server Deutschlands beschlagnahmt*
Pressetext Deutschland, 15.06.2004
*Bislang größter weltweiter Schlag gegen Multimedia-Piraten*
Allgemeine Zeitung Mainz, 30.04.2004
*Größter Schlag gegen Raubkopierer*
Leipziger Volkszeitung, 24.04.2004
*Größter internationaler Schlag gegen Raubkopierer durch das FBI*
Stern.de, 04.04.2004
*Weltweit größte Razzia gegen professionelle Raubkopierer*
BKA, 19.03.2004

Die meisten Schwarzkopierer wissen, daß sie sich nicht immer auf der Seite des Gesetzes bewegen. Doch was ihnen konkret für Strafen drohen, ist ihnen oft nicht bewußt. Kaum jemand wurde selbst schon mal belangt oder kennt jemanden, der wegen Schwarzkopien verklagt wurde. Dabei handelt es sich bei einer Urheberrechtsverletzung nicht um eine Ordnungswidrigkeit wie beispielsweise Falschparken. Schwarzkopierer können strafrechtlich, also von Polizei und Staatsanwaltschaft, verfolgt werden. Die Folgen eines solchen Verfahrens können Geld- und sogar Freiheitsstrafen sein. Zusätzlich können die Rechteinhaber auch noch zivilrechtlich gegen einen Schwarzkopierer vorgehen. Hierbei drohen zum Teil erhebliche Schadensersatzforderungen.

In der Praxis wird tatsächlich nur ein Bruchteil der Vergehen verfolgt. Ein Jugendlicher, der ein paar Filme herunterlädt oder Musik kopiert, ist für den Staatsanwalt selten wichtig genug, um vor den Richter geführt zu werden. Den »kleinen Fischen«, wie den Tauschbörsennutzern, droht eher Gefahr von seiten der Urheber. Sie verfolgen die Schwarzkopierer oft auf eigene Faust. Hierzu haben sie sich in zahlreichen Verbänden zusammengeschlossen. In der **Business Software Alliance (BSA)** beispielsweise engagieren sich führende Softwarehersteller (unter anderem Microsoft, Apple und IBM) für Urheberrecht und Sicherheit im Internet. Eine der Hauptaufgaben der BSA ist die Verfolgung von Unternehmen, die nicht korrekt lizenzierte Software einsetzen. Nach außen zeigt sich die BSA gern hart und unnachgiebig.

In einem Kinospot führte 2000 der deutsche Zweig der BSA den Kinobesuchern vor, was Schwarzkopierern droht: Der fiktive Student Phillip B. wird vor den Augen seiner geschockten Familie am Frühstückstisch festgenommen.[1] Neben markigen Spots gehört auch das medienwirksame Zerstören von Schwarzkopien zu den Aktivitäten der BSA. So ließ sie bereits Tausende Schwarzkopien in Schreddern zerhäckseln, verbrennen[2] oder von Dampfwalzen überfahren.[3]

Über eine Telefon-Hotline oder über die BSA-Website können Internetnutzer außerdem mutmaßliche Straftaten melden. Zwar schwärzen hier zumeist Mitarbeiter der Computerbranche ihre Arbeitgeber oder einen Konkurrenten an, doch auch Privatpersonen oder Betreiber illegaler Websites können gemeldet werden. Nicht selten wird dies von Computernutzern als Aufruf zur Denunziation kritisiert. Die BSA sieht dagegen das Recht auf ihrer Seite: »Das sind keine Denunzianten und auch keine Racheengel«, verteidigt der Regionalmanager der BSA, Georg Herrnleben, seine Hinweisgeber.[4]

Neben der BSA gibt es weitere Industrieverbände, die Lobbyarbeit für eine schärfere Gesetzgebung betreiben und Klagen gegen Schwarzkopierer anstrengen. Für die Musikbranche sind dies vor allem der Verband der US-Musikindustrie RIAA sowie der Weltverband der

Phonoindustrie IFPI (International Federation of the Phonographic Industry). Für die Filmbranche ist die US-Organisation MPAA im Kampf gegen die Schwarzkopierer aktiv.

Die deutsche Filmbranche und Unterhaltungssoftwareindustrie arbeiten mit der GVU zusammen. Die GVU ist eine Art Privatpolizei der Branche. Sie unterstützt nicht nur die Behörden bei der Strafverfolgung, sondern führt auch eigene Ermittlungen durch. Nicht ohne Grund sind viele der GVU-Detektive ehemalige Polizeibeamte. Ihr Geschäftsführer Joachim Tielke beschrieb die GVU einmal als »BKA für Urheberrechtsverletzungen«.[5] Auch er ist früher als Kriminalbeamter tätig gewesen. Seine Fahnder gehen Hinweisen aus der Bevölkerung nach, überprüfen Flohmärkte und tätigen Testkäufe bei verdächtig erscheinenden Kleinanzeigen. Monatelange verdeckte Ermittlungen in der Release- und FXP-Szene und der Kontakt zu Informanten gehören ebenfalls dazu. Der ehemalige Chefermittler Bernd Kulbe berichtete einmal, »daß der 12-Stunden-Tag für uns die Regel ist und der 14-Stunden-Tag keine Ausnahme«.[6]

Obwohl sie strenggenommen nicht mehr Befugnisse haben als jeder andere Bürger, dürfen GVU-Fahnder sogar zuweilen bei Hausdurchsuchungen der Polizei anwesend sein. Für das Jahr 2004 rühmt sich die GVU der Einleitung von 2.634 Strafverfahren, 2.084 mit GVU-Unterstützung vorgenommener Durchsuchungen sowie knapp einer halben Million beschlagnahmter Schwarzkopien.[7]

### JAGD AUF KLEINE FISCHE

In den ersten Jahren des Internetbooms beschränkten sich die Bemühungen der Industrie noch auf die vermeintlich »großen Fische«. Verfolgt wurden nur diejenigen, die massenhaft Warez im Internet anboten, in Release Groups für die Verbreitung von Filmen verantwortlich waren oder gar professionell Schwarzkopien verkauften.

Theoretisch kann jeder Tauschbörsennutzer, der keine Verschleierungsmethoden nutzt, identifiziert und angeklagt werden. Es gibt jedoch Millionen Schwarzkopierer, die sich täglich im Internet mit

Warez versorgen. Die Verfolgung jedes Nutzers ist aufgrund der immensen Zahl nicht möglich. Es lassen sich daher immer nur einige wenige exemplarisch verfolgen.

Zunächst schien das nicht im Interesse der Industrie zu sein. Vielmehr wurden die eigentlichen Betreiber der Tauschbörsen bekämpft, jedoch mit wenig Erfolg. Als die Umsätze der Unterhaltungsindustrie weiter sanken und die Filesharing-Nutzung immer mehr zunahm, entschloß man sich schließlich zu vermeintlich abschreckenden Maßnahmen. 2002 wurden erstmals Pläne der RIAA publik, auch gegen Nutzer der Tauschbörsen mit juristischen Mitteln vorzugehen.[8]

Es wurde angekündigt, nur diejenigen zu verklagen, die auch selber Dateien in den Tauschbörsen anbieten. Doch im Grunde trifft das auf fast jeden Nutzer zu. Es ist schließlich das Prinzip des Gebens und Nehmens, das zur Teilnahme motiviert. Zugleich herrschte aber bei einigen Plattenfirmen noch ein gewisser Vorbehalt. Sie fürchteten negative Reaktionen bei den Musikfans, wenn nun auch einfache Computernutzer ins Visier der Industrieanwälte rückten.

Trotz aller Skepsis war es im Juni 2003 soweit. Die RIAA gab bekannt, in den folgenden Wochen Beweise für mögliche Prozesse gegen Tauschhbörsen-Nutzer zu sammeln. Mit Hilfe spezieller Software wolle man die Tauschbörsen durchkämmen und IP-Adressen von Nutzern identifizieren, die Dateien bereitstellten. Dies sei dann die Grundlage, um womöglich Tausende Nutzer auf Schadensersatz zu verklagen. »Das Gesetz ist eindeutig, und die Botschaft an diejenigen, die erhebliche Mengen von Musik online verbreiten, sollte genauso eindeutig sein. Diese Aktivität ist illegal, man ist dabei nicht anonym, und sich darauf einzulassen kann reale Konsequenzen haben«, erklärte der Präsident der RIAA, Cary Sherman.[9]

Die Kritik von Nutzern und Verbraucherschützern fiel wie erwartet heftig aus. »Ich denke, das zeigt endgültig, daß die Dinosaurier der Plattenindustrie nun völlig den Bezug zur Realität verloren haben«, sagte Fred Von Lohmann, Anwalt der Electronic Frontier Foundation, einer gemeinnützigen Organisation, die sich für Bürgerrechte in der digitalen Welt einsetzt: »Über 57 Millionen Amerikaner benutzen heutzutage Filesharing-Software. Das sind mehr Menschen, als für Präsident Bush gestimmt haben.«[10]

Die RIAA zeigte sich jedoch unbeeindruckt und setzte ihre Ermittlungen fort. Statt der befürchteten Tausenden von Klagen wurden anfangs lediglich 261 Tauschbörsennutzer verklagt.[11] Diese hatten laut RIAA meist über tausend Songs zum Download angeboten. Verglichen mit anderen Nutzern, war das keine große Zahl. Vielmehr erweckte das Vorgehen der RIAA den Eindruck, daß ein Exempel statuiert werden sollte. Allerdings mußten die meisten der Angeklagten nicht einmal vor einem Richter erscheinen. Die RIAA einigte sich statt dessen in Vergleichen auf Zahlungen von vorwiegend mehreren tausend Dollar.

Für besonderes Aufsehen sorgte dabei der Fall der damals zwölfjährigen Brianna LaHara. Das Mädchen, das zusammen mit seiner Mutter und seinem Bruder in einer New Yorker Sozialwohnung lebte, hatte die Tauschbörse Kazaa benutzt und war eine der 261 Angeklagten. Unter dem Druck der Öffentlichkeit ließ die Plattenindustrie die Klage schnell fallen. Eine außergerichtliche Zahlung von 2.000 Dollar wurde für Briannas Mutter dennoch fällig.[12]

Außerdem mußte die RIAA die Klage gegen eine Rentnerin fallen lassen, die glaubhaft versichern konnte, die Tauschbörse Kazaa nie benutzt zu haben. Die PC-Software war damals gar nicht kompatibel zu ihrem Apple-Computer gewesen. Und sie höre klassische Musik und Folk, nicht aber Rock- oder HipHop-Songs, die sie laut RIAA getauscht haben sollte.[13]

Die deutsche Musikindustrie kündigte im August 2003 an, dem Vorbild der US-Industrie folgen zu wollen. »Wir werden die Zügel massiv anziehen«, sagte dazu Balthasar Schramm von Sony Music Deutschland.[14] Im März 2004 teilte der deutsche Zweig der IFPI mit, Strafanzeige gegen 68 Tauschbörsennutzer gestellt zu haben.[15] Die Ehre, als erster deutscher Filesharer verurteilt zu werden, wurde einem Auszubildenden aus Cottbus zuteil. Er zahlte 400 Euro Geldstrafe, und die IFPI einigte sich mit ihm in einem Vergleich auf die Zahlung von 8.000 Euro Schadensersatz.[16] Interessant an seinem Fall war dabei vor allem die Öffentlichkeitsarbeit des Branchenverbandes. Dessen Meldungen versuchten stets den Eindruck zu erwecken, der Azubi sei wegen des Anbietens mehrerer tausend Musiktitel verurteilt worden. Angeboten hatte der 23jährige in der Tauschbörse Kazaa aber gerade einmal 272 Dateien. Und auch nur hierauf bezog sich letztendlich das Gerichtsurteil.[17] Neben dem Cottbuser Azubi verklagte die Musikindustrie weiterhin die gesamte Bandbreite der Tauschbörsennutzer. Ein 57jähriger Lehrer mußte ebenso Schadensersatz leisten wie eine 16jährige Schülerin, ein Schreiner und mehrere Studenten.

### VERKLAGT SIE ALLE!

Dagegen hielt sich die Filmindustrie zunächst zurück mit solchen Massenklagen. Erst angesichts der wachsenden Verbreitung schneller Internetverbindungen, mit denen auch Filme in relativ kurzer Zeit heruntergeladen werden konnten, wurde sie nervös. Im November 2004 begann folglich auch die MPAA ihren »eigenen Krieg gegen den Terror«, wie Präsident Jack Valenti die Mission der Filmlobby bereits zwei Jahre zuvor beschrieben hatte.[18] Sie startete eine erste Klagewelle gegen die Filmsammler in den Tauschbörsen. Im Gegensatz zur Musikindustrie gab die MPAA weder bekannt, in welchen Tauschbörsen sie auf die Jagd gegangen war, noch, wie viele Filmfans überhaupt verklagt wurden. Insider sprachen von bis zu 300 Filesharing-Nutzern, von denen einige nur einen einzigen Film heruntergeladen hatten.[19] Offensichtlich war es das Ziel, Unsicherheit unter den Tauschern zu verbreiten.

Die MPAA verteidigte den Vorwurf der Geheimniskrämerei. »Es ist egal, ob es 10 oder 500 Klagen sind. Es geht darum, daß es nirgends einen sicheren Platz gibt«, sagte der für den Kampf gegen Schwarzkopien zuständige MPAA-Direktor John Malcolm.[20] Im Januar 2005 startete die MPAA eine zweite Klagewelle gegen Filesharer. Auch hierbei diente die Musikindustrie als Vorbild. Seit der ersten Welle 2003 erhob sie in regelmäßigen Abständen immer wieder Anklage gegen Hunderte von Tauschbörsennutzern. Bis Mai 2005 reichte die US-Organisation RIAA über 11.000 Klagen ein.[21] Platz zwei der weltweiten Klagestatistik hält Deutschland mit immerhin 1.300 verklagten Musikfans bis zum Juli 2005.[22] Hier sind laut IFPI im Schnitt 4.000 Euro Schadensersatz zu zahlen gewesen, wobei in Einzelfällen auch schon bis zu 15.000 Euro fällig wurden.[23]

Trotz dieser massenhaften Klagen ist die Gefahr, zu den Angeklagten zu zählen, relativ gering. Das Internetmagazin *Slyck* errechnete angesichts der großen Nutzerzahl, es sei wahrscheinlicher, durch einen Autounfall, Flugzeugabsturz oder Mord ums Leben zu kommen, als von der RIAA verklagt zu werden.[24]

Dennoch haben die vielen Meldungen über Strafanzeigen und Gerichtsverfahren ihre Wirkung nicht verfehlt. Immer öfter reagieren Politiker und Unternehmen unangemessen, wenn es um den Schutz des Urheberrechts geht. Der US-Senator Orrin Hatch schlug 2003 sogar die Verabschiedung eines Gesetzes vor, das es Urhebern erlauben sollte, Computer von Urheberrechtsverletzern übers Internet zu zerstören.[25] Zum Entsetzen vieler Computernutzer wurde ausgerechnet Orrin Hatch 2005 zum Vorsitzenden des US-Senatsausschusses ernannt, der für Urheberrechtsfragen zuständig ist und hierzu Gesetzesvorlagen entwerfen soll.[26]

Doch trotz aller juristischen Vorstöße der Urheberrechteinhaber wird die Unsicherheit bezüglich der gesetzlichen Bestimmungen eher noch größer. Es könnte sogar in der virtuellen Welt verboten sein, was im realen Leben völlig legal ist. Der Juraprofessor Edward Felten berichtete auf seiner Website vom Hersteller eines großen Online-Rollenspiels, der darauf verzichtet hatte, Musikinstrumente in sein Computerspiel einzubinden.[27] In dem Spiel ist es dem Spieler möglich, in einer virtuellen Welt einen Charakter frei zu steuern und Gegenstände zu benutzen. Die Entwickler hatten die innovative Idee, der Figur die Möglichkeit zu geben, Musikinstrumente zu spielen. Die

Spieler hätten sich an einer Straßenecke treffen und gemeinsam musizieren können. Selbst virtuelle Musikkonzerte mit Zuschauern wären denkbar gewesen. Die Idee wurde jedoch nie umgesetzt. Die Anwälte des Spieleherstellers befürchteten, daß die Spieler ihre virtuellen Instrumente dazu nutzen könnten, urheberrechtlich geschützte Lieder nachzuspielen. Die Gefahr einer Urheberrechtsklage gegen den Hersteller wurde als zu groß angesehen. Was in der Realität jedermanns Recht ist, wie das Nachspielen einer Melodie oder gemeinsames Singen, wurde für ein Computerspiel zu einem unberechenbaren Risiko erklärt.

Vor derartigen Innovationsbremsen warnt auch Lawrence Lessig. Seiner Meinung nach haben Regulierungen und Gesetze im Bereich des Copyrights derartige Ausmaße angenommen, daß Unternehmen davor zurückschrecken, innovativ zu handeln: »Die gewohnte Art und Weise, in der Menschen Kultur erschaffen und teilen, gerät in die Fänge der gesetzlichen Regelungen, deren Kontrolle sich auf Kultur und Kreativität ausdehnt wie nie zuvor.«[28]

# WAREZBUSTERS

*»Es kann jeden treffen.«* Dr. Hartmut Spiesecke,
Pressesprecher der deutschen Phonoverbände[29]

Die Release-Szene ist von solchen Reflexionen weit entfernt. Sie hat mittlerweile größere Sorgen. Als Quelle der meisten Schwarzkopien steht sie im Fadenkreuz weitaus massiverer Ermittlungen. Dabei droht ihr sowohl Gefahr von seiten der Staatsanwaltschaft als auch von seiten der Industrie. Obwohl die Szene sich geradezu paranoid abschirmt, kann sie die gefürchteten Busts nicht immer verhindern.

In den 80er Jahren konnten die Mitglieder den Fängen der Polizei zuweilen entkommen. Strafverfahren gegen Mitglieder von Release Groups waren damals äußerst schwer durchzusetzen. Verurteilungen waren nur dann möglich, wenn der Angeklagte einen wirtschaftlichen Vorteil aus seinem Handeln gezogen hatte. Auf die Szene traf dies jedoch nicht zu. Sie betrieb den Warez-Tausch lediglich als Hobby. Möglich waren daher nur Schadensersatzforderungen der Softwarefirmen in Zivilklagen.

Das änderte sich 1994, als der Student David LaMacchia verhaftet wurde. Er hatte an seiner Universität, ausgerechnet dem MIT, einen Server zum Austausch von Schwarzkopien betrieben. Er konnte jedoch nicht wegen Verletzung des Urheberrechts angeklagt werden, da er keinen finanziellen Profit aus seiner Tätigkeit geschlagen hatte. Auch einen Prozeß wegen Verschwörung zum Datenbetrug lehnte der zuständige Richter von vornherein ab.[30]

Der Staat schien machtlos. Um Abhilfe zu schaffen, wurde ein neues Gesetz ins Leben gerufen: 1997 unterzeichnete Präsident Clinton den sogenannten »No Electronic Theft Act« (Gesetz gegen elektronischen Diebstahl), kurz **NET Act**. Von nun an waren digitale Urheberrechtsverletzungen auch dann strafbar, wenn ein nichtfinanzieller

Profit vorlag. Schon der Tausch von Schwarzkopien konnte so einen Profit darstellen. Der NET Act läutete eine neue Phase in der rechtlichen Verfolgung der Szene ein. Hatte den Release Groups, Couriern und anderen Szenemitgliedern bislang schlimmstenfalls die Beschlagnahmung ihrer Computer und die Zahlung von Schadensersatz gedroht, konnte nun sogar das Gefängnis ihr neues Zuhause werden.

## OPERATION BUCCANEER

Selbst heute noch läßt der Name »Operation Buccaneer« gestandenen Szenemitgliedern einen Schauer über den Rücken laufen. Strenggenommen waren es drei separate Busts, die die Szene im Dezember des Jahres 2001 trafen: Operation Digital Piratez, Operation Bandwidth, und Operation Buccaneer.

Dieser bis dahin massivste Bust in der Geschichte der Szene stellte den spektakulären Höhepunkt einer langandauernden Ermittlung dar. Einzigartig war damals die Zusammenarbeit verschiedener Behörden. Unter anderem ermittelten das FBI, die amerikanische Zollbehörde sowie die Computer Crimes and Intellectual Property Section (CCIPS) des US-Justizministeriums. Sie kooperierten mit weiteren Behörden auf der ganzen Welt. Gleichzeitig fanden sie tatkräftige Unterstützung bei Industrieverbänden wie der BSA, der MPAA und Unternehmen wie Microsoft.

Vorausgegangen waren zwei Jahre geheimer Ermittlungen. Spezialagenten des FBI waren in die Szene eingeschleust worden, um aus erster Hand von Szeneaktivitäten berichten zu können. Einem Agenten gelang es, die Szenegruppe RogueWarriorz zu unterwandern, die seit 1997 aktiv war. Unter den Namen »Shatter« und »Twisted« nahm der Undercoveragent lange Zeit am Leben der Szene teil. Er erlernte den Slang, die Etikette und die Regeln der Release Groups. Nach und nach gewann er das Vertrauen der Mitglieder. Erst als ihm der richtige Zeitpunkt gekommen schien, stellte er seine Falle auf: Er eröffnete einen eigenen Warez-Server mit dem Namen »ShatNet« und ernannte sich selbst zum Site Op. In den folgenden Monaten lockte er diverse Szenemitglieder auf seine selbsternannte Szene-plattform.

Der Plan des FBI ging auf. Über 200 Szenemitglieder benutzten den Server und tauschten Tausende Anwendungsprogramme, Filme und Computerspiele. Was niemand von ihnen ahnte, war der Umstand, daß alle Daten vom FBI protokolliert und ausgewertet wurden. Es gelang dem FBI-Agenten auch, an Adressen von Mitgliedern der Gruppe zu gelangen. Im internen Chat gab er vor, Netzwerkadministrator bei einer Zeitung zu sein. Zudem behauptete er, die Technik seines Arbeitgebers würde erneuert und er habe daher einige Geräte in seiner Garage, die er gerne an Szenegruppen spenden wolle. Seine Geschichte paßte zum typischen Bild eines eifrigen Szenemitglieds. Bereitwillig erhielt er Adressen, an die er das Equipment schicken sollte. Die Behörden hatten damit alle Informationen, die sie für eine Verhaftung benötigten.

Die Arbeit der Ermittler endete schließlich mit einer Großrazzia, die die Szene nachhaltig erschüttern sollte. Am 11. Dezember 2001 führten Beamte (in der Szene **Feds** genannt) knapp 100 Durchsuchungen in den USA, Kanada, Großbritannien, Australien, Finnland, Norwegen und Schweden durch. Über 120 Computer wurden beschlagnahmt. Es kam zu zahlreichen Festnahmen. Durchsucht wurden nicht nur Privatwohnungen, sondern auch die vermuteten Standorte illegaler FTP-Server.

Hier überschnitten sich das Szeneleben und das wirkliche Leben der Szenemitglieder. Sie hatten unbemerkt Server an ihren Universitäten und Arbeitsplätzen betrieben, um darüber Kopien zu tauschen. Beamte durchsuchten daher unter anderem Räume des MIT und einiger anderer Universitäten sowie Büros von Softwareunternehmen und sogar eine Niederlassung der Bank of America. »Heute hat die US-Strafverfolgung die bislang aggressivste Aktion gegen illegale Softwarepiraterie begonnen«, erklärte damals der amerikanische Justizminister John Ashcroft. »Viele dieser Personen und Gruppen haben geglaubt, daß das digitale Zeitalter und das Internet ihnen erlaubten, ohne Angst vor Entdeckung oder Bestrafung zu agieren. Die Strafverfolger in den USA und auf der ganzen Welt haben diese Annahme heute widerlegt. Die Aktionen sind ein Meilenstein im Bemühen der US-Behörden, in internationaler Zusammenarbeit ein wahrhaft globales Problem zu bekämpfen.«[31]

Unter den ermittelten Mitgliedern der RogueWarriorz war auch Suzanne Peace. Die 37jährige war in ihrer Gruppe als peaces bekannt und eine der wenigen Frauen in der Szene. Auch der 20jährige Alexander Castaneda mit dem Pseudonym prentice erhielt unerwünschten Besuch. Ein Szeneinsider schilderte die Hausdurchsuchungen wie folgt: »Prentice war in Seattle und peaces in Chicago. Die örtliche Polizei brachte peaces durch einen Trick dazu, die Tür zu öffnen. Es hatte in letzter Zeit Probleme mit peaces' Sohn gegeben, und sie fragten sie, ob sie immer noch Probleme habe. Sie sagte ›Nein‹, und die Beamten fragten, ob sie hereinkommen und mit ihr darüber reden könnten. Als sie die Tür öffnete, kamen alle Agenten rein. Die Crew der Razzia bestand aus einem EPA-Agenten, zwölf FBI-Agenten und mehreren US-Marshalls, getarnt in Zivilkleidung. Ihre Autos hatten sie am Ende der Straße geparkt. Alle trugen Flak Jackets [große, kugelsichere Westen].«[32] Insgesamt konnten die Behörden 21 Mitglieder der RogueWarriorz ermitteln und anklagen. Fast alle bekannten sich schuldig und wurden zu Geld- und Bewährungsstrafen, einige auch zu Hausarrest verurteilt.

Für noch mehr Aufsehen sorgte die Zerschlagung der berüchtigten Release Group DrinkOrDie (DoD). Sie war eine der älteren Gruppen der Szene und 1993 von den beiden Russen deviator und CyberAngel in Moskau gegründet worden. Ihren legendären Status verdankte sie vor allem dem Release von Microsofts Betriebssystem Windows 95, das ganze zwei Wochen vor dem offiziellen Verkaufstermin Verbreitung fand. Die US-Behörden schätzten, daß DoD zum Zeitpunkt der Operation Buccaneer ungefähr 65 Mitglieder in mehr als zwölf Ländern zählte. DoD-Mitglied bigrar beschrieb den Moment, als die Feds ihn bei der Arbeit aufsuchten, in einem Online-Interview:

»Ich saß gerade am Computer und chattete mit einem anderen DoD-Member. Plötzlich bemerkte ich, daß meine Netzverbindung weg war. An der Tür traf ich auf einen US-Zollbeamten. ›Mr. Tresco, mein Name ist Strickler [Name von den Autoren geändert], ich bin von der amerikanischen Zollbehörde. Würden Sie bitte mitkommen?‹ Als wir um die Ecke bogen, waren da ungefähr zwanzig Beamte, die meine Arbeitsstelle durchkämmten. Wir gingen weiter zu einem Besprechungszimmer, wo ich Fragen beantwortete, während die Beamten mit ihrer Durchsuchung weitermachten. (...) Es war wirklich der schlimmste Tag meines Lebens. Die meiste Zeit hatte ich keine Ahnung, was los war. Ich hatte das Gefühl, ich wäre in einem Traum.«[33]

Die Arbeitsstelle von bigrar, im bürgerlichen Leben Chris Tresco, war die Universität MIT. Wie schon David LaMacchia betrieb er an der Hochschule heimlich Szeneserver zum Tausch von Warez. Anders als LaMacchia war der 23jährige Tresco kein Student des MIT, sondern Systemadministrator der Wirtschaftsfakultät. Sein direkter Zugang zum High-Speed-Netz der Universität war für DoD geradezu ideal.

DoD wurde bei dem Bust komplett zerschlagen. Einige der gefaßten DoD-Mitglieder waren Studenten, viele waren aber auch Angestellte in Softwarefirmen, von wo aus sie die Gruppe stets mit den neusten Programmen versorgten. Sogar ein australischer Polizist wurde verhaftet, der Mitglied in mehreren Release Groups war. Neben RogueWarriorz und DoD waren zahllose andere Gruppen betroffen, darunter die Gruppen WomenLoveWarez, Paradox, Request To Send, Myth, ShadowRealm, Razor 1911, Rise in Superior Couriering und Parents On 'Puterz.

Die Operation Buccaneer traf die Szene wie ein Donnerschlag. Die Szenemitglieder, die nicht selbst betroffen waren, saßen vor ihren Rechnern und versuchten, sich ein Bild vom Ausmaß des Schreckens zu machen. Immer neue Meldungen über gebustete Groups liefen in den Chats ein wie über einen Newsticker. Kaum ein Server war noch erreichbar. Das sonst so rege Treiben der Szene stand beinahe still. »Das ist ein schwerer Schlag für Warez. Im Moment macht die Szene überhaupt nichts«, berichtete ein Szeneinsider in einem Internet-Chat.[34] Doch die Ruhe war nicht gänzlich unbeabsichtigt. Alle Server, die vom Bust nicht direkt betroffen waren, wurden aus Gründen der Sicherheit zunächst einmal vom Netz genommen. Ein Mitglied der Music Release Group aPC (aPOCALYPSE pRODUCTION cREW) erklärte: »Wir entspannen uns gerade und lassen die Wunden heilen. Früher oder später wird alles wieder normal sein.«[35]

Und so kam es. Nur wenige Gruppen erklärten ihren Rücktritt. Nach und nach wurden neue Warez veröffentlicht. Nicht selten wurden in den beiliegenden NFOs die Ermittler beschimpft und markige Durchhalteparolen ausgegeben. Auch Beileidsbekundungen waren zu der Zeit häufig in NFOs zu finden. Die Gruppe KaMiKAZE teilte der Szene zum Beispiel mit: »Wir bei Kamikaze schicken die besten Grüße an alle, die von diesem tragischen Ereignis betroffen sind. Wir nutzen die Chance, um Freunde in wirklich jeder Gruppe wissen zu lassen, daß wir mit ihnen leiden.«[36]

Die Behörden und Gerichte erwiesen sich als unnachgiebig und wollten ein Zeichen setzen. »Es geht hier schlicht und einfach um Diebstahl, und diejenigen, die sich am Diebstahl geistigen Eigentums beteiligen, verdienen es, verfolgt und bestraft zu werden«, sagte Robert C. Bonner, Leiter der Zollbehörde der Vereinigten Staaten.[37]

Der Systemadministrator am MIT, Chris Tresco, wurde zunächst zu 33 Monaten Haft verurteilt. Da er mit den Behörden kooperierte, wurde die Strafe später auf ein halbes Jahr verkürzt. Außerdem mußte er 100 Sozialstunden ableisten. Darüber hinaus wurde ihm auferlegt, nach der Haftentlassung seine Gemeinde für sieben Monate nicht zu verlassen. Hinzu kam ein Internetverbot für jegliche private Zwecke.

Der unter seinem Pseudonym eriFlleH (HellFire rückwärts geschrieben) bekannte John Sankus erhielt als einer von zwei Leadern von DoD eine Strafe von knapp vier Jahren Haft. Zuvor war bereits der Supplier von DoD Barry Erickson zu 33 Monaten Haft verurteilt worden.

Indessen scheint der Fall des zweiten Leaders von DoD zu einem rechtlichen Kuriosum zu werden. 2003 klagten die US-Behörden das Szenemitglied Hew Raymond Griffiths, Aliasname BanDiDo, an, der die Gruppe von Australien aus geführt hatte. Dabei hatte Griffiths noch nie einen Fuß in die USA gesetzt und ist auch kein amerikanischer Staatsbürger. Vielmehr ist er Brite, lebt aber seit seiner Kindheit in Australien. Die USA forderten dennoch die Auslieferung. Schließlich habe er die ihm zur Last gelegten Urheberrechtsverletzungen zumindest virtuell in den USA begangen. Deshalb solle er sich dort für seine Taten verantworten. In mehreren Instanzen wehrt er sich seitdem gegen seine Auslieferung, bislang jedoch ohne Erfolg. Einige Jahre zuvor hatte er die Szene noch gewarnt: »Ich hoffe, daß mehr Leute begreifen, daß wir ein gefährliches Spiel spielen. Wir sind durch keine Dunkelheit geschützt, wir sind nicht unsichtbar, und wenn man mit dem Feuer spielt, kann man sich tatsächlich verbrennen. (...) Seid vorsichtig, das hier ist kein Spiel ... und Gefängnis ist keine schöne Sache, Jungs ...« Nur für sich selbst sah BanDiDo die Gefahr nicht kommen: »Ich kann nicht gebustet werden, ich habe keine Warez hier ... Und es ist kein Verbrechen, einer Gruppe anzugehören.«[38]

## FRÜHLINGSBUST

Die deutsche Szene blieb von der Operation Buccaneer noch verschont. Doch die Verfolger waren ihr bereits auf den Fersen. Bislang hatte die GVU vor allem gegen professionelle Schwarzkopierer ermittelt. Sie konzentrierte sich zumeist auf Verkäufer auf Flohmärkten und im Internet. Langsam aber sicher rückte jedoch auch die Release-Szene ins Visier der Fahnder. Mit der Filmindustrie im Rücken machte sich die GVU auf die Suche nach den Movie Release Groups.

Auch die deutschen Ermittler gingen undercover. Sie fanden heraus, wie Filmkopien erstellt und verbreitet werden. Sie erkannten, daß die Groups über enge Kontakte zu Kinobesitzern, Filmvorführern, Mitarbeitern in Synchronstudios und Kurierdiensten verfügten.

Auch das internationale Netzwerk der Release Groups wurde immer transparenter.

Mit Hilfe von Informanten drang die GVU weiter in die Szene ein. Ein Informant hackte sich sogar in das Netzwerk der Release Group CHE ein. Er sammelte monatelang Mitgliedernamen, E-Mail-Adressen sowie Namen von Kinos, mit denen die Gruppe kooperierte. Außerdem versuchte er Filmvorführer zu ermitteln, die bereit waren, Tonspuren auf CDs weiterzugeben, um die deutschen Tonspuren mit der amerikanischen Filmversion zu synchronisieren. Die gesammelten Daten leitete der Informant an die GVU weiter und wurde im Gegenzug von Filmstudios mit DVDs und Kinokarten versorgt.[39]

Nach Abschluß der Ermittlungen übergab die GVU ihre Ergebnisse an Polizei und Staatsanwaltschaft. Nach mehr als zweijährigen Ermittlungen kam es zum großen Knall. Vom 16. bis 18. März 2004 wurden 800 Räume in ganz Deutschland durchsucht. Polizeibeamte durchkämmten Privatwohnungen, Rechenzentren, Firmen und nahmen zahlreiche Personen fest. 200 Computer und 40.000 Datenträger wurden beschlagnahmt. Überdies wurden 19 Server sichergestellt. Auf ihnen lagen 38 Terabytes an Warez, das Speichervolumen von fast 60.000 handelsüblichen CDs. Der Bust traf die Großen der deutschen Film-Release-Szene. Die GVU hatte unter anderem Beweise gesammelt gegen aLPHA cINEMA pROJECT, The German Screener Crew, Cinema.Home.Entertainment, Paramount Release Divison, Do Not Disturb, The Dollhouse Group und YALE. Wie nach jedem größeren Bust verkündeten diverse Gruppen ihren Rücktritt.

»Wir haben immer 4 Fun versucht, die Scene um ein paar Releases zu bereichern. Aber bei den aktuellen Ereignissen hört auch für uns der Spaß auf ... Schluß mit lustig! Wir sagen tschüß zu all unseren Freunden da ›draußen‹ in der Scene. Ihr wißt, wer ihr seid. Ciao!« erklärte die Group VCF in ihrem Abschieds-NFO.

Doch von Resignation war nichts zu spüren. Die Hoffnungen der GVU, den Nachschub an Moviez ins Stocken zu bringen, wurden enttäuscht. Nach kurzer Zeit releaste die Szene wieder, als sei nichts geschehen. Wohl nicht zuletzt deshalb, weil der Bust sie nicht aus heiterem Himmel traf. In einem Internetforum berichtete der Nutzer SmarterSam: »Am Wochenende erreichte mich noch eine Meldung von dem Mitglied einer Release Group, daß in den nächsten Tagen seitens der GVU Durchsuchungen anstehen.«[40]

Viele konnten dadurch rechtzeitig Sicherheitsmaßnahmen ergreifen. Ein Szenebericht, der den Bust des 16. März 2004 chronologisch auflistet, führt unter 11.30 Uhr folgenden Eintrag: »Die Feds nehmen die ersten Server. Einer von ihnen ist ein Server namens RO*. Was sie nicht wissen: Der Server wurde in der vorigen Nacht ausgetauscht, und sie kriegen nur einen Windows-NT-Server.« Der Report endete dennoch mit warnenden Worten: »Die Szene war DIESMAL informiert! Was wird nächstes Mal sein?«

## OPERATION FASTLINK

Nur einen Monat später traf es die Szene erneut. Diesmal wieder in einem weltweit koordinierten Bust, der alle bisherigen in den Schatten stellen sollte. 30 Behörden auf der ganzen Welt, darunter das FBI und das Bundeskriminalamt, hatten, von der Szene unbemerkt, vier separate Undercoverermittlungen durchgeführt.

Am 21. April 2004 fanden sie in der »Operation Fastlink« ihren Höhepunkt. Mehr als 120 Durchsuchungen wurden durchgeführt, 200 Computer beschlagnahmt: In Belgien, Frankreich, Dänemark, Singapur, Ungarn, Israel, den Niederlanden, Schweden, Großbritannien, Deutschland und den USA mußten fast 100 Szenemitglieder feststellen, daß ihre sorgfältigen Sicherheitsmaßnahmen sie nicht schützen konnten. »Der Umfang der internationalen Koordination und Kooperation bei diesem Schlag ist beispiellos und eine klare und unmißverständliche Nachricht an alle Raubkopierer, daß sie nicht länger durch geographische Grenzen geschützt sind«, sagte US-Justizminister John Ashcroft im April 2004. »Es ist unsere Pflicht, diesen Diebstahl zu bekämpfen, und wir werden die Diebe verfolgen, ganz gleich, wo sie sich aufhalten.«[41]

Den genauen Ablauf der Ermittlungen gaben die Behörden nicht bekannt. Die Liste der gebusteten Release Groups las sich jedoch wie ein »Who is Who« der Szene. Das bekannteste Opfer war die legendäre Gruppe FairLight. Sie war bereits 1987 gegründet worden und hatte sich seitdem durch das Releasen vieler Gamez einen außerordentlichen Ruf in der Szene erworben. Sogar vielen Gelegenheitskopierern außerhalb der Szene war der Name ein Begriff. Außerdem betroffen waren die Gruppen CLASS, DEViANCE, Project X, die MP3-Group aPC sowie Kalisto und Echelon, die sich auf das Cracken und Verbreiten von Konsolenspielen spezialisiert hatten.

Sofort setzte sich die übliche Maschinerie von Rücktritten und Kampfansagen in Gang. Einer der großen Namen der deutschen Moviez-Szene, Souldrinker, verabschiedete sich mit einem nachdenklichen NFO: »Die aktuelle Situation und die letzten Ereignisse geben uns Anlaß, uns aus der Scene komplett zurückzuziehen. (…) Nichts in der Scene ist das Risiko wert, sein Leben damit zu ruinieren.«[42]

Einige Tage später meldete sich FairLight zu Wort und gab zu, daß die Operation Fastlink die Szene ins Herz getroffen habe. Sie zollte den Ermittlern sogar Respekt, den Kern der Szene aufgespürt zu haben. »Sie machen ihren Job, und wir jammern nicht. Im Krieg fangen sich Leute Kugeln ein – wir sind darauf vorbereitet! Wenn ihr den Anblick von Leichensäcken nicht ertragen könnt, tretet einen Schritt zurück und laßt die richtigen Männer die Arbeit für euch erledigen«, erklärte FairLight damals in gewohnt dramatischem Tonfall.

**Auszug aus FairLights Council Statement**

Die gebusteten Szenemitglieder zeigten sich dagegen weniger kämpferisch. Viele kooperierten mit den Behörden und bekannten sich schon zum Prozeßauftakt schuldig, um einer langjährigen Haftstrafe zu entgehen. Angeklagt wurden unter anderem die New Yorker Jeffrey Lerman und Albert Bryndza sowie Seth Kleinberg aus Kalifornien. Lerman war Ripper bei der Release Group Kalisto, wo er Konsolenspiele in ein handliches Format brachte, um sie leichter übers Internet verbreiten zu können. Bryndza war Courier und betrieb selber zwei FTP-Server zum Austausch von Schwarzkopien. Kleinberg war unter dem Namen basilisk ein umtriebiges Senior Member bei den Gruppen FairLight und Kalisto. Er betätigte sich nicht nur als Cracker und Courier, er war auch als Supplier der Release Groups aktiv. Als Chefredakteur beim Online-Spielemagazin *Game Over* hatte er stets Zugriff auf die neusten Spiele, häufig noch bevor sie im Handel erhältlich waren. Alle drei Szenemitglieder bekannten sich im März 2005 schuldig.

## OPERATION SITE DOWN

Der bislang letzte große Bust traf die Szene am 29. Juni 2005. Offenbar herrschte bei den Strafverfolgungsbehörden Zufriedenheit mit der bisherigen Strategie, denn die Details des Busts erinnerten stark an Operation Buccaneer und Operation Fastlink. Erneut war es eine weltweit koordinierte Aktion, die vom FBI eingeleitet wurde. Insgesamt drei einzeln geführte Undercoverermittlungen endeten mit der sogenannten »Operation Site Down«. Hierfür hatten die Ermittler mehr als 120 Szenemitglieder in den USA, Kanada, Portugal, Frankreich, Belgien, Israel, Dänemark, den Niederlanden, Großbritannien, Deutschland und Australien identifizieren können. Beamte führten weltweit über 90 Razzien durch und verhafteten dabei erneut zahlreiche Personen. Die Liste der gebusteten Release Groups war diesmal besonders lang. Es traf die Gruppen RiSCiSO, Myth, The Divine Alcoholics, Legends Never Die, Goodfellaz, HOODLUM, VENGEANCE, Centropy, WastedTime, PARANOiD, Corrupt, Gamerz, AdmitONE, Hellbound, KGS, BLaCKBoX, Kurou Haku Goraku, NOX, Third Party, ConsoleDupeZ, The Underground Network, Bong Hit Productions und Not For Resale.

Wieder einmal war es dem FBI bei seinen Ermittlungen gelungen, einen Agenten in die Szene einzuschleusen. Unter dem Decknamen »Griffen« hatte er sich über viele Monate hinweg das Vertrauen der Szene erarbeitet. Zuletzt war er als Site Op von zwei Servern namens CHUD und LAD tätig. Beide Topsites wurden nichtsahnend von der Szene benutzt, während das FBI im Hintergrund sämtliche Datenbewegungen protokollierte. Als die Beamten genügend Informationen gesammelt hatten, stürmten sie die Szene.

Ein harter Schlag für die Filmfreaks war vor allem der Bust der Release Group Centropy. Viele Szenemitglieder befürchteten schon ein Versiegen des Stroms neuer Film-Releases. Schließlich war Centropy unumstritten eine der Topgruppen der Szene gewesen. Immer wieder war es ihr in der Vergangenheit gelungen, Schwarzkopien von

Filmen oft noch vor Kinostart in Umlauf zu bringen. Doch nur einen Tag nach dem Bust releaste Centropy den Film *Herbie: Fully Loaded*. Das NFO sparte nicht mit Spott und wies die Verfolger unfein darauf hin, daß sie die Gruppe noch lange nicht zerschlagen habe.

Und so konnte letzten Endes auch die Operation Site Down die Szene nicht in die Knie zwingen. Bislang ist es noch keinem Bust gelungen, die Arbeit der Release Groups langfristig zu behindern. Zwar konnten die Strafverfolgungsbehörden in der Tat beachtliche Erfolge erzielen, schließlich wurden bereits mehrere Szenemitglieder zu langen Haftstrafen verurteilt. Auch Rücktritte von Release Groups sind nach größeren Busts die Regel. Doch treffen die Schläge zumeist nur einzelne Mitglieder, nie jedoch die Szene insgesamt, sie hat sich mittlerweile an regelmäßige Busts gewöhnt. Eine abschreckende Wirkung geht von ihnen offenbar nicht aus, da die Lust am Releasen größer zu sein scheint als die Angst vor Haftstrafen. Die Szenemitglieder wissen um die Gefahr und hoffen nur, beim nächsten Mal nicht selbst zu den Betroffenen zu gehören.

Oft wirkt ein Bust für die Szene sogar motivierend. Junge Release Groups versuchen, die entstandenen Lücken zu füllen und die Arbeit der gebusteten Gruppen fortzuführen. Andere sehen einfach eine Chance, sich nach dem Verschwinden erfolgreicher Gruppen schnell einen Namen zu machen. Und selbst die obligatorischen Rücktritte von Release Groups sind oft nur von kurzer Dauer. Viele bekannte Gruppen geben nach einiger Zeit ihr Comeback bekannt, andere benutzen den Rücktritt als Tarnung, um der Szene unter einem neuen Namen treu zu bleiben.

Die Strafverfolger melden dagegen bei jedem Bust, daß die Aktivitäten der Szene stark abgenommen hätten. Nach wenigen Wochen erweisen sich derlei Meldungen jedoch meist als voreilig. Nach einem Schlag benötigt die Szene lediglich etwas Zeit, um sich neu zu organisieren und ihre Sicherheitsmaßnahmen zu verstärken. So ist die Szene auch nach mehr als zwanzig Jahren trotz polizeilicher Ermittlungen weiterhin aktiv.

9 AUFRUHR IM SYSTEM

# STOCHERN IM NEBEL

*»Die größte Herausforderung für die Musikindustrie war schon immer,*
*das Kaufen von Musik leichter zu machen als das Stehlen.«*
John Kennedy, Vorsitzender der IFPI[1]

Immer wieder erfahren Zeitungsleser und Fernsehzuschauer vom
Schaden, den »die Raubkopierer« verursachen. Oft stützen sich derartige Berichte auf konkrete Zahlen. Der Schaden, den die Schwarzkopierer anrichten, liegt laut diesen Berichterstattungen häufig im
Milliardenbereich, diese enormen Summen würden den Unternehmen jährlich verlorengehen. Betrachtet man die Berichterstattungen
allerdings etwas näher, läßt sich schnell feststellen, daß die Zahlen
von den Vertretern der Rechteinhaber veröffentlicht werden.

Die Berechnung eines konkreten Schadens durch Schwarzkopien
stellt sich als keine einfache Aufgabe dar. Anders als bei einem faßbaren Gut kann der Schaden, der durch die Benutzung einer Software entsteht, nur vage ermittelt werden. Schließlich handelt es sich
bei einer Software um ein Produkt besonderer Art. Es ist nicht greifbar und kein materielles Objekt wie ein Auto oder ein Fernseher.
Daher begibt man sich im Zusammenhang mit »Diebstahl einer Software« oft in kontroverse Diskussionen. Beim Diebstahl eines materiellen Gutes besitzt der Dieb das Entwendete, der Bestohlene jedoch
nicht mehr. Wird dagegen eine Information aus einer Quelle geladen,
besitzt sie der Urheber weiterhin. Durch das Herunterladen einer
Software geht also zunächst nichts verloren, denn Softwareprodukte
sind unendlich oft reproduzierbare Informationspakete.

Um einen Schaden zu ermitteln, gilt es in bezug auf »Softwareklau« daher vielmehr zu klären, ob dem Urheber ein Einnahmeverlust entstanden ist. Von einem Einnahmeverlust kann man jedoch
nur dann sprechen, wenn der Kopierende die Software gekauft hätte,

anstatt sie zu kopieren. Der Schaden, von dem im Zusammenhang mit Schwarzkopien immer gesprochen wird, ist also eher ein Gewinnausfall. Oft sind es populäre Produkte wie beispielsweise das Programm Photoshop der Firma Adobe, die massenhaft schwarzkopiert werden.[2] Sie können mit bis zu 1.000 Euro und mehr zu Buche schlagen. Worüber jedoch ungern gesprochen wird, ist die Tatsache, daß die meisten illegalen Kopierer es sich nicht leisten können, derart teure Softwareprodukte zu kaufen. Oft handelt es sich um Studenten, die zu Studienzwecken Software kopieren, da sie nicht über die finanziellen Mittel verfügen.[3]

Einige Computernutzer gehen auch einfach nur einer digitalen Sammelleidenschaft nach. Sie kopieren unzählige Musikalben und Filme aus dem Internet, ohne sie jemals alle konsumieren zu können. Sie sind notorische Sammler, bei denen gar nicht jeder Download einem potentiellen Kauf entsprechen kann. Vor allem junge Schüler lagern oft Tausende illegal kopierte MP3-Musiktitel und Filme auf ihren heimischen Rechnern. Der Kaufpreis dieser gesammelten Dateien übersteigt dabei ihr Taschengeldbudget um ein Vielfaches.

Das beliebte Argument, daß ein schmaler Geldbeutel oder ein ausgeprägter Sammeltrieb keinen Diebstahl rechtfertigen, ist im Bereich der Software umstritten. Schließlich kann in der digitalen Welt ein Schaden immer nur durch potentielle Käufer entstehen, die wegen einer Schwarzkopie auf den Kauf verzichten.

### STATISTIKEN ZUM VERLIEBEN

Die Berechnung eines Verlusts durch fehlende Verkäufe gleicht einem Ratespiel. Die von den Medien meistzitierten Zahlen stammen vom weltweiten Industrieverband BSA. Dieser veröffentlicht einmal pro Jahr die sogenannte »Piracy Study«, in der Angaben zu der weltweiten Verbreitung illegaler Softwarekopien und den daraus resultierenden Einbußen für die Industrie gemacht werden. Die Zahlen für das Jahr 2004 wurden vom Marktforschungsinstitut IDC (International Data Corporation) ermittelt, das von der BSA damit beauftragt wurde.[4]

Die IDC sollte den Schaden beziffern, der der Industrie durch Schwarzkopien entstand. Hierzu versuchte die IDC zunächst zu ermitteln, wieviel Software 2004 weltweit eingesetzt worden war. Fraglich blieb bei dieser Vorgabe, ob es überhaupt möglich ist, derartige Zahlen zu ermitteln. Um dennoch zu einem Ergebnis zu gelangen, legte die IDC zunächst Prämissen fest. Diese bestanden aus dem gewagten Versuch, den Software-Gesamtbedarf eines durchschnittlichen PCs zu bestimmen. Hierzu führte das Institut mehr oder weniger aufwendige Marktuntersuchungen, Interviews und Studien durch und kam so zu konkreten Zahlen. Damit glaubte die IDC zu wissen, was für einen beliebigen PC durchschnittlich an Software benötigt wird. In einem weiteren Schritt ermittelte die IDC, wieviel Software 2004 legal über den Ladentisch ging.

Schließlich brachte die IDC diese Zahlen in einen abenteuerlichen Zusammenhang. Ihrem Zahlenzauber zufolge überstieg der selbsterrechnete Softwarebedarf eines durchschnittlichen PCs die tatsächlichen Verkaufszahlen. Wenn der Bedarf an Software deutlich höher war als die eigentlichen Verkaufszahlen, mußten nach IDC-Logik »Raubkopierer« am Werk gewesen sein. Schließlich sei mehr Software benutzt als verkauft worden. Die IDC glaubte also zu wissen, wieviel Software tatsächlich hätte verkauft werden müssen. Die Menge der nicht verkauften Software ergab in diesem Rechenexempel die Anzahl der Schwarzkopien. Überdies wurde behauptet, daß jede Kopie einen wirtschaftlichen Schaden in Höhe ihres Verkaufspreises verursachen würde.

Im Mai 2005 wurde das Zahlenspiel von der BSA als offizielle Statistik herausgegeben. Der Softwareindustrie war 2004 angeblich ein Schaden in Höhe von 32,7 Milliarden US-Dollar entstanden.

## ZAHLENPOLITIK

Die Berechnung der IDC ließe sich mit einer Studie vergleichen, die herauszufinden versucht, wieviel Geld weltweit geraubt wird. Hierbei würde man zunächst die Summe an legal in Banken abgehobenem Geld ermitteln. Schließlich würde man den Gesamtbedarf an Geld eines durchschnittlichen Menschen schätzen. Im nächsten Schritt käme man zu dem Ergebnis, daß pro Mensch mehr Geld benötigt wird, als legal abgehoben wurde. Die Schlußfolgerung wäre, daß ständig eine beträchtliche Menge an Geld gestohlen werden müsse. Betrachtet man die Studien des IDC noch genauer, tauchen weitere Ungereimtheiten auf. Zunächst einmal hatte die IDC ihre statistischen Erhebungen nur in einigen Ländern getätigt. Diese wurden später einfach auf mehr als 80 Länder hochgerechnet.

Kritiker bemängelten zudem, daß in die Schätzung des Gesamtbedarfs freie Programme einkalkuliert worden waren, die ausdrücklich kein Geld kosten. Der freie Internet-Browser Firefox und das ebenso kostenlose Open-Office-Paket sollen beispielsweise mit einem Geldwert eingerechnet worden sein.[5] Außerdem wurde die Nutzung älterer Versionen nicht mit einbezogen. Falls ein Nutzer ein Grafikprogramm aus dem Jahre 2003 erworben, aber 2004 kein neues Update gekauft hatte, war das für die IDC Anlaß genug, anzunehmen, er sei seinem Gesamtbedarf nicht mehr nachgekommen. Somit schlußfolgerte die Untersuchung, daß der Nutzer 2004 eine Schwarzkopie benutzt hatte.

Prozentual ausgedrückt, ergab die so ermittelte Anzahl an Schwarzkopien die »Piraterierate«. Die häufig zitierte Angabe, in Deutschland sei fast 30% aller eingesetzten Software schwarzkopiert, stammt aus der Piracy Study der BSA.

Auf Grundlage dieser Berechnungen gibt die BSA auch den »Schaden durch Raubkopierer« für die untersuchten Länder an. Hierzu multipliziert sie einfach die ermittelte Anzahl an Schwarzkopien mit einem durchschnittlichen Verkaufspreis. Die Untersuchung setzt voraus, daß ausnahmslos jeder Schwarzkopierer die Software auch gekauft hätte. Das Ergebnis sind astronomische Summen, die der Industrie verlorengingen. Der Schaden für die deutsche Softwareindustrie betrug 2004 laut BSA 2 Milliarden und 286 Millionen US-Dollar.

Als 2004 öffentliche Kritik an den Berechnungen aufkam, sagte selbst der Chef der Forschungsabteilung der IDC, John Gantz, gegenüber der *New York Times*, daß die Rede vom »Verlust durch Raubkopieren« nicht zutreffend sei. Er ziehe es vor, die Schadensangaben als »Verkaufswert der raubkopierten Software« zu bezeichnen. Schließlich könnten sich Computernutzer in ärmeren Ländern die Software oft gar nicht leisten. Vielleicht ein Zehntel der Schwarzkopien stelle tatsächlich einen verlorenen Kauf und damit einen konkreten Umsatzverlust dar.[6]

Die BSA nutzt indessen ihre Behauptungen zur politischen Einflußnahme. So werden Diskussionen über härtere Strafen für Schwarzkopierer nicht unwesentlich von den BSA-Studien beeinflußt. Wenn Schwarzkopierer zu hohen Strafen verurteilt werden, selbst wenn sie kein Geld damit verdient haben, so ist meist die BSA mit ihren Studien im Spiel. Als in England zwei Jugendliche wegen Urheberrechtsverletzung zu langen Haftstrafen verurteilt wurden, hatte der Richter die Auswirkungen von Softwarepiraterie in bezug auf die Zahlen als »katastrophal« bezeichnet.[7]

Weltweit betreibt die BSA aktive Lobbyarbeit und verwendet ihre beeindruckenden Zahlen, um Gesetzesanträge oder Verfahren zu untermauern. Bereits 2004 veröffentlichte die BSA ihre Studie just zu dem Zeitpunkt, als im amerikanischen Senat über einen Gesetzesentwurf zur Verschärfung des Urheberrechts entschieden werden sollte. Kritiker befürchteten, die Schreckenszahlen der BSA könnten die Politiker zugunsten des Entwurfs beeinflussen. Noch im selben Jahr stimmte der US-Senat dem sogenannten »Pirate Act« (Protecting Intellectual Rights Against Theft and Expropriation) einstimmig zu.[8]

Da konkrete Angaben über Schwarzkopien fast ausschließlich von der BSA verbreitet werden, bestimmen ihre Berechnungen, so dubios sie auch sein mögen, beinahe ausnahmslos die öffentliche Berichterstattung. Die BSA selbst scheint derweil keine Zweifel an ihren Angaben zu haben.

Als das englische Wirtschaftsmagazin *The Economist* im Mai 2005 in dem Artikel »BSA or just BS«[9] (das Kürzel »BS« steht im Englischen für »bullshit«) die Zahlen und Methoden der BSA scharf kritisierte, erhielt die Redaktion einen Leserbrief von Beth Scott, dem Vizepräsidenten der BSA in Europa: »Ihr Artikel über Softwarepiraterie war überzogen, irreführend und verantwortungslos. Insbesondere die Überschrift [*BSA or just BS*] war beleidigend. Die Annahme, die Industrie würde vorsätzlich die Piraterierate und ihre Auswirkungen überhöht darstellen, um ihre politischen Ziele zu erreichen, ist lächerlich. Das Problem ist real und bedarf keiner Übertreibung. Beth Scott, Business Software Alliance, London.«[10]

# BÖSE KOPIE, GUTE KOPIE

Seit vielen Jahren beklagen Plattenfirmen, Filmverleihe und Softwarehersteller hohe Umsatzeinbußen, die ihnen angeblich durch Schwarzkopierer entstehen. Vor allem die Musikindustrie geriet fast zeitgleich mit dem Aufkommen des Internets in eine Umsatzkrise. 1996 verzeichnete sie weltweit einen Umsatz von 39 Milliarden US-Dollar,[11] 2004 lag dieser nur noch bei 32 Milliarden Dollar.[12] Die Branche büßte somit rund 20% ein. Tausende Mitarbeiter der Plattenfirmen wurden infolgedessen entlassen. Die Schuld hierfür wird im verstärkten Maße bei den Schwarzkopierern gesucht.

## SCHULDIG

In vielen Interviews betonen die Vertreter der Industrieverbände immer wieder den angeblich verheerenden Einfluß der illegalen Kopien auf ihre Umsatzzahlen. Vor allem das Internet und die Möglichkeit, Kopien zu tauschen, sollen der Grund für die Krise der Unterhaltungsbranche sein. Die nackten Zahlen erscheinen auf den ersten Blick in der Tat erschreckend. Die »Brenner-Studie 2005« der GfK (Gesellschaft für Konsumforschung) zeigt, daß in Deutschland die Zahl der mit Musik bespielten Leer-CDs in den Jahren 1999 bis 2004 von 58 auf 317 Millionen stieg. Im gleichen Zeitraum ging die Zahl verkaufter Musikalben von 198 auf 133 Millionen zurück.[13] Insgesamt wurden laut GfK im Jahr 2004 allein in Deutschland 819 Millionen bespielbare CDs von Computernutzern gebrannt. Zudem stellte die GfK bei ihren Befragungen einen deutlichen Einfluß des Schwarzkopierens auf die Verkaufszahlen fest. Die Brenner und Downloader von Musik zeigten 2004 einen stärkeren Rückgang ihrer Ausgaben für Musik, als dies insgesamt am Markt zu beobachten war. Immerhin 20% aller Befragten sollen laut GfK ihren Bedarf an Musik vollständig über das Herunterladen und Brennen von Musik abdecken.

Für die Industrie sind solche Zahlen Grund genug, die Schuld an ihren Umsatzeinbußen beinahe vollständig den Schwarzkopierern zu geben. Aus wirtschaftlicher Sicht ist es allerdings durchaus fraglich, ob allein Schwarzkopien für das gesamte Ausmaß der Krise verantwortlich gemacht werden können. Tatsächlich ist es umstritten, inwiefern illegale Downloads die legalen Käufe negativ beeinflussen.

Die Wirtschaftsprofessoren Martin Peitz und Patrick Waelbroeck veröffentlichten 2004 eine Studie, in der sie die Auswirkungen von Internet-Downloads auf CD-Verkäufe untersuchten. Sie kamen zu dem Schluß, daß die Downloads zwar für einen erheblichen Teil des Umsatzeinbruchs des Jahres 2001 verantwortlich gemacht werden können, nicht jedoch für den Rückgang der CD-Verkäufe 2002. Hierfür seien andere Gründe zu suchen. Zum Beispiel sei anzunehmen, daß mit der verstärkten Nutzung des Internets der allgemeine Musikkonsum zurückgegangen sei. Statt dessen würde vermehrt Online-Aktivitäten nachgegangen, wie zum Beispiel dem Chatten, dem Anschauen von Videoclips oder dem ungezielten Surfen im Internet.[14]

Ebenfalls 2004 untersuchten Felix Oberholzer-Gee von der Harvard Business School und Koleman Strumpf von der University of North Carolina die Auswirkungen von Internet-Tauschbörsen auf Musikverkäufe. In ihrer Untersuchung verglichen sie die Zahl heruntergeladener Musikdateien mit dem Verkauf von CDs in den USA 2002. Selbst hohe Downloadraten hatten laut ihrer Studie kaum Einfluß auf die Verkäufe. Der Großteil der Nutzer hätte sich das entsprechende Album ohnehin nicht gekauft. Nach Meinung der Wirtschaftswissenschaftler ergäben selbst bei pessimistischer Schätzung erst 5.000 Downloads den Verlust einer realen CD.[15] Im Vergleich dazu weist die »Brenner-Studie 2005« der GfK für Deutschland rund 475 Millionen Musik-Downloads im Jahre 2004 aus. Nach Berechnung der Professoren würde dies einen Verlust von nur 95.000 CD-Käufen bedeuten. Der Rückgang betrug laut GfK jedoch mehr als das Zehnfache.

Überdies wirke sich das Filesharing für die Alben, die sich im Untersuchungszeitraum am meisten verkauften, laut der Studie sogar positiv aus. Hier erhöhten bereits 150 Downloads eines Liedes die realen Verkäufe des jeweiligen Albums um ein Exemplar. Für die beliebtesten Alben könnte das Filesharing daher wie eine Art Verstärker wirken. Lediglich die Verkaufszahlen der weniger populären Alben könnten eher negativ von Downloads beeinflußt werden. Aus den Ergebnissen ihrer Studie folgerten die Wissenschaftler, daß das Downloaden höchstens für einen winzigen Teil der Umsatzeinbußen der Musikindustrie verantwortlich gemacht werden könne. Statt dessen würden immer mehr Nutzer übers Internet Musik kennenlernen, auf die sie ohne den Tausch durch Filesharing nicht aufmerksam geworden wären. Der Austausch zwischen den Musikfans könnte so auch die CD-Verkäufe begünstigen. Zudem führe die Tauschbörsennutzung dazu, daß die Preise für Musik fielen, was ebenfalls den Verkauf anregen könnte.[16]

Im Juni 2005 bestätigte sogar die OECD (Organisation für wirtschaftliche Zusammenarbeit und Entwicklung) diese Einschätzung. In einer Analyse des Online-Musikhandels kam sie zu dem Schluß, daß ein kausaler Zusammenhang zwischen den Umsatzeinbußen der Musikindustrie und dem Anstieg der Tauschbörsennutzung nicht nachweisbar sei. Vielmehr könnten hierfür auch andere Gründe in Frage kommen. Diese wären zum Beispiel die mangelhafte Verfügbarkeit und Qualität der legalen Downloadportale sowie eine zunehmende Konkurrenz anderer Formen der Unterhaltung, wie Computerspiele oder DVD-Filme.[17]

### SCHNI SCHNA SCHNAPPI

Aus den 90er Jahren wird ausgerechnet von Bill Gates die Äußerung überliefert, Schwarzkopien hätten Microsoft in den chinesischen Markt geholfen. Nachdem das Land erst einmal auf den Geschmack gekommen war, habe man Wege finden können, den Trend auch in Geld umzumünzen.[18] Mittlerweile wird diese positive Sicht auf Schwarzkopien bei Microsoft verschwiegen. Die Softwareindustrie kann aber unter bestimmten Umständen tatsächlich von illegalen

Kopien profitieren, da diese eventuell auch solche Computernutzer an ein Programm heranführen, die nicht zur Käuferschicht gehören. Viele Softwareunternehmen verkaufen ihre Software an Studenten zu günstigeren Tarifen. Die Corel Corporation bietet ihre Software Studenten beispielsweise bis zu einem Drittel günstiger an. Gegen Vorlage eines Studentenausweises geben auch Unternehmen wie Microsoft, Macromedia und viele andere erhebliche Rabatte auf ihre Software. In amerikanischen Elite-Universitäten ist es sogar gang und gäbe, allen Studenten freien Zugang zu kostenpflichtigen Informationsportalen zu gewährleisten.[19] Es ist dort auch üblich, daß viele Softwareunternehmen ihre Programme an Studierende spenden. Die Unternehmen gehen bei ihren »Donations« davon aus, daß einige Studenten nach dem Abschluß Entscheidungsträger in größeren Unternehmen werden. Über den massenhaften Kauf von Lizenzen entscheiden die Manager dann oft aufgrund ihrer persönlichen Erfahrung mit der Software.

Genauso könnte es aber auch sein, daß ein Student jahrelang die Schwarzkopie einer teuren Software nutzt, da er sich dessen Original nicht leisten kann. Später im Berufsleben kauft er sich dann die aktuelle Version, da er nun über die nötigen finanziellen Mittel verfügt. Eine hohe Anzahl von Schwarzkopien einer bestimmten Software kann somit durchaus den Bekanntheitsgrad erhöhen und der Marktdurchdringung eines Programms helfen.

2001 hielt Dr. Barbara Kreis-Engelhard an der Universität München einen Vortrag im Rahmen der Vorlesung »Internetökonomie«. Dort berichtete sie unter anderem über die Auswirkung der Schwarzkopien für Microsoft. Sie sprach vom »Microsoft-Spezialeffekt« und erklärte, daß Microsofts Monopolisierung durch die Schwarzkopierer vorangetrieben worden sei.[20] In der Informationswirtschaft werden derartige Auswirkungen als positive Netzwerkeffekte bezeichnet.

Auch das Auktionshaus eBay stand seinen Nutzern vor einiger Zeit noch unentgeltlich zur Verfügung. Erst im Februar 2000 wurden geringe Gebühren für das Einstellen von Artikeln erhoben.[21] Nachdem eBay sich zu einem Quasimonopolisten im Bereich der Online-Auktionen entwickelt hat, sind mittlerweile Gebührenerhöhungen von bis zu 60% die Regel.[22]

Sogar die Musikindustrie kann von derartigen Effekten profitieren. Zwar können einerseits durch den Download von Musik Umsätze verlorengehen. Andererseits werden aber auch mehr Menschen auf die Musikalben aufmerksam. Sie erwerben dadurch möglicherweise das Nachfolgealbum oder besuchen nachträglich das Konzert des Künstlers. Die in Deutschland seit Jahren steigende Zahl von Konzertbesuchern könnte ein Indiz hierfür sein.[23]

Für Aufsehen sorgte auch »Schnappi, das kleine Krokodil«. In Form eines Kinderliedes stürmte es Anfang 2005 bis auf Platz eins der deutschen Charts und eroberte danach auch die Hitparaden vieler anderer Länder bis nach Neuseeland. Bereits 2001 war es von der Komponistin Iris Gruttmann geschrieben und mit ihrer fünfjährigen Nichte Joy als Sängerin aufgenommen worden. Das Kinderlied wurde zunächst auf der CD *Iris Lieder – Lied für mich* sowie zwei Jahre später auf einem Sampler veröffentlicht. Doch niemand schien sich für das Lied zu interessieren. Irgend jemand stellte es schließlich als MP3-Musikdatei ins Internet. Das Lied verbreitete sich zunächst als Insidertip unter den Downloadern. Als überdies die Radiostationen auf das Lied aufmerksam wurden und »Schnappis« Beliebtheit immer weiter wuchs, erschien der Song im Dezember 2004 auch als Single-CD und schaffte den Durchbruch. *Der Spiegel* kommentierte: »Nach wie vor ist der Song kostenlos im Netz verfügbar – und trotzdem kaufen alle die CD. Die Musikindustrie wird sich eine andere Ausrede einfallen lassen müssen.«[24]

## KRISE OHNE KRISE

Aus den USA, dem größten Musikmarkt der Welt, werden mittlerweile steigende Verkaufszahlen gemeldet.[25] Auch in anderen Ländern ziehen die CD-Verkäufe wieder an. In Ländern, die weiterhin mit rückläufigen Zahlen zu kämpfen haben, scheint sich der rapide Umsatzverlust zumindest zu verlangsamen. In Großbritannien nahmen sogar in der Krisenzeit von 1998 bis 2003 die CD-Verkäufe um mehr als ein Drittel zu, auch hier parallel zur allgemeinen Filesharing-Nutzung.[26]

Zeitgleich mit den Verkaufszahlen steigt die Zahl der illegalen Downloads weiter an. Die neuen Zahlen widersprechen der gängigen These der Plattenfirmen, daß vor allem das Internet für ihre Umsatzeinbußen verantwortlich sei. Die Musikindustrie befindet sich in Erklärungsnot.

Der amerikanische Branchenverband RIAA meldete für das erste Quartal des Jahres 2004 einen deutlichen Umsatzrückgang. Das Marktforschungsinstitut Nielsen Soundscan errechnete dagegen für den gleichen Zeitraum einen Zuwachs von fast 10%. Der Grund für diesen Widerspruch liegt laut Autor Moses Avalon in der Art und Weise, wie die RIAA ihre Berechnungen anstellt.[27] Sie zog nämlich nur die an den Handel ausgelieferte Ware beziehungsweise die von den Händlern vorbestellten CDs ein. Da sich jedoch viele Händler aus Kostengründen verstärkt bemühten, ihre Lagerbestände gering zu halten, ging die Zahl der erstausgelieferten CDs zwangsläufig zurück. Nielsen Soundscan hingegen ermittelte die tatsächlichen Verkäufe an den Endverbraucher und stellte hier einen klaren Umsatzzuwachs fest. Es scheint, als rechne sich die Industrie zur Verteidigung ihrer Anti-Schwarzkopie-Strategie bisweilen künstlich arm. Einen Zusammenhang zwischen illegalen Downloads und der Krise der Musikbranche herzustellen fällt somit immer schwerer.

Darüber hinaus geht es auch der Filmbranche trotz steigender Filesharing-Nutzung besser. Die deutschen Kinos verzeichneten 2004 rund acht Millionen Besucher mehr als im Vorjahr.[28] In der Europäischen Union wurden 2004 zum zweiten Mal seit 1990 über eine Milliarde Kinobesucher gezählt.[29] Die US-Filmindustrie konnte gar das dritte Rekordergebnis in Folge verbuchen. In den Jahren 2002 bis 2004 besuchten mehr Menschen die amerikanischen Kinos, als es in den letzten fünfzig Jahren im selben Zeitraum der Fall war. Damals, in den 50er Jahren, hatte das neue Medium Fernsehen die Besucherzahlen einbrechen lassen.[30]

Vor allem jedoch stiegen die DVD-Verkäufe in den vergangenen Jahren drastisch an. In Deutschland hat sich der Umsatz der Heimvideo-Branche innerhalb weniger Jahre dank des neuen Mediums verdoppelt.[31] Hollywood verdient durch die Verkäufe der DVDs zwei- bis dreimal so viel Geld wie an den Kinokassen.[32] Nicht viel schlechter ergeht es der Computer- und Videospielindustrie. Auch ihre Umsätze steigen trotz Schwarzkopien seit Jahren kontinuierlich und liegen mittlerweile über denen der Filmindustrie.[33]

Die Behauptung vom großen Schaden durch »Raubkopierer« scheint zu wackeln. Professionelle Kopien und Produktfälschungen, die auf dem Schwarzmarkt vertrieben werden, stellen eine weitaus größere Bedrohung dar als Internet-Downloads. Wie groß der Einfluß der digitalen Schwarzkopierer ist und ob er sich wirklich maßgeblich auf die Bilanzen der Firmen auswirkt, wird auch noch weiterhin Teil einer kontroversen Diskussion bleiben.

# SYSTEMFEHLER

Zu Beginn des neuen Jahrtausends sah sich die Musikindustrie der vielleicht größten Herausforderung ihrer Geschichte gegenüber. Jahr für Jahr gingen die Umsätze weiter zurück. Viele sprachen gar vom Ende der Musikindustrie. »Die Musikwirtschaft ist in einer schwierigen Lage, weil die Rahmenbedingungen für ein funktionierendes Geschäftsmodell zur Zeit akut bedroht sind«, stellte der Vorsitzende der deutschen Phonoverbände, Gerd Gebhardt, anläßlich der Jahrespressekonferenz 2002 besorgt fest.[34]

Zu den Sündenböcken stempelte die Branche kurzerhand die Schwarzkopierer und gab ihnen nahezu die Alleinschuld an ihrer mißlichen Lage. Daß sie gleichwohl selbst für ihre historischen Umsatzverluste verantwortlich sein könnte, kam ihr nicht in den Sinn. Dabei lassen sich rückblickend eine ganze Reihe strategischer Fehler der Musikindustrie erkennen.

## NEUER DATENTRÄGER

Am Anfang eines großen wirtschaftlichen Wandels steht fast immer eine technische Innovation. Nicht selten wird diese von den bestehenden Unternehmen zunächst abgelehnt, da diese um ihr einträgliches Geschäft fürchten. Um langfristig überleben und profitabel sein zu können, muß sich die Wirtschaft aber den Herausforderungen stellen und ihr Geschäft den neuen Gegebenheiten anpassen. In der Geschichte der Musikindustrie lassen sich mehrere solcher Punkte erkennen, an denen das Verhalten der Unternehmen darüber entschied, ob ein wirtschaftlicher Boom oder eine Krise folgen sollte.

In den 20er Jahren hielt das Radio Einzug in die Haushalte. Musik mußte auf einmal nicht mehr zwangsläufig gekauft werden, sondern kam kostenlos nach Hause. Die noch junge Musikindustrie empfand den Rundfunk daher als Bedrohung, die es zu bekämpfen galt. Statt die Technik zu ihrem Vorteil zu nutzen, stellte sie sich dagegen. Aufhalten konnte sie den Rundfunk nicht. Vielmehr fiel der Umsatz ins Bodenlose. Mitte der 30er Jahre wurden die ehemals großen Plattenfirmen von den Radiokonzernen RCA und CBS übernommen.

Im Jahre 1933 hatte der amerikanische Erfinder Edwin Howard Armstrong das FM-Radio konstruiert und kurze Zeit später der Öffentlichkeit vorgestellt. Bis zu diesem Zeitpunkt mußten sich die Zuhörer mit dem AM-Radio zufriedengeben, dessen Klangqualität dem FM-Radio deutlich unterlegen war. RCA war zu diesem Zeitpunkt der dominierende Radiokonzern und sah in der neuartigen Technologie eine Gefahr für seine Marktstellung. Der damalige RCA-Präsident David Sarnoff startete eine politische Kampagne gegen Armstrong: In mehreren Verfahren griff RCA Armstrongs Patente an und verwickelte den Erfinder in komplizierte Rechtsstreitigkeiten. Es gelang dem Radioriesen, durch politischen und wirtschaftlichen Einfluß die Markteinführung des FM-Radios bis zum Jahre 1954 zu verzögern. Als Armstrongs Patent auslief, kaufte RCA die Rechte für eine Summe, mit der Armstrong nicht mal seine Anwaltskosten hätte bezahlen können. Noch im selben Jahr beging der Erfinder des FM-Radios schließlich Selbstmord.[35]

Die Vinylschallplatte bewies dagegen, daß Innovationen auch einen wirtschaftlichen Boom auslösen können. Bis 1948 bestanden Schallplatten aus Schellack, einem harten, zerbrechlichen Material. Sie boten lediglich Platz für drei bis vier Minuten Musik pro Seite. Die Vinylschallplatte hingegen war weitaus robuster und bot ihren Käufern ein völlig neues Klangerlebnis bei deutlich längerer Spieldauer. Den Plattenfirmen gefiel die Möglichkeit, dem Kunden auf einer Langspielplatte nun ein gutes Dutzend Lieder verkaufen zu können, auch wenn der Kunde vielleicht nur an drei Liedern interessiert war. Mit Hilfe des neuen Mediums erlebte die Musikindustrie einen bis dahin ungekannten Aufschwung.

Um das Jahr 1980 jedoch brach der Markt drastisch ein. Für Wirtschaftsexperten war diese Entwicklung damals keine Überraschung.

Es ist allgemein bekannt, daß Produkte nach einer gewissen Zeit des Wachstums eine Stagnation erleben. Zurückzuführen ist dieser Effekt darauf, daß der Markt gesättigt wird. Nur durch eine erhebliche Verbesserung des bestehenden Produkts oder eine komplette Neuentwicklung kann das Unternehmen in diesem Fall weiterhin erfolgreich bestehen. Auch die Vinylschallplatte schien nach drei Jahrzehnten ihren Zenit überschritten zu haben. Daher forschten Philips und Sony bereits seit Ende der 70er Jahre nach einem Folgeprodukt für die Schallplatte. 1979 einigten sich die beiden Unternehmen auf eine strategische Partnerschaft zur Einführung eines digitalen Tonträgers. Die ersten Prototypen hatten noch die Größe einer Schallplatte und damit eine Spieldauer von über dreizehn Stunden. Eine solch lange Spieldauer hätte allerdings das ganze Geschäftsmodell der Musikbranche in Frage gestellt. Somit mußten sich die Unternehmen auf einen niedrigeren Standard einigen. Philips strebte eine Spielzeit von 60 Minuten an. Sonys damaliger Vizepräsident Norio Ohga war jedoch ein leidenschaftlicher Klassikliebhaber und der Meinung, daß auf eine CD unbedingt seine Lieblingssymphonie, »Beethovens Neunte«, passen müsse. Schließlich wurde auf Betreiben von Sony der Durchmesser einer CD auf 120 Millimeter und damit genau 74 Minuten Spielzeit festgelegt.

Der neue Tonträger war dem Vinyl in jeder Hinsicht überlegen. Die Klangqualität war bemerkenswert. Außerdem mußte die Seite nicht mehr gewechselt werden und die CDs waren viel unanfälliger für Staub, Kratzer und Fingerabdrücke. Die Plattenfirmen dagegen teilten die Begeisterung nicht. Obwohl ihre Umsätze mit Schallplatten zurückgingen, sahen sie das digitale Medium nicht als Chance zur Verbesserung ihrer wirtschaftlichen Lage. Viele Musikmanager waren der Meinung, man brauche keine neue Technologie. Musik verkaufe sich über Inhalte, nicht über Technik.

Nur mit Mühe konnten Philips und Sony die Plattenfirmen von den Vorteilen der CD überzeugen. 1982 kamen schließlich der erste CD-Player und die erste CD auf den Markt.

Die Hartnäckigkeit der CD-Erfinder erwies sich bald als Glücksfall für die Musikindustrie. Der neue Tonträger bescherte der Branche ungeahnte Rekordumsätze. Millionen von Musikfans stellten nach und nach ihre Plattensammlung auf die kleinen Silberlinge um. Die Plattenfirmen konnten fast das komplette Musikangebot der 70er Jahre noch einmal verkaufen, nur mit dem Unterschied, daß eine CD fast doppelt so teuer war wie eine Vinylschallplatte. In Europa konnten die Einnahmen aus dem Verkauf von Tonträgern von 1985 bis 2000 beinahe verdreifacht werden.[36]

## CD NICHT KOMPATIBEL

Ende der 90er Jahre traf die Musikbranche auf eine neuen technischen Herausforderung. Die Kombination aus dem digitalen Musikformat MP3 und dem Internet sorgte für ein ganz neues Verständnis von Musik. War diese bisher zwingend an einen Tonträger wie eine Schallplatte oder eine CD gebunden, löste sie sich nun von einem physischen Medium. Schnell begannen die Nutzer, die Vorteile der neuen Technik zu entdecken.

Nur für diejenigen, die mit dem Kauf von Tonträgern aufgewachsen waren, stellte Musik noch ein physisches Produkt dar. Das Vergleichen von Schallplatten oder CDs im Geschäft, das Auspacken des Albums und das Betrachten des Covers waren für sie elementarer Bestandteil des Musikerlebnisses. Für die jüngere Generation galt das nicht mehr zwangsläufig. Eine Musiksammlung auf der heimischen Festplatte bot in ihren Augen viele Vorteile gegenüber einem gut gefüllten CD-Regal. Auf dem Computer ließen sich die verschiedensten Lieder hintereinander abspielen, ohne ständig den CD-Player mit einer neuen Scheibe füttern zu müssen. Herumliegende CD-Hüllen und zerkratzte Silberscheiben gehörten für sie der Vergangenheit an.

Das Internet beeinflußte auch das Kaufverhalten der CD-Konsumenten. Mehr und mehr Internetnutzer und Musikfans entschieden sich erst nach dem Download für oder gegen den Kauf einer CD.

Außerdem machte MP3 das Musikhören mobiler als jemals zuvor. Zwar boten auch schon Walkman oder tragbarer CD-Player die Möglichkeit, unterwegs Musik zu hören. Die neue Technik ging jedoch noch einen Schritt weiter. Mobile MP3-Player waren nicht nur kleiner als die früheren Geräte, auch das Mitnehmen von Tonträgern entfiel. Überdies boten sie Platz für viel mehr Songs, als auf eine CD paßten.

Das Medium Musik verwandelte sich von einer Sammlung von CDs zu einer vernetzten Welt von Bits und Bytes. Ein ganzes Geschäftsmodell wurde hierdurch in Frage gestellt. Konnte man überhaupt weiterhin Musik auf CDs pressen und an die Hörer verkaufen, wo sich deren Wünsche und Bedürfnisse doch offensichtlich geändert hatten?

Um mit Musiktauschbörsen wie Napster konkurrieren zu können, hätten neue Verkaufsstrategien entworfen werden müssen. Das Marktforschungsunternehmen Forrester Research erkannte dieses Problem bereits 2000 in einem Bericht über die Auswirkungen des Internets auf die Musikindustrie. Forrester-Analyst Eric Scheirer kommentierte damals die Studie: »Der Drang, Musik zu sammeln und flexibel zu organisieren, eigene Playlists und CDs zu erstellen und die eigenen Lieblingssongs Tausende Male abzuspielen, macht einen großen Teil der Anziehungskraft von Napster aus.«[37] Scheirer hielt es für unumgänglich, daß die Plattenfirmen die Wünsche der Kunden akzeptieren: »Die Konsumenten haben gesprochen – sie verlangen den Zugang zu Inhalten mit allen dazu notwendigen Mitteln.«[38] Die Musikverlage hielten sich laut Scheirer derweil selber für Fabrikationsbetriebe. Das sei aber nicht die Art, wie die Kunden über Musik dächten: »Sie wollen auf Musik wie auf eine Dienstleistung zugreifen können.«[39]

Die Musikwirtschaft war anderer Meinung. Anstatt die neue Technik zu akzeptieren, klebte sie an der alten. Sie fürchtete um ihre Verkäufe. Doch statt neue Konzepte zu entwickeln, versuchte sie verzweifelt den Status quo zu halten. Die CD hatte der Musikwirtschaft viele Jahre Rekordumsätze beschert. Nun traute sich die Industrie nicht, dem so erfolgreichen Medium den Rücken zu kehren. Für sie stand fest, daß Musik nur als CD im Laden gekauft werden dürfe.

Dies widersprach zutiefst dem Wesen des neuen Mediums Internet, das sehr stark die Individualität der Konsumenten betonte. Diese wollten Musik kaufen und hören, ohne örtlich gebunden zu sein. Die Musikindustrie wollte aber ein derartiges Mitbestimmungsrecht der Kunden nicht akzeptieren, sondern vielmehr die Bedingungen für die Nutzung von Musik diktieren.

Die Musikbranche versuchte, sich der Internetrevolution zu verweigern und wurde gerade deswegen von ihr überrollt. Die Umsätze brachen ein, die CD als Medium für Musik wurde immer unbedeutender. Zudem war auch die Umstellung der Haushalte von Vinyl auf CD beendet. Die Musikindustrie konnte nicht länger von jenen »Doppelkäufen« profitieren, die ihre Gewinne in den vorhergehenden fünfzehn Jahren in beispiellose Höhen getrieben hatten.

Rückblickend erkennen inzwischen auch die Plattenfirmen ihre damaligen Fehler an. Der Europachef von SonyBMG, Maarten Steinkamp, räumte in einer Fernsehdokumentation ein Managementproblem ein: »Wir haben die Veränderungen auf dem Markt viel zu spät erkannt, und als wir endlich reagiert haben, wollten wir unseren Besitzstand verteidigen, anstatt nach neuen Lösungen zu suchen.«[40]

### SYSTEM NICHT GEFUNDEN

Bereits 1995 versuchte Karlheinz Brandenburg, einer der Erfinder des MP3-Formats, Kontakt zur Musikindustrie aufzunehmen, um sie bei den anstehenden Herausforderungen zu beraten. Dort stieß er jedoch, wie er dem Online-Magazin *momag.net* berichtete, auf »höfliches, aber bestimmtes Desinteresse«.[41] Etwas aufmerksamer wurden die Plattenfirmen erst, als ihre Musik plötzlich völlig umsonst im Internet kursierte. Zunächst waren es vor allem amerikanische Studenten, die ihre CD-Sammlungen in MP3-Dateien umwandelten und zum Download bereitstellten. Angesichts der rechtlichen Hürden zogen sich viele der neuen MP3-Freaks in den digitalen Untergrund zurück. Eine legale, komfortabel zu nutzende Download-Alternative war damals für die Musikindustrie undenkbar. Anscheinend glaubte sie, ihr Problem mit MP3 einfach aussitzen zu können. Selbst als Napster in kürzester Zeit Millionen von Nutzern anlockte und es offensichtlich wurde, daß eine enorme Nachfrage nach Musik im MP3-Format bestand, gab die Musikindustrie ihre ablehnende Haltung nicht auf. Sie überzog Napster mit Urheberrechtsklagen, ohne den Nutzern eine legale Alternative anbieten zu können.

Den ersten Schritt wagte damals der in diesem Punkt weitsichtige Chef des Medienkonzerns Bertelsmann, Thomas Middelhoff. Am 31. Oktober 2000 meldete der Medienriese seine Kooperation mit Napster.[42] Er wollte endlich der MP3-Nachfrage mit einem legalen Angebot gerecht werden. Das Ziel der Zusammenarbeit war es, Musik aller großen Plattenfirmen über Napster zu vertreiben.

Die Plattenfirmen verweigerten Bertelsmann jedoch die Rechte an ihrer Musik. Sie zeigten sich mißtrauisch gegenüber einem legalen Downloadportal und stritten über Kopierschutzverfahren und die Höhe ihrer Anteile. Über viele Monate hinweg wurden Verhandlungen geführt, doch zur Enttäuschung Middelhoffs kam es zu keiner Einigung. Schließlich mußte Napster Insolvenz anmelden. Bertelsmann hatte zu diesem Zeitpunkt etwa 90 Millionen Dollar in die Kooperation investiert. Mit dem Untergang von Napster trat auch Middelhoff von seinem Posten zurück. Der Versuch, ein umfassendes und kostenpflichtiges Downloadportal aufzubauen, endete somit in einem Desaster. Die Industrie verpaßte ihre erste Chance, Millionen illegale Nutzer in zahlende Kunden zu verwandeln.

Trotzdem hatte Bertelsmann mit diesem Schritt den Plattenfirmen zu denken gegeben. Als die Zeit drängte und der MP3-Tausch nicht mehr zu stoppen war, erklärten sich die Plattenfirmen dazu bereit, mit legalen Angeboten die Nachfrage zu befriedigen. Anfang Dezember 2001 startete das Downloadportal MusicNet von Warner, BMG und EMI. Zwei Wochen später gaben Sony und Universal den Startschuß für ihr gemeinsames Portal pressplay.

Das Problem beider Angebote war, daß sie keine Songs der Konkurrenz anboten. Suchte ein Nutzer ein Musikstück, mußte er wissen, mit welcher Plattenfirma der Künstler einen Vertrag hatte, und sich dann in deren Angebotsportal begeben. Die Nutzer reagierten daher mit Ablehnung. Sie wünschten sich ein vollständiges Angebot, so wie sie es von den illegalen Tauschbörsen gewohnt waren. Zudem waren die Bedingungen der Portale alles andere als kundenfreundlich. Bei MusicNet konnten die Nutzer anfangs nur 100 Titel pro Monat herunterladen. Wollten sie im nächsten Monat weitere Lieder herunterladen, mußten sie dafür alte Titel löschen. Zudem ließen sich die Downloads weder auf CD brennen noch auf einen tragbaren MP3-Player überspielen. Bei pressplay durfte der Nutzer auf eine CD nur zwei Musikstücke desselben Künstlers brennen.

Überdies war das Preismodell der Portale unübersichtlich und teuer. Selbst im günstigsten Fall waren 120 Dollar pro Jahr zu zahlen, für die der Nutzer aber nur insgesamt 360 Lieder herunterladen durfte. Folgerichtig konnten beide Downloadportale nie die Gunst der Internetnutzer gewinnen und verschwanden bald wieder vom Markt. Die legalen Angebote hatten es nicht geschafft, mit den illegalen mitzuhalten. In einem Vergleichstest des Magazins *Der Spiegel* aus dem Jahr 2004 bot nur ein Downloadportal die aktuellen Top ten der Singlecharts an: die zumeist illegal genutzte Tauschbörse Kazaa.[43]

Dabei hatte Forrester Research schon 2000 die nötige Strategie für die Musikindustrie skizziert: »Unabhängig davon, ob die traditionellen Verlage Napster für richtig oder falsch halten, müssen sie sich darauf konzentrieren, Napster in ihrem eigenen Spiel zu schlagen. Sie müssen überzeugende Dienste ins Leben rufen mit den Inhalten, in den Formaten und in den Geschäftsmodellen, die die Konsumenten verlangen«, stellte Analyst Eric Scheirer fest. Angesichts der Klagen der Musikindustrie gegen Napster empfahl er, die Tauschbörse vielmehr als Mitbewerber zu betrachten.[44]

Tatsächlich ist eine Schwarzkopie, wirtschaftlich betrachtet, ein mit dem Original identisches Produkt zu einem günstigeren Preis. Da es kaum möglich ist, Schwarzkopien rechtlich oder technisch völlig zu unterbinden, müssen die Unternehmen mit marktwirtschaftlichen Mitteln den Kampf gegen die illegalen Downloads aufnehmen. Das kann jedoch nur gelingen, wenn gerade im Bereich MP3 das rechtmäßige Angebot einen klaren Mehrwert aufweist. Eine große Auswahl an Songs und eine einfache Bedienbarkeit sind also für ein legales Angebot unabdingbar. Vor allem aber dürfen keine Einschränkungen die Nutzer abschrecken.

Ausgerechnet der ehemalige Hacker und Apple-Gründer Steve Jobs erkannte, wie ein legales Angebot aussehen müsse. Der erste Anbieter, der es schaffte, die Nutzer erfolgreich anzusprechen, war daher die Firma Apple. Im April 2003 startete sie ihren Download-Shop iTunes Music Store in den USA und kurze Zeit später auch in Europa. Der Zuspruch war sensationell. Schon bald nach dem US-Start hielt iTunes einen Marktanteil von 70% bei den kostenpflichtigen Musik-Downloads.

Dabei ist das Angebot von iTunes bis heute alles andere als perfekt. Zwar konnten über iTunes von Anfang an Lieder aller großen Plattenfirmen heruntergeladen werden. Dennoch klaffen, verglichen mit den Filesharing-Programmen, immer noch deutliche Lücken im Angebot. Die Musikdateien lassen sich nur auf dem Computer und auf dem tragbaren MP3-Player iPod anhören. Auf dem Rechner ist zudem die Benutzung eines speziellen Apple-Abspielprogramms erforderlich. Daß iTunes trotzdem so erfolgreich werden konnte, liegt eher an den großzügigen Kopierrechten. Das Überspielen der Songs auf iPods und CDs ist unbegrenzt möglich. Gegenüber anderen Downloadportalen, die das Kopieren der Downloads oft deutlich einschränken, ist das ein erheblicher Vorteil.

Damit zeigte Apple den Großen der Musikindustrie, wie ein kostenpflichtiges Angebot aussehen konnte. Verblüfft bemerkten nun auch die Plattenfirmen, daß es durchaus Internetnutzer gibt, die bereit sind, für Musik im Internet Geld auszugeben. Der Trick besteht darin, sie beim Kopieren und Erstellen ihrer eigenen CDs nicht zu sehr einzuschränken. Dennoch kam diese Erkenntnis relativ spät. Die Jahre des kostenlosen Downloads von Musik haben bei den Konsumenten Spuren hinterlassen. Angefangen bei der ersten illegalen Tauschbörse, dauerte es über fünf Jahre, bis die Plattenfirmen mit einem legalen Angebot mithalten konnten.

## DER PREIS BLEIBT HEISS

Als die Musikindustrie in den 8oer Jahren die CD auf den Markt brachte, mußten viele Kunden erst einmal tief in die Tasche greifen. Die Einführung der neuen Digitalscheiben ging einher mit einer kräftigen Preiserhöhung. Der höhere Komfort und die verbesserte Klangqualität der CD sollten dies rechtfertigen. Die Umsatzzahlen stiegen zunächst kräftig an.

Was die Musikwirtschaft gerne verschwieg, waren allerdings die Produktionskosten des neuen Mediums. Sie betrugen nur noch etwa die Hälfte der Kosten einer Vinylschallplatte. Für die Plattenfirmen erwies sich die CD als Glückstreffer. Sie konnten trotz höherer Preise mehr Musik verkaufen und auch noch ihre Produktionskosten senken. Je mehr CDs über die Ladentheken gingen und je ausgereifter die Fertigungsanlagen mit der Zeit wurden, desto mehr verdienten sie. Einen Grund, diesen Kostenvorteil an die Käufer weiterzugeben, sah die Musikindustrie zunächst nicht. Das Geschäft schien schließlich hervorragend zu laufen. Durch die monopolartige Stellung der Plattenindustrie bot sich dem Kunden auch keine Alternative. Im Jahre 2000 konnte die amerikanische Handelsaufsicht Federal Trade Commission den großen Plattenfirmen, die zusammen etwa 75% des Marktes beherrschen, sogar illegale Preisabsprachen nachweisen.[45]

CD-Brenner und Internet-Downloads ließen ihre Monopolstellung bald einbrechen. Als die illegalen Tauschbörsen sich als günstige Alternative anboten, nahmen die Nutzer die Chance prompt wahr. Frustriert von überhöhten Preisen, griffen viele von ihnen bereitwillig auf illegale Angebote zurück. Die Umsätze der Musikindustrie brachen ein. Dennoch blieben die CD-Preise nahezu unverändert.

Mitte der 8oer Jahre kostete eine CD in Deutschland etwa 35 D-Mark. Heute sind Musik-CDs mit knapp 18 Euro nicht günstiger als vor 20 Jahren. Durch die Preise von Leer-CDs, die weiter sanken und mittlerweile nur noch etwa 20 Cent pro Stück betragen, bekamen die Kunden einen Eindruck davon, wie günstig CDs sind. Immer mehr Käufer fragten sich, warum sie für Musik-CDs soviel Geld ausgaben.

Der DVD-Markt dagegen gab ihnen ein Beispiel dafür, daß es auch anders ging. Anfangs kostete eine DVD-Neuerscheinung um die 60 D-Mark. Mit der Zeit fielen jedoch die Preise. Ein Kinohit auf DVD ist inzwischen auch unter 20 Euro zu haben. Die Plattenfirmen erschienen dagegen als profitgierige Großkonzerne, die ihre monopolähnliche Stellung ausnutzten.

Es entbrannte eine Diskussion: Die Plattenfirmen gerieten in die Defensive und fühlten sich vom Konsumenten genötigt, ihre hohen Preise zu rechtfertigen. Nicht zu Unrecht verwiesen sie auf die erheblichen Kosten eines Musikalbums. Schließlich müsse auch der kreative und wirtschaftliche Einsatz der Künstler und Plattenfirmen finanziert werden. Außerdem könnten 75 bis 80% aller Neuerscheinungen nicht einmal ihre eigenen Kosten wieder einspielen. Die erfolgreichen Alben müßten die weniger erfolgreichen mitfinanzieren. Daß es über 20 Jahre lang zu keiner nennenswerten Preissenkung gekommen war, sah die Musikindustrie als Zeichen ihrer Kundenfreundlichkeit. Sie argumentierte, daß die Preise stabil geblieben seien, während die durchschnittliche Kaufkraft im selben Zeitraum deutlich gestiegen sei. Die wirtschaftlichen Argumente wurden vom Konsumenten jedoch nicht akzeptiert. Die Kritiker sahen diese Erklärungen sogar als Zeichen dafür, daß CDs von Anfang an überteuert waren.

## UNSINN MIT UN-CDS

Etwa im Jahre 2000 erschienen die ersten CDs mit eingebautem Kopierschutz auf dem Markt. Absichtlich eingebaute Fehler auf dem Datenträger sollten dafür sorgen, daß die CDs von Computerlaufwerken nicht mehr gelesen und somit auch nicht mehr dupliziert werden konnten. Die weniger sensiblen, regulären CD-Player sollten hingegen keine Probleme beim Abspielen haben. So zumindest war der theoretische Ansatz. Was in der Praxis dann verkauft wurde, waren jedoch CDs, die nicht mehr dem Standard entsprachen, wie er von den CD-Erfindern Philips und Sony einst festgelegt worden war. Von Kritikern wurden die Scheiben daher als **Un-CDs** bezeichnet. Philips-Sprecher Klaus Petri fand deutliche Worte für die Schutztechnik der Musikindustrie: »Das sind Silberscheiben mit Musik drauf, die CDs ähneln, aber keine sind.«[46]

Bei unzähligen Käufern blieben die Abspielgeräte mit den »Un-CDs« stumm. Nicht nur Computerlaufwerke, auch ältere CD-Spieler, Abspielgeräte im Auto oder DVD-Player verweigerten ihren Dienst.

Das Knacken des Kopierschutzes stellte dagegen kaum ein Problem dar. Einige Mechanismen konnten bereits durch simple Filzstift-Markierung eines bestimmten Punktes auf der CD umgangen werden. In Internetforen oder im Freundeskreis kursierten bald Tips zum Kopierschutz-Knacken für Anfänger, Schwarzkopien verbreiteten sich trotz des Schutzes. Qualitativ waren die Kopien sogar besser als das Original. Schließlich ließ sich eine kopierte CD mit ausgehebeltem Kopierschutz problemlos auch in Autos und PC-Laufwerken abspielen. Es entstand eine illegale Version, die mehr wert war als das Original. Der Kaufanreiz für eine Original-CD rutschte bei potentiellen Kunden damit weiter in den Keller.

Ex-Universal-Boß Tim Renner legte in einem Interview seine Meinung zu diesem Thema wie folgt dar: »Die Sache mit dem Kopierschutz ist sowieso Quatsch, weil klar ist, daß es, wenn du den auf die CD gepreßten Datensatz zum Kopierschutz mitlieferst, auch immer jemanden gibt, der diesen entschlüsseln kann. Es trifft letztlich also nur die Leute, die ihre Musik legal erwerben und dann Probleme haben, sie auf ihren Laufwerken auch abzuspielen. Man darf den Konsumenten für den Kauf einer CD aber nicht bestrafen, so funktioniert das nicht.«[47]

Als BMG im Januar 2000 die ersten kopiergeschützten CDs auf den deutschen Markt brachte, wurde sie mit Reklamationen überhäuft. Aufgebrachte Kunden forderten bei ihrem Händler den Umtausch. Schließlich brach das Unternehmen sein Experiment ab. Die übrigen Plattenfirmen setzten auf bessere Schutzmechanismen und investierten noch stärker in die Entwicklung von Kopierschutztechnologien. Die optimale Lösung kam jedoch nie zustande. Der Kopierschutz blieb für viele Käufer ein Abspielschutz.

Nachdem zahlreiche Kunden von derartigen Angeboten Abstand nahmen, gab 2004 auch Universal Deutschland bekannt, auf einen Kopierschutz zu verzichten. »Bei einem vernünftigen Kopierschutzverfahren muß das Verhältnis von Abspielbarkeit und Sicherheit stimmen. Das ist bei den derzeitigen Verfahren nicht der Fall«, erklärte Jörg Nickl von Universal Deutschland.[48]

Im Oktober 2004 verkündete Sony ebenfalls, auf den Kopierschutz zu verzichten. Die Botschaft gegen illegale Kopien, die man durch den Kopierschutz an den Kunden habe bringen wollen, sei inzwischen angekommen, war die Begründung aus Japan. Dabei verdient Sony sein Geld ohnehin nicht nur als Plattenfirma. Über den Verkauf ihrer CD- und DVD-Brenner sowie CD-Leermedien kann Sony indirekt sogar mit Schwarzkopien der eigenen Produkte Umsatz machen.

Trotz aller Schwierigkeiten bringen viele Plattenfirmen aber auch heute noch kopiergeschützte CDs auf den Markt. Immer wieder werden neue Kopierschutzverfahren am Kunden getestet. Auch das Plattenlabel von Sony verkauft nach seiner Fusion mit BMG zumindest Teile seines Sortiments wieder in Form von Un-CDs. Für einen Skandal sorgte im Mai 2005 die Entdeckung, daß sich SonyBMGs Kopierschutzverfahren XCP selbständig auf den Computern der Nutzer installierte und eine Reihe von Sicherheitslücken für böswillige Hackerangriffe enthielt.[49]

Durch die Einführung und Verwendung von Kopierschutzverfahren sank das Image der Musikindustrie nur noch weiter. Die Novellierung des Urheberrechts 2003, die das Umgehen eines Kopierschutzes ausdrücklich verbot, machte die bislang erlaubten Privatkopien zudem rechtlich nahezu unmöglich. Sogar das Benutzen rechtmäßig erworbener Kopiersoftware konnte dadurch als illegal interpretiert werden. Der Ärger der Musikhörer richtete sich nicht zuletzt gegen die großen Plattenfirmen, deren politischer Druck nicht unwesentlich zum neuen Gesetz beigetragen hatte. Die Industrie warb dennoch unverdrossen für ein völliges Verbot privater Kopien, ohne auf die Wünsche und Bedürfnisse der Kunden Rücksicht zu nehmen.

## KLAGEN UND VERKLAGT WERDEN

Als den Plattenfirmen klar wurde, daß sie den Kampf nicht mit klassischen Mitteln gewinnen konnten, begingen sie einen weiteren, entscheidenden Fehler. Sie erklärten dem illegalen Download den Krieg. Dabei übersahen sie völlig, daß die meisten Downloader trotz Internets auch weiterhin CD-Käufer waren. Sie hatten somit ihren eigenen Kunden den Kampf angesagt.

Tim Renner, der bis Januar 2004 Deutschlandchef von Universal Music war, erklärte ein halbes Jahr nach dem Rücktritt von seinem Posten den grundlegenden Irrtum seiner ehemaligen Kollegen: »Download drückt ja erst mal den Bedarf aus. Download heißt, da ist jemand, der ist interessiert. Das ist für den Produzenten prinzipiell eine gute Nachricht. Wenn es ihm gelingt, die Leute, die zahlungswillig sind, zu interessieren, kann daraus ein Geschäft entstehen. Das Problem ist: In dem Augenblick, in dem sich meine Verkaufsmechanik am Dieb ausrichtet und nicht am Kunden, mache ich es dem Kunden denkbar unangenehm. Ich behandle ihn wie einen Dieb.«[50]

2004 begann die Plattenindustrie, die Nutzer von Internet-Tauschbörsen zu verklagen.[51] Viele Nutzer wurden mit hohen Schadensersatzansprüchen zur Kasse gebeten. »Es ist traurig, daß der Phonoverband denkt, er müsse einen Auszubildenden für den Konsum und das Tauschen von Musik verfolgen und 8.000 Euro von ihm verlangen. Die eigene Zielgruppe zu verklagen ist der falsche Weg«, kritisierte der Vorsitzende der digitalen Bürgerrechtsorganisation »Netzwerk Neue Medien«, Markus Beckedahl, das harte Vorgehen der Musikindustrie.[52] Diese blieb derweil unnachgiebig. »Bei Karstadt wird ja auch kein Ladendieb laufengelassen, weil er vielleicht gestern noch bezahlt hat«, versuchte sich IFPI-Chef Gerd Gebhardt zu rechtfertigen.[53]

Der Chaos Computer Club rief als Antwort im April 2004 zum Boykott der von der IFPI vertretenen Plattenfirmen auf: »Die Branche sollte nicht den Nutzern die Schuld geben, wenn sie selber den Beginn des Informationszeitalters verschlafen und es versäumt hat, ihr Geschäftsmodell an die digitale Welt anzupassen.«[54] Mit Sprüchen auf Werbebannern wie »Wir können auch ohne die Musikindustrie – sie ohne uns aber nicht« versuchten sie eine Gegenkampagne.

Ob sich die Umsatzrückgänge der Musikwirtschaft mit wenigen Faktoren erklären lassen, bleibt fraglich. Zu ihren Fehlentscheidungen kamen eine schlechte wirtschaftliche Lage und eine zunehmende Konkurrenz durch andere Unterhaltungsformen. Handys, Videospiele und DVDs wurden in den letzten Jahren immer beliebter.

Erst langsam versteht es auch die Musikindustrie von den neuen Märkten zu profitieren. Dank des Verkaufs von Handy-Klingeltönen steigen auch ihre Umsätze wieder. Die gerade bei jungen Musikhörern oft vermißte Zahlungsbereitschaft ist durchaus vorhanden. Immerhin zahlen viele Jugendliche für einen Klingelton in zweifelhafter Qualität mehrere Euro. Einige Plattenfirmen machen bereits mehr Umsatz mit dem Handygeschäft als mit dem Verkauf von CDs. Das Lied von »Schnappi« wurde beispielsweise über 200.000mal als Handy-Klingelton verkauft.[55] Hingegen reichen für eine Plazierung in den CD-Verkaufscharts mittlerweile einige tausend verkaufte Exemplare. Auch dies ist Ausdruck einer historischen Veränderung, die die Musikwirtschaft lange nicht wahrhaben wollte.

Es bleibt also unsicher, ob es einen kausalen Zusammenhang zwischen den Umsatzeinbußen der Unterhaltungsindustrie und der massenhaften Verbreitung von Schwarzkopien überhaupt gegeben hat. In welchem Maße ein eventueller Schaden durch Schwarzkopierer entsteht, wird wohl kaum geklärt werden können. Angesichts der Fehler der Industrie ist jedoch anzunehmen, daß Schwarzkopien nur ein kleiner Teil der Erklärung sein können.

# RAUBKOPIERER SIND MÖRDER

Viele Kinobesucher bekamen 2004 vor dem Hauptfilm unfreiwillig ein Propaganda-Video zu sehen. Darin wurden zwei junge Männer gezeigt, die ins Gefängnis eingeliefert werden. Alt-Knackis beobachten, wie die Neuankömmlinge von den Wärtern zu ihren Zellen geführt werden, und erklären mit hämischem Grinsen, wie sehr sie sich schon auf die »knackigen Ärsche« der »Raubkopierer« freuen. Nicht nur die Zuschauer waren angesichts derartiger Kinowerbung fassungslos. Auch Volker Nickel, Geschäftsführer des Zentralverbands der deutschen Werbewirtschaft (ZAW), hielt »die Art und Weise der Kampagne in höchstem Maße für fragwürdig«.[56] Der Virtuelle Ortsverein der SPD warf der Filmwirtschaft aufgrund der angedeuteten Vergewaltigung die Darstellung eines »menschenverachtenden Weltbilds« vor. Der Spot sei ein Beispiel für eine »gravierende Werbeentgleisung«.[57] Die umstrittene Werbung war Teil einer großangelegten Werbekampagne der deutschen Filmwirtschaft unter dem Dach der Zukunft Kino Marketing GmbH (ZKM). In Kinospots und Plakatmotiven sollte auf illegales Schwarzkopieren hingewiesen werden. Das Motto der Aktion »Raubkopierer sind Verbrecher« erklärte Millionen Anwender pauschal zu Kriminellen.

Ohnehin erzielte die Kampagne bei den Kinobesuchern nicht die erhoffte Wirkung. Diejenigen Besucher im Saal, die noch nie eine illegale Kopie benutzt hatten, fühlten sich nicht angesprochen. Viele Zuschauer waren hingegen wenig erfreut, als Verbrecher bezeichnet zu werden, obwohl sie soeben Eintritt bezahlt hatten.

2005 startete die ZKM eine Neuauflage ihrer Kampagne, wenn auch ohne unterschwellige Gewaltandrohungen. Der Tenor blieb jedoch gleich: »Schwarzkopierer sind keine Kunden, sondern Kriminelle.« Einige Besucher hatten derweil genug von regelmäßigen Kinogängen: »Ich bin ehrlich und verzichte gänzlich auf Kinobesuche, da ich mich nicht beschimpfen lassen möchte!« schrieb Klaus Schmitz in einem Leserbrief an die Computerzeitschrift c't.[58] Jens Nurmann berichtete: »Seit sechs Monaten war ich nicht mehr im Kino. Ich sehe einfach nicht ein, daß ich Geld für den Genuß eines Filmes ausgeben soll, bei dem man mich vorher noch unter Generalverdacht stellt.«[59] Als Spottreaktion auf die Kampagne kursieren im Internet sogar T-Shirts mit dem Aufdruck »Raubkopierer sind Mörder«.[60]

## DER NÄCHSTE BITTE

Was die Musikindustrie in den letzten Jahren erlebte, hat die Filmwirtschaft noch vor sich. Schon jetzt kann man einen Film in guter Qualität herunterladen und selbst auf eine DVD brennen. Täglich bedienen sich unzählige Filmfans in den zahlreichen Tauschbörsen. Eine Spielfilmdatei ist jedoch weitaus größer als ein digitales Lied. Dementsprechend kann ein Download einige Stunden dauern. Nicht jeder ist bereit, diese Wartezeit in Kauf zu nehmen.

Die Versorgung mit schnellen Internetanschlüssen steigt jedoch stetig. Allein 2004 haben sich die weltweiten Umsätze gegenüber dem Vorjahr von 3,3 Milliarden Dollar auf 6,9 Milliarden Dollar verdoppelt.[61] Bereits jetzt nutzen in einigen europäischen Ländern mehr private Nutzer Breitbandanschlüsse als klassische Internetverbindungen.[62] Schnelle Internetverbindungen zum Download von großen Dateien sind damit deutlich auf dem Vormarsch. In Zukunft wird der Download eines Films nur noch so lange dauern wie der einer MP3-Datei heute. Die aktuellen Probleme der Filmwirtschaft könnten also erst der Anfang sein. Der Konsument, der das Prinzip des kostenlosen Herunterladens am Beispiel Musik längst verinnerlicht hat, wird auch hier nicht widerstehen können.

Es ist der Filmindustrie aus wirtschaftlicher Sicht zu wünschen, daß sie aus den Fehlern der Musikindustrie lernen wird. Werbekampagnen wie die der ZKM lassen aber vermuten, daß sie den Plattenfirmen nacheifern wird.

Schwarzkopien aller Art sind heute verbreiteter de.
die immer härteren Maßnahmen der Rechteinhaber w
gale Kopieren nicht eindämmen können. Im Gegenteil:          r Ja.
zehnten als Hobby einiger Hacker und Computerfreaks begann, ist
zu einem Massenphänomen geworden. Millionen Menschen auf der
ganzen Welt downloaden und brennen CDs.

Die Rechteinhaber zeigten sich von derartigen Entwicklungen zunächst unbeeindruckt. Erst als ihre klassischen Vertriebsmethoden
immer weniger Wirkung zeigten, wurden Schwarzkopierer für die
anhaltenden Umsatzeinbrüche verantwortlich gemacht. Anstatt nach
neuen Märkten und Strategien zu suchen, überließ die Industrie die
Sache einfach ihren Anwälten. Seitdem werden Downloader verfolgt,
die Rechte von Käufern systematisch eingeschränkt und die Strafen
für Schwarzkopierer verschärft.

Die Industrie widmet sich dem Thema Schwarzkopien, ohne das
Phänomen wirklich erkannt und verstanden zu haben. Sie scheint zu
übersehen, daß es die Subkultur des Schwarzkopierens seit mehr als
20 Jahren gibt. Die Szene mit ihren eigenen Regeln und Werten ab-
seits von Gesetzen und Gerichtsurteilen fühlt sich durch die Verfolgung nur noch mehr herausgefordert. Je heftiger sich die Industrie
mit ihrem Rechtsverständnis gegen die Kunden wehrte, um so stärker wurde der digitale Widerstand. Außerhalb der Szene erhoben
Tauschbörsennutzer das Downloaden zum Prinzip. Es entwickelten
sich hochwertige, freie Projekte wie Linux und Wikipedia als Alternative zu lizenzgebundenen Programmen und Informationen.

Dabei wird immer unklarer, wer noch das Recht vertritt und wer
gegen Gesetze verstößt. Als der Verband der US-Musikindustrie RIAA
zu Beginn des Jahres 2006 eine neue Klagewelle gegen Downloader
startete, meldete sich auch eines der angeblich geschädigten Unter-

nehmen zu Wort. Überraschenderweise stellte sich das Label Nettwerk Music Group auf die Seite eines der Angeklagten: »Fans zu verklagen ist nicht die Lösung, sondern das Problem«, erklärte der Nettwerk-Chef Terry McBride. Das Recht sei dazu da, Menschen zu schützen, nicht dazu, als Schwert geführt zu werden. Nettwerk kündigte daher an, sowohl die Prozeßkosten des Angeklagten David Greubel als auch die Strafe im Falle einer Verurteilung zu übernehmen.

Auch in Deutschland verwischen zunehmend die Fronten. So findet sich die GVU plötzlich auf der Seite der Schwarzkopierer wieder, die sie eigentlich bekämpfen sollte. Nach einer europaweiten Razzia gegen die Release-Szene im Januar 2006 wurde der Jäger zum Gejagten, als die Polizei auch die GVU wegen Verbreitung von Schwarzkopien verdächtigte und die Büros in Hamburg durchsuchte. Bei ihren Ermittlungen hatte die GVU angeblich die Grenze des Erlaubten überschritten und einem Serverbetreiber der Release-Szene Geld gezahlt, um die kontinuierliche Verbreitung von Schwarzkopien zu gewährleisten und Szenemitglieder überführen zu können. Viele Computernutzer zeigten sich empört darüber, daß die Privatdetektive der GVU für ihre Fahndung das Material anboten, das sie schützen sollten.

Daher führen die Anstrengungen der Industrie nicht, wie von ihr erhofft, zu einem stärkeren Unrechtsbewußtsein. Vielmehr beklagt die Internetgemeinschaft den Verlust individueller Freiheit und die wachsende Kontrolle der Urheber. Vieles, was bislang selbstverständlich war, wird durch dieses Vorgehen in Frage gestellt. Die Arbeit eines anderen fortzusetzen, zu verbessern oder daraus eine eigene Schöpfung zu kreieren wird zunehmend schwieriger. Musikern ist es mittlerweile untersagt, »Samples« anderer ohne Lizenz in ihre eigene Musik zu mischen. Was seit vielen Jahrzehnten elementarer Teil der Musikproduktion ist, wird zum »geschützten Material«. Auch das Benutzen einiger Sekunden eines Films ist ohne Erlaubnis des Urhebers strafbar, wohingegen man seit Jahrhunderten frei aus Texten zitieren darf. Viele Künstler werden heute in ihrer Kreativität durch das Urheberrecht eingeschränkt.

Unter solchen Umständen fällt es schwer, die Werke der Unterhaltungsindustrie, sei es Musik oder Film, noch als Kulturgut zu betrachten. Sie stellen sich vielmehr als Produkte dar, die allein als Einnahmequellen der Industrie fungieren.

Auch das Urheberrecht selbst geriet dabei in die Kritik. Es geht mittlerweile nicht mehr darum, zu klären, wer »Recht« im Sinne des Gesetzes hat. Es geht vielmehr um das Recht auf Meinungsfreiheit und freie Entfaltung. Zur Diskussion stehen essentielle Werte wie Kultur und Fortschritt. So ist es kaum verwunderlich, daß sich immer mehr Gegner des bestehenden Rechts zu Wort melden.

Studien renommierter Universitäten belegen, daß Schwarzkopierer nicht für die Umsatzeinbrüche der Industrie verantwortlich gemacht werden können. Den Rechteinhabern stehen bekannte Wissenschaftler wie Lawrence Lessig gegenüber, der eine ganze Kulturentwicklung in Gefahr sieht: »Gerade jetzt, wo die Technologie vielen Menschen erst ermöglicht, am Verändern und Remixen kultureller Werke teilzunehmen, wird dem ein Riegel vorgeschoben. Und das soll nicht empörend sein?«

Sicherlich ist ein funktionierendes Urheberrecht von enormer Bedeutung für die Gesellschaft. Doch wie kann das Urheberrecht noch förderlich sein, wenn es nicht mehr im Sinne der Gesellschaft wirkt, sondern unter dem Einfluß der Industrie steht? Die Konsumenten werden keinen Grund sehen, sich an die Gesetze zu halten, solange ihnen das Copyright wie ein Spielball einiger mächtiger Rechteinhaber vorkommt. So schaden die Anstrengungen der Industrie nicht nur der Kultur, sondern nutzen nicht einmal ihr selbst. Trotz des scharfen Vorgehens gegen Schwarzkopierer steigen die Umsätze nicht wie erwartet.

Nur langsam kommt Bewegung in die festgefahrene Diskussion. In Europa werden in vielen Ländern heftige Debatten um privates Kopieren und Urheberrechte geführt. In Frankreich soll Filesharing mittels einer Pauschalabgabe komplett legalisiert werden. In Schweden wurde sogar die »Piratenpartei« gegründet, die sich gegen die Kriminalisierung von Musikliebhabern einsetzt. Und auch in Deutschland werden zur Zeit neue Gesetzesvorschläge diskutiert.

Klar scheint nach Jahrzehnten des Schwarzkopierens nur eins zu sein: Solange die Nachfrage existiert, wird es auch immer ein Angebot geben. Die Frage ist lediglich, *wo* und *von wem*.

ANHANG

# JOHN DRAPER ALIAS CAP'N CRUNCH

Von seinem Vorgarten aus sieht man die Warner Bros. Studios und Walt Disney Studios, auf der anderen Straßenseite befinden sich die Studios von NBC. Inmitten der Medienstadt Burbank bei Los Angeles wohnt einer der bekanntesten Hacker der Welt, John T. Draper alias Cap'n Crunch. In den 60er Jahren schaffte er es als erster, die Schwachstellen amerikanischer Telefonleitungen auszunutzen, um kostenlos zu telefonieren. Diese Methode wurde später als Blue Boxing auf der ganzen Welt bekannt. Draper wurde 1971 vom FBI verhaftet und gilt noch heute als einer der Top-ten-Hacker der Welt.

**Würdest du dich als einen der ersten Hacker bezeichnen?**

*Wir hatten damals alle ganz andere Vorstellungen von Informationen, von Daten und auch von dem, was man heute als Hacken bezeichnet. Es gab ja nur uns. Wir waren irgendwie alle Hacker.*

**Du warst Mitglied des legendären Homebrew Computer Club. Siehst du die Leute eigentlich noch?**

*Ja, sicher. Letztes Jahr gab es zum 30jährigen Jubiläum ein großes Treffen. Das war wirklich ein klasse Erlebnis. Die sind jetzt auch um die 60 Jahre. Es waren alle möglichen Leute aus der alten Zeit versammelt. Auch Steve Wozniak [Gründer von Apple] war dabei. Woz und ich sind heute noch gut befreundet.*

**Erzähl doch mal von damals ...**

*Es gab eine unglaubliche Aufbruchstimmung. Jeder wollte etwas schaffen, programmieren, konstruieren ... Die Jungs waren sehr neugierig und wollten* alles wissen, was mit Technik zu tun hatte. Der Bedarf an Informationen war enorm.

## Welche Art von Informationen?

Alles. Technische Anleitungen, Skizzen, Baupläne, Programmiercodes. Egal wie unwichtig sie auch waren. Zudem wurde alles auseinandergenommen und untersucht. Programmiercodes wurden natürlich von jedem eingesehen, und jeder wollte wissen, wie jemand etwas programmiert hat. Da sind schon einige verrückte Sachen bei entstanden. Da war zum Beispiel dieser Typ namens Dumpier – der hat es tatsächlich geschafft, mit einem Altair Computermusik zu machen.

## Musik auf dem Altair?

Der Altair-Computer hatte keine Tastatur, geschweige denn einen Soundchip oder Lautsprecher. Musik auf so einem Gerät schien unmöglich zu sein. Doch Dumpier hatte zufällig entdeckt, daß ein herumstehendes Radio von den Frequenzen des Altair gestört wurde. Dabei entstanden merkwürdige Töne. Dann kam er auf die verrückte Idee, aufzuschreiben, welche Störung welche Art von Tönen hervorbrachte. Und dann hat er ein Programm geschrieben. Als er das Programm auf dem Altair startete, konnte man auf dem Radio die Computermusik hören, die vom Altair gesendet wurde. Das Ergebnis war die erste Computermusik der Welt.

## Was ist mit dem Programmiercode passiert? Hat Dumpier ihn rechtlich geschützt und mit einem Kopierschutz ausgestattet?

Ja, das alte Thema mit dem Kopierschutz. Natürlich haben wir damals alles geteilt. Niemand wollte oder konnte etwas für sich behalten.

## Das Thema illegale Kopien ist momentan ein heißes Thema. Was, glaubst du, sollte die Softwareindustrie tun?

Ich weiß, wie ich das machen würde: Ich würde einfach eine Software verkaufen, und mir wären die Kopierer egal. Und den Preis für eine Software würde ich auf 20 Dollar senken. Warum mehr für eine Software bezahlen? Das kann sich dann jeder leisten.

**Meinst du, das ist ein empfehlenswertes Geschäftsmodell?**

Ja, ich glaube daran. Ich würde mich auf den Support der Software konzentrieren. Schulungen, Hilfen und Hotlines würde ich mir gut bezahlen lassen. Die Software würde an die zweite Stelle rutschen. Ich denke, das ist ein gutes Modell. Mit Linux und Open Source funktioniert das sehr gut, und dieser Markt wächst ständig. Eine Software braucht Support. Wer meint, er müsse die Software kopieren, der bekommt eben keinen Support.

**Glaubst du an einen ultimativen Kopierschutz?**

Wer an so etwas glaubt, ist dumm. Aber die Blödmänner planen ja, demnächst Computer mit Chips zu verkaufen, die Kopieren unmöglich machen sollen. Es ist jetzt schon klar, was dann passiert. Dann gibt es einen Haufen Hardware zum Cracken, die man überall bekommen kann. Zeig mir einen Kopierschutz, den man nicht cracken kann. Alles basiert auf Software, also auf Bits und Bytes. Wie willst du so etwas schützen? Das ist die Natur der Elektronik. Du kannst alles knacken.

Das Interview wurde geführt am 18. August 2005 in Burbank, Los Angeles, USA.

# OPTIC

Optic (Name von den Autoren geändert) ist das, was man einen echten »Scener« nennt. Er begann als Ripper von Computerspielen, war Mitglied in mehreren Release Groups und hat in seiner Karriere beinahe alle Stationen durchlaufen. Derzeit ist er Site Op und betreibt einen szeneinternen Server zum Austausch von Warez. Im Alter von 22 ist er bereits diplomierter Informatiker, lebt in Schweden und arbeitet dort als IT-Administrator für einen Internet-Provider. Er verbringt durchschnittlich zwölf Stunden am Tag vor dem Computer.

### Was macht die Szene so interessant?

*Angefangen hat es als Hobby und als coole Möglichkeit, an die neusten Warez zu kommen. Aber je länger man dabei ist, um so unwichtiger wird es, was man alles bekommen kann. Es ist vielmehr das Gemeinschaftsgefühl, und als Site Op ist man im Zentrum von allem. Verantwortung gemischt mit Nervenkitzel und Freundschaft ist es, was einen so lange dabeihält.*

### Warum releast die Szene und für wen?

*Der Hauptgrund ist der verborgene Respekt, wenn man gute Arbeit leistet. Leute wissen, wer du bist, aufgrund deines Rufs. Und es ist aufregend, wenn man sieht, wie sich dein Release rasend schnell überall verbreitet. Die Releases sind aber, so sehe ich das, nur für die Szene bestimmt.*

### Was hältst du von Leuten, die Warez über FXP-Boards oder Internet-Tauschbörsen verbreiten?

*Viele von uns sehen die öffentliche Verfügbarkeit von Warez als unnötige Erregung von Aufmerksamkeit, die Ermittlungen usw. nach sich zieht. Wenn* wir ein Release unter dem Namen der Gruppe veröffentlichen und es gelangt in die Tauschbörsen, bemerkt das die Industrie. Daraufhin versuchen sie, die Quelle aufzuspüren. Die allgemeine Verfügbarkeit ist ein direktes Risiko für uns. Die FXP-Boards richten nicht ganz so viel Schaden bezüglich der öffentlichen Aufmerksamkeit an wie BitTorrent oder andere Filesharing-Programme. Sie stehen aber in Verbindung zu den Tauschbörsen und sind deshalb verpönt. Sie werden als »low level« angesehen und sind nicht Teil der Szene. Sie sind eher »möchtegern«.

### Wie kann man Mitglied in der Szene werden?

Die meisten großen Release Groups suchen sich selbst ihre neuen Mitglieder. Das geschieht über anonyme E-Mail-Adressen oder über Chats. Es gibt ein Kommunikationsnetzwerk, das über Referenzen funktioniert. Nach einer Bewerbung werden diverse Tests durchgeführt, um die Vertrauenswürdigkeit des Bewerbers zu überprüfen.

### Hast du Angst davor, gebustet zu werden?

Nein. Ich treffe einwandfreie Sicherheitsvorkehrungen. Also verschlüsselte Dateisysteme etc. Obwohl ich bezweifle, daß alle Site Ops das tun.

### Stellt die Szene eine Bedrohung für die Industrie dar?

Dazu hat es ja bereits einige Studien gegeben, die das Gegenteil belegen. Leute, die viele Musikalben oder Filme herunterladen, erweitern ihren Horizont und kaufen so im Schnitt mehr oder gehen öfter ins Kino.

### Ist Cracken für dich eine konstruktive oder destruktive Tätigkeit?

Es ist immer konstruktiv, wenn Menschen in Frage stellen, was Unternehmen zu unterbinden versuchen. In letzter Zeit hat die Spieleindustrie zwar einige Schutzmethoden entwickelt, die wirklich schwer zu knacken sind.

*Solange aber die Freiheit existiert, eigene Programme zu schreiben, wird es keinen unknackbaren Kopierschutz geben.*

**Was hältst du von der Freie-Software-Bewegung und dem Spruch »Alle Informationen müssen frei sein«?**

*Ich selbst benutze GNU/Linux als Betriebssystem und finde es sehr gut, daß so ein Programm frei sein kann. Ich respektiere aber auch, wenn Unternehmen ihre Programme nicht frei verbreiten möchten. Was ich nicht respektiere, sind Unternehmen, die Lizenzen und Patente einsetzen, um ein Monopol zu schaffen.*

Das Interview wurde geführt am 15. November 2005 im IRC (Internet Relay Chat).

# MITCHELL REICHGUT

Kaum eine Medienagentur hat in der letzten Zeit für so viel Diskussionsstoff innerhalb der Online-Foren gesorgt wie das US-Unternehmen Jun Group Entertainment. Gründer Mitchell Reichgut kam auf die Idee, einen Episodenfilm über die Szene zu drehen und ihn über Websites sowie über Filesharing-Programme frei zur Verfügung zu stellen. Innerhalb kürzester Zeit entwickelte sich *The Scene* zu einem der bekanntesten Filme innerhalb der Community.

**Wie kommt man eigentlich auf die Idee, einen Film zu drehen und ins Netz zu stellen?**

*Wir haben das Projekt mit der Idee gestartet, daß Filesharing ein rapide wachsendes Massenmedium ist. Es erreicht eine demographisch sehr gefragte Gruppe von kaufkräftigen jungen Nutzern. Wir haben ein Modell entwickelt, wie wir legale Inhalte zu diesen Menschen bringen können.*

**Warum ausgerechnet das Thema Szene?**

*Viele Millionen Menschen tauschen Dateien übers Internet. Und nur eine kleine Zahl von ihnen weiß, wie diese Dinger überhaupt dorthin gelangen. Die Szene ist eine geheime Welt innerhalb unserer Gesellschaft mit ihren eigenen Regeln und einer eigenen Moral. Was könnte spannender sein?*

**Aber wo sind die Special Effects?**

*Wir haben The Scene als Spaßprojekt gestartet. Wir dachten, das könnte lustig werden. Erst danach ist uns das Potential bewußt geworden. Unser Medium zielt auf ein ganz anderes Publikum ab. Wir wollten etwas nur für den Computer entwerfen. Der Zuschauer sollte Teil des Geschehens werden.*

**Wie ist die Reaktion der echten Szene? Gibt es Anfeindungen, weil ihr Geheimnisse ausplaudert?**

*Ja, wir haben definitiv einige Gemüter erregt. Aber wir verraten wirklich keine Sachen, von denen wir glauben, daß deswegen jemand Probleme bekommen könnte. Unser Film ist weder für noch gegen die Szene. Wir erzählen einfach eine Geschichte, von der wir glauben, daß sie faszinierend ist.*

**In eurem Film gibt es einen fiktiven Undercoveragenten namens Gryffin. Wenige Wochen nach dieser Geschichte fand in der Szene ein echter Bust statt, die Operation Site Down. Der hierfür verantwortliche FBI-Agent hieß Griffen ...**

*Ha. Die ehrlichste Antwort darauf ist, daß es ein Zufall war. Ich war es, der den Namen »Gryffin« ausgesucht hat, und ich hatte wirklich keine Ahnung, daß das mal zu so einer riesigen Diskussion ausarten würde.*

**Die Industrie ist vom Filesharing wenig begeistert. Sie versucht, das Problem auf ihre Art zu lösen. Was hältst du davon?**

*Meine persönliche Meinung ist, daß die Unterhaltungsindustrie das Ganze falsch anpackt. Ich habe mit denen gearbeitet und kenne das Umfeld. Ihre Situation ist nicht einfach. Aber sie verpassen große Chancen und verschwenden sehr viel Geld in ihre derzeitigen Strategien.*

**Glaubst du, die Industrie gewinnt diesen »Krieg« eines Tages?**

*Das bezweifle ich sehr. Ein Ende des Filesharings ist nicht in Sicht. Die Leute teilen Software, weil das eine höhere Ebene ist, ein Medium zu konsumieren. Ich denke nicht, daß die meisten das tun, weil sie jemandem schaden wollen. Filesharing ist ein kulturelles Phänomen, kein technisches.*

Das Interview wurde geführt am 8. August 2005 in South Norwalk, Connecticut, USA.

# PROF. LAWRENCE LESSIG

Wenn Lawrence Lessig vom aktuellen Copyright spricht, dann selten in einem positiven Zusammenhang. In vielen Reden, Schriften und mehreren Büchern kritisiert er vehement das restriktive Urheberrecht für geistiges Eigentum. Seiner Meinung nach ist es wichtig, daß Ideen und Werke in gewissem Maße weiterbenutzt und als Grundlage für neue Werke verwendet werden dürfen. Ein zu rigides Copyright verhindere dies jedoch. Lessig entwickelte daher das Konzept einer »freien Kultur« und gründete die Creative-Commons-Initiative, die sich für ein gelockertes Urheberrecht einsetzt. Lessig ist Juraprofessor an der Elite-Universität Stanford in Kalifornien und gilt als der führende Experte im Bereich des internationalen Urheberrechts, insbesondere in bezug auf digitale Medien.

**Im Internet gibt es viele große Communitys. Man denke nur an Linux oder die Open-Source-Verfechter. Glauben Sie wirklich, daß die Industrie all deren Ideen mit Hilfe des Copyrights unterdrücken möchte?**

*Ich denke nicht, daß sie all diese Ideen unterdrücken werden. Aber ich denke, es ist ein falsches Verständnis von Freiheit, wenn jemand glaubt, er sei frei, nur weil einige wenige der Unterdrückung entkommen können. Man würde die ehemalige Sowjetunion nicht als »frei« bezeichnen, nur weil einige Menschen auf dem Schwarzmarkt die Unterdrückung umgehen konnten.*

**Aber man sieht doch, wie viele Hacker jederzeit die Schutzmechanismen knacken können.**

*Man kann in unserer Welt nicht davon sprechen, daß wir in einer »freien Kultur« leben, nur weil einige Hacker in der Lage sind, die Schutz- und Kon-*

trollmechanismen zu umgehen. Ich denke, eine freie Gesellschaft ist eine Gesellschaft, die die Freiheit sowenig wie möglich einschränkt. Und es ist eben keine Gesellschaft, die Menschen dazu bringt, Beschränkungen zu hacken.

**Werden die Restriktionen dazu führen, daß die Gegenbewegung immer stärker wird? Ein Beispiel ist die Linux-Community.**

Nein, das denke ich nicht. Denn die Menschen, die von den Beschränkungen betroffen sind, sind sehr verschieden. Um Linux zu programmieren, muß man zunächst einmal kein Gesetz brechen. Wenn man für Linux programmiert, kann man dabei von Institutionen wie zum Beispiel Universitäten unterstützt werden. Um aber einen Kopierschutz zu umgehen, muß man das Gesetz brechen. Eine Unterstützung erhält man dann natürlich nicht. Selbst die Universitäten sind so zu Erfüllungsgehilfen des Copyright-Systems geworden.

**Denken Sie, daß die legale Bewegung aufgrund der Copyright-Bestimmungen keine Chance hat, für Veränderungen zu sorgen?**

Ich würde nicht sagen, daß sie gar keine Chance hat. Aber ich denke, daß die Beschränkungen weit über das hinausgehen, was einer freien Gesellschaft angemessen ist.

**Glauben Sie, daß eines Tages der Widerstand so groß werden könnte, daß die Copyright-Vertreter und die Gegner zu einem Kompromiß finden?**

Es könnte passieren, daß einige schlaue Leute eines Tages herausfinden, daß Überregulierung das Potential ihres Marktes zerstört. Damit hätten sie auch recht. Aber es gibt viele Industrien, die diese Option heute nicht haben. Denn ihr Erfolg basiert darauf, daß sie eine gewisse Freiheit und Kreativität zerstören. Die Musikindustrie insgesamt könnte in einem freieren Rechtssystem mit Leichtigkeit aufblühen. Nur die Plattenfirmen könnten das nicht. Die Freiheit hängt also davon ab, mit was für einer Art Industrie man es zu tun hat.

NO ©OPY

**Die Musikindustrie verklagt ja nun seit einiger Zeit Filesharing-Nutzer und damit zum Teil sicher auch ihre eigenen Kunden. Ist das der richtige Weg, um die Umsätze wieder zu erhöhen?**

*Nein, aber ich verstehe, warum sie es machen. Und es wird eine Menge an kreativem Denken von seiten der Industrie erforderlich sein, damit sie erkennen, warum diese Vorgehensweise falsch ist.*

**Sind legale Download-Portale wie iTunes der bessere Weg?**

*Es ist besser als der Krieg, weil man so Zugang zu Dingen bekommt, die ansonsten nicht so leicht zugänglich wären. Was mich an iTunes beunruhigt, ist, daß das System auf einer Struktur von Kopierschutzmechanismen aufbaut. Ein Kopierschutz schränkt Menschen darin ein, Musik in einer Art neu zu nutzen und zu remixen, die sehr wichtig sein könnte für die kulturelle Entwicklung.*

**Vielleicht wird die Industrie eines Tages die Beschränkungen aufheben, weil sie nur so ihre Verkäufe steigern kann. Sehen Sie die Chance, daß die Kopierschutzmaßnahmen eines Tages verschwinden werden?**

*Ich denke, sie sollten verschwinden. Ich bin mir nicht sicher, ob iTunes es mehr oder weniger wahrscheinlich macht, daß sie verschwinden. Ich habe aber die Befürchtung, daß iTunes es weniger wahrscheinlich macht.*

**Glauben Sie, daß es die Haltung der Industrie ändern könnte, wenn die Menschen sich weigern würden zu kaufen und statt dessen nur noch downloaden?**

*Natürlich, aber ich sehe keine realistische Perspektive, daß das geschieht. Es gibt zwar einige Bewegungen, aber es ist ein Problem des kollektiven Handelns, das man nicht lösen kann. Um effektiv zu sein, bräuchte man die Be-*

teiligung von mindestens 15% der Konsumenten. Und ich glaube nicht, daß das möglich sein wird.

**Wagen wir einen Blick in die Zukunft. Was wird Ihrer Meinung nach passieren, wenn die Industrie all ihre Ziele hinsichtlich eines restriktiven Copyrights verwirklichen kann?**

Ich denke, das Aufregendste am Internet ist sein Potential für eine aktive Kultur, in der Verbraucher sowohl konsumieren als auch kreieren. Wikipedia ist ein gutes Beispiel. Aber es gibt auch viele andere Beispiele von Menschen, die das Internet in einer fantastischen Weise nutzen, um kreativ zu sein und ihre Kreativität zu verbreiten. Und das auf eine Art, wie wir es uns niemals hätten vorstellen können. Das ist das Potential, von dem ich hoffe, daß wir es erschließen. Die Gefahr ist, daß die Industrie es schafft, Schutzmaßnahmen genau so umzusetzen, wie sie es sich erhofft. Das ganze Potential wird zerstört, indem man das Internet zu einem Ort der Passivität macht. Einem Ort, der zwar gut geeignet ist, um Produkte zu verkaufen, der aber den Leuten nicht mehr erlaubt, kreativ zu sein. Wo man eben viele Inhalte schnell und günstig downloaden und benutzen kann, jedoch keine Inhalte, die man auch weiterverarbeiten und remixen darf. Es käme zu einem Innovationsstillstand.

Das Interview wurde geführt am 10. November 2005 in Stanford, California, USA.

# JOACHIM TIELKE

Am Schreibtisch seines Hamburger Büros sitzt Joachim Tielke buch-
stäblich auf Zehntausenden von Schwarzkopien. Denn im Keller der
Gesellschaft zur Verfolgung von Urheberrechtsverletzungen (GVU)
befindet sich die Asservatenkammer mit unzähligen beschlagnahm-
ten Kopien und Computern. Seit 1992 ist Joachim Tielke Geschäftsführer der GVU. Dort verfolgt der ehemalige Kriminalbeamte im Auftrag
der Filmbranche und der Unterhaltungsindustrie Urheberrechtsverletzungen. So war die GVU in den letzten Jahren mitverantwortlich
für diverse Busts in der Release- und FXP-Szene.

**Sie kennen den Slogan »Raubkopierer sind Verbrecher«.
Glauben Sie das auch?**

*Nein. Zum einen kenne ich die Leute. Ich weiß, wer Raubkopierer sind. Das
ist unser tägliches Geschäft. Das sind keine Verbrecher, und sie sind es ja
auch per Definition nicht. Wenn man das von der juristisch-formalen Seite
sieht, ist diese Kampagne natürlich weit überspitzt. Aber das ist das Recht
jener, die Werbung treiben. Wir sehen das mit dem Augenmaß des Kriminalisten oder des Juristen. Das ist nicht die Diktion, in der wir sprechen.*

**Gegen wen ermitteln Sie dann, wenn nicht gegen Verbrecher?**

*Also, wir ermitteln zunächst mal gegen Leute, die Diebstähle begehen. Denn
wir haben wenig Verständnis dafür, daß man zwischen Diebstahl sächlichen
Eigentums und geistigen Eigentums unterscheidet. Das ist für uns dasselbe.*

**Würden Sie sagen, daß Sie einen Kampf gegen Raubkopierer
führen?**

Wenn Sie dem hinzufügen: »sportlicher Kampf«, dann würde ich dem zustimmen. Für viele Kriminalisten geht es mehr darum, Transparenz in einen dunklen Sachverhalt zu bringen. Der »sportliche« Gegner tut dagegen alles, um das Dunkle aufrechtzuerhalten. Und der sportliche Kampf besteht dann darin, von unserer Seite den Faden aufzunehmen. Wir haben außerdem persönlich kein Feindbild des Raubkopierers. Da unterscheiden wir uns sicherlich von der Industrie.

**Bekommen Sie nicht trotzdem Druck von der Industrie?**

Natürlich. Aber wir sind diejenigen, die in den Gremien immer wieder versuchen, den analytischen und sachlichen Ton anzuschlagen. Das haben wir übrigens auch in der Diskussion um die ZKM-Kampagne getan. Wir haben gesagt, es ist den Geschädigten, wie der Filmwirtschaft und der Kinowirtschaft, unbenommen, so etwas zu tun. Wir möchten aber mit dieser Kampagne nicht in einen Topf geworfen werden.

**Würden Sie sagen, daß auch die andere Seite das Ganze als einen sportlichen Wettkampf betrachtet?**

Ich lese mit viel Interesse die Reaktionen in den Chats, bei Heise oder auch in anderen Foren, zum Beispiel Gulliboard. Ich sehe mit Freude, daß auf der anderen Seite offenbar die Emotionen höher schlagen als hier. Was man vielleicht auch verstehen kann. Wir verfolgen die ja schließlich. (lacht)

**Lesen Sie auch NFO-Files?**

Ja, natürlich! Der Sportteil der Zeitung berichtet ja nicht über uns. Also da gibt es keine Ergebnisse und keine Tabellen. Da müssen Sie sich schon hier bedienen.

**Wie viele Ermittler haben Sie eigentlich?**

Darüber reden wir ja ganz ungern. Wir versuchen natürlich Potemkinsche Dörfer aufzubauen, als wären es Tausende. Es ist aber in der Tat so, daß es neun sind. Man darf dabei aber nicht vergessen, daß diese in einer ganz bestimmten Art und Weise aufgestellt sind. Es handelt sich bei den neun, bis auf eine Ausnahme, um ehemalige Polizei- und Kripobeamte, die allesamt im Bereich Wirtschaftsstraftaten gearbeitet haben.

**Ex-Cops?**

Wenn ich sage »ehemalige«, werde ich immer gleich gerne gefragt: »Sind das so pensionierte 65jährige, die Computer mit ›K‹ schreiben?« Nein, sind es nicht. Das sind allesamt Leute, die in relativ jungen Jahren aus der Polizei rausgekommen sind. Aus den unterschiedlichsten Motivationen heraus.

**Arbeitet die GVU wie die Polizei?**

Ich bin selbst Kripobeamter gewesen. Wir können all diese wunderbaren Dinge, die man dort machen kann, von simplen Halterfeststellungen bis zu Telefonüberwachungen, nicht machen. Aber wir haben ein sehr umfangreiches Spezialisten-Know-how.

**Die BSA spricht von Milliardenschäden durch Raubkopierer. Stimmen Sie dem zu?**

Also wenn ich hier von Schaden spreche, dann spreche ich nicht von dem Schaden, den Verbände berechnen. Es ist sowieso sehr fragwürdig, über Schaden zu sprechen. Wir sprechen über ein Delikt, das im kriminologischen Sinne ein Kontrolldelikt ist. Jene Zahlen, die da im Raume schwirren, sind nach meiner Einschätzung Bullshit.

**Was ist mit dem Schaden, der angeblich durch Release Groups entsteht? Diese betreiben das eigentlich nur als Hobby.**

Ich glaube zwar nach wie vor, wenn ich mir diese Releaser angucke, daß dort kein Profit-Interesse besteht. Wir wissen aber mittlerweile, daß sie von Profit-Interessierten eingespannt werden. Damit meine ich die, die hinter dieser Struktur stecken. Das sind solche, die Portale betreiben und Werbeeinnahmen generieren. Sie brauchen immer Frischfleisch – ein Begriff aus dem Prostituierten-Milieu – und halten Releaser ganz sicherlich dazu an, immer wieder Material zu besorgen.

### Werden die Release Groups also ausgenutzt?

Also ich glaube, daß es noch ein Mix aus vielen Dingen ist. Sicherlich werden sie über die tatsächliche Intention Profit im unklaren gehalten. Ich glaube, ein großer Teil der Release-Szene würde sehr wütend werden, wenn sie wüßte, zu was sie mißbraucht wird. Aber ich glaube auch, daß es sicherlich einen Austausch geldwerter Vorteile gibt. Hardware, Laptops etc. Das sind die typischen Gefälligkeiten. Für bestimmte Leute sind Laptops das, was in anderen Bereichen ein Porsche ist.

### Glauben Sie, daß Sie die Szene eines Tages besiegen können?

Wollen wir es nicht hoffen (lacht). Die sportliche Auseinandersetzung wäre vorbei.

Das Interview wurde geführt am 23. September 2005 in Hamburg.

# GLOSSAR

**0Dayz:** Gecrackte Software, die ›noch keinen Tag alt ist‹. Das heißt, sie wird noch am selben Tag, an dem sie im Handel erscheint, gecrackt und verbreitet. Auch: 0-Day-Warez, 0-Day, 0-Days, Negative Day, 0Hour, 0Sec, 0-Day-Release.

**0-Day-Release:** »0Dayz.

**1337:** »Elite.

**Affil:** Abkürzung von ›Affiliate‹ (zu deutsch: Partner, Partnerschaft). Hierunter versteht man die Zusammenarbeit einer »Release Group mit dem Betreiber einer »Site, um Schwarzkopien in der Szene verbreiten zu können.

**Appz:** Schwarzkopierte Anwendungsprogramme. Siehe auch »Warez.

**ARPANET:** Abkürzung für ›Advanced Research Projects Agency Network‹. Vorläufer des heutigen Internets.

**BBS:** »Bulletin Board System.

**Beta:** Vorabversion einer Software, die noch von Betatestern geprüft und daraufhin von den Herstellern überarbeitet werden muß.

**Betatester:** »Beta.

**Blog:** »Weblog.

**Blogger:** Autor eines »Weblogs.

**Blogosphäre:** Die Gesamtheit aller »Weblogs.

**Blue Boxing:** Manipulation eines Telefonvermittlungscomputers durch Tonsignale, um unter anderem kostenlose Gespräche zu führen. »Phreaker.

**Bulletin Board System:** Gemeinsamer, digitaler Sammelpunkt, an dem sich mehrere Nutzer aufhalten und diskutieren können. Angefangen in den späten 70er Jahren, wurden bis in die 90er Jahre hinein Bulletin Board Systems von Computernutzern durch Telefon- und Modemleitungen genutzt, um Informationen und Dateien auszutauschen. Mit dem Boom des Word Wide Web ab Mitte der 90er Jahre verlagerten sich Boards auf Websites. In der Crackerszene stehen Warez im Vordergrund solcher Boards. In der »FXP-Szene werden in Boards Informationen über Server ausgetauscht, auf denen sich Warez befinden. Auch: BBS, Board, Bulletin, Mailbox, FXP-Board, Mailbox-Forum.

**Board:** »Bulletin Board System.

**BSA:** Abkürzung für ›Business Software Alliance‹. Ein internationaler Interessenverband von Softwareanbietern, der sich für die Rechte seiner Mitgliedsfirmen in Sachen Copyright einsetzt.

**Bug:** Fehler in einer Software.

**Bust:** Aushebung einer Szenegruppe oder eines Szenemitglieds. »Buster.

**Buster:** Person, die für die polizeiliche Überführung von Szenemitgliedern oder einer Szenegruppe verantwortlich ist oder daran mitgewirkt hat. »Bust.

**C64:** Abkürzung für den legendären Computer ›Commodore 64‹ aus den 80er Jahren, der bis heute noch eine treue Schar von Fans hat.

**Camrip:** Schwarzkopie eines Films, die mit einer Handkamera direkt von der Leinwand im Kino abgefilmt wurde. Fälschlicherweise oft »Sreener genannt.

**Chatroom:** System, in dem mehrere Internetnutzer miteinander »chatten können.

**Chatten:** Unterhaltung per Internet über Tastatur und Bildschirm.

**Checkpoint:** »Dupecheck.

**Code:** Quelltext eines Computerprogramms beziehungsweise Inhalt einer Software in einer Programmiersprache.

**Council Member:** Führendes Mitglied einer Release Group, das in der Hierarchie unter dem »Leader steht.

**Courier:** Szenemitglied, das sich auf das Verbreiten von »Warez spezialisiert hat.

**Courier Group:** Gruppe der Warez-Szene, die hauptsächlich aus »Couriern besteht.

**Crack:** Ein kleines Programm, das den Kopierschutz von Software, Filmen, Musikstücken oder sonstigen digitalen Gütern entfernt.

**Cracker:** Szenemitglied, das sich auf das Entfernen von Kopierschutzvorkehrungen spezialisiert hat. Im Hackerjargon oft auch als ›destruktiver Hacker‹ bezeichnet. »Hacker.

**Cracking Group:** Eine Gruppe, die sich auf das Knacken des Kopierschutzes und Veröffentlichen von Schwarzkopien spezialisiert hat. »Release Group.

**Cracktro:** Zusammensetzung der beiden Begriff ›Crack‹ und ›Intro‹. Ein vor einer Kopie eingebauter Vorspann (»Intro) einer Szenegruppe.

**Credit, Credits:** 1. Daten-Kontostand eines Mitglieds auf einem FTP-Server. 2. Namensliste der Beteiligten an einer Produktion. »Ratio.

**Crew:** Die Bezeichnung für eine Szenegruppe. »Cracking Group, »Release Group, »Warez Group.

**CSS:** Abkürzung für ›Content Scrambling System‹. Ein Schutzverfahren, mit dem Ende der 90er Jahre das neue Medium DVD vor dem Kopieren geschützt werden sollte. »DeCSS.

**Deleter:** Saboteure der »FXP-Szene, die aus verschiedenen Gründen versuchen, die Arbeit anderer Szenemitglieder durch Löschung der Warez zu behindern.

**Demo:** Legale Produktion der Szene, die unter anderem zur Präsentation des eigenen Könnens in Form von Animation, Bild und Musik dient. »Demoszene.

**Demoszene:** Aus der »Warez-Szene entstandene Computersubkultur, deren Mitglieder sich der Produktion von »Demos verschrieben haben und sich in Wettbewerben untereinander messen.

**DeCSS:** Programm, das den DVD-Kopierschutz »CSS aushebelt.

**Disrespect:** Hier Herabsetzung, Entwürdigung. »Lamer.

**DivX:** Komprimierungsverfahren für Filme, mit dem sich die Dateigröße von Filmen deutlich verringern läßt.

**DMCA:** Abkürzung für ›Digital Millennium Copyright Act‹. Ein 1998 in den USA erlassenes, umstrittenes Copyright-Gesetz.

**Donator:** »Hardware Supplier.

**Dubben:** In der »Moviez-Szene das Mischen einer fremdsprachigen Bildquelle eines Films mit dem inländischen Ton.

**Dupe:** Ein bereits gecracktes Spiel, das von einer weiteren Group ein zweites Mal gecrackt und verbreitet wird.

**Dupecheck:** Online-Datenbank der »Release-Szene, die veröffentlichte Schwarzkopien auflistet. Dadurch soll gewährleistet werden, daß eine Szenegruppe eine bereits verbreitete Schwarzkopie nicht erneut veröffentlicht. Auch: »Checkpoint.

**DVD-Rip:** Schwarzkopie eines Films, bei deren Erstellung als Vorlage eine DVD verwendet wird, was eine gute Bildqualität sicherstellt.

**eBookz:** Schwarzkopierte Bücher in digitaler Form. »Warez.

**Elite:** Bezeichnung für besonders aktive Szenemitglieder. Auch: Leet, 1337, 31337.

**Feds:** Abkürzung für ›Federals‹. Oft ist damit das FBI gemeint, aber auch andere polizeiliche Ermittler.

**Filesharing:** Methode, bei der mit sogenannter Filesharing-Software Dateien mit anderen Teilnehmern im Internet getauscht werden können. »Peer-to-Peer.

**Filesharing-Szene:** 1. Die Schar von Nutzern, die über »Filesharing weltweit Dateien austauschen. 2. Gruppen, die gezielt über Filesharing-Programme »Warez verbreiten.

**Filler:** Mitglied der »FXP-Szene, das »FTP-Seiten der Szene mit »Warez füllt.

**Flashen:** Direkte Übertragung von Daten von einem »FTP-Server zu einem anderen. Da viele »FTP-Server schnelle Übertragungsraten haben, ist diese Art der Übertragung deutlich schneller, als zunächst Daten auf den eigenen Computer zu laden, um sie von dort auf einen FTP-Server abzulegen.

**FTP:** Abkürzung für ›File Transfer Protocol‹. Technik, mit der Daten übers Internet getauscht werden können.

**FTP-Server:** Ein Computersystem, das den Zugang über »FTP erlaubt. Der Aufbau eines FTP-Servers ist mit dem Inhalt eines Festplattenverzeichnisses zu vergleichen. Es gibt Verzeichnisse, Unterverzeichnisse und Daten. »Site, »Topsite.

**FXP:** Abkürzung für ›File Exchange Protocol‹. Es handelt sich hierbei um eine technische Besonderheit von »FTP, die das direkte Übertragen von Daten zwischen zwei »FTP-Servern erlaubt, ohne die Dateien beispielsweise vorher auf der eigenen Festplatte ablegen zu müssen. »Flashen.

**FXP-Szene:** Nutzer, die sich auf das Tauschen von »Warez spezialisiert haben, die von der »Release-Szene veröffentlich wurden. Sie bilden aufgrund ihrer eigenen Strukturen und Regeln eine in sich geschlossene Szene.

**FXP-Board:** »Bulletin Board System.

**FXP Group:** Zusammenschluß von Mitgliedern der »FXP-Szene, die gemeinsam Schwarzkopien verbreiten. »Filler, »Haxxor, »Scanner.

**Gamez:** Schwarzkopierte Computerspiele. »Warez.

**GNU:** Abkürzung für ›GNU is not Unix‹. Bezeichnet sowohl ein Projekt zur Entwicklung eines freien Betriebssystems als auch das hieraus resultierende Betriebssystem selbst.

**GNU/Linux:** »Linux.

**GVU:** Abkürzung für ›Gesellschaft zur Verfolgung von Urheberrechtsverletzungen e. V.‹. Die GVU unterstützt im Auftrag der Filmbranche und der Entertainmentsoftware-Industrie die Strafverfolgungsbehörden bei der Verfolung von Urheberrechtsverletzern. Zudem betreibt sie Pressearbeit und Aufklärung in bezug auf Schwarzkopien.

**Hand Spreading:** Verbreitung von Schwarzkopien von Hand zu Hand ohne die Nutzung digitaler Hilfsmittel, wie beispielsweise des Internets. Auch: Schulhoftausch.

**Hardware Supplier:** Sponsor der Szene, der »Release Groups mit Computerhardware versorgt. Auch: Donator.

**Hacker:** Der umstrittene Begriff wird verschiedenartig definiert. Er tauchte zum ersten Mal am ›Massachusetts Institute of Technology‹ (MIT) auf. Dort bezeichneten sich die ersten Computerfachleute als Hacker, die mit Enthusiasmus elektronische Systeme auskundschafteten. Im allgemeinen Sprachgebrauch wird der Begriff häufig als kriminalisierende Bezeichnung in Verbindung mit Computeraktivitäten verwendet.

**Haxxor:** Bezeichnung für einen »Hacker der »FXP-Szene, der darauf spezialisiert ist, sich Zugang zu »FTP-Servern zu verschaffen.

**HQ:** Abkürzung für ›Headquarter‹ (zu deutsch: ›Hauptquartier‹). Bezeichnung für einen »FTP-Server, der die Sammelstelle für eine Szenegruppe darstellt. Je nach Größe des »FTP-Servers kann es zusätzlich auch ein ›World Headquarter‹ (WHQ) oder ›European Headquarter‹ (EHQ) geben.

**IFPI:** Abkürzung für ›International Federation of the Phonographic Industry‹. Der Weltverband der Phonoindustrie.

**IP-Adresse:** Adresse beziehungsweise Nummer eines Computers in einem Netzwerk. Durch die IP-Adresse eines Computers oder Servers kann theoretisch auch der physikalische Standort ermittelt werden.

**Intro:** Vorspann. »Cracktro.

**Join:** Beitritt zu einer Szenegruppe.

**Keygen:** »Key Generator.

**Key Generator:** Kleines Programm, mit dem eine gültige »Seriennummer für eine schwarzkopierte Software generiert werden kann. Auch: Keygen, Keymaker.

**Keymaker:** »Key Generator.

**Kick:** Rausschmiß aus einer Szenegruppe.

**Leader:** Leiter und Chef einer Szenegruppe.

**Leechen:** Downloaden, Herunterladen einer Datei. »Upload.

**Leech Account:** Zugang zu einem »FTP-Server oder einer »Topsite ohne Download-Beschränkung. Auch: leech acc, »Ratio, »Credit.

**NFO:** Textdatei, die szeneinterne Informationen enthält. NFOs werden häufig bei der Verbreitung einer Schwarzkopie von der Szene als Zusatz zum »Release mitgeliefert.

**Lamer:** Abfällige Bezeichnung für einen unfähigen Benutzer. Der Begriff stammt aus den 8oer Jahren, als es darum ging, der schnellste »Cracker oder Uploader von »Warez zu sein. Wer nicht schnell genug war, galt als ›lame‹ (zu deutsch: lahm). Der Begriff ›lame‹ wird häufig als Äquivalent zu ›Schrott‹ oder ›Mist‹ benutzt.

**Linkstealer:** In der »Warez-Szene bezeichnete der Begriff vor allem während der Zeit der »Webwarez Nutzer oder Plattformen, die keine eigenen »Warez, sondern nur Links zu externen Schwarzkopien anboten.

**Linux:** Ursprünglich von Linus Torvalds programmiertes, freies und plattformunabhängiges Betriebssystem, das mittlerweile von freiwilligen Programmierern weltweit weiterentwickelt wird. Auch: GNU/Linux.

**Major Release:** Erstveröffentlichung einer Schwarzkopie. »oDayz.

**Master:** Kopiervorlage, nach der in einem Preßwerk die Verkaufsversionen von CDs und DVDs gefertigt werden.

**Member:** Einfaches Szenemitglied. »Leader, »Council Member, »Senior Member.

**MIT:** Abkürzung für ›Massachusetts Institute of Technology‹. »Hacker.

**MPAA:** Abkürzung für ›Motion Picture Association of America‹. Verband der US-Filmindustrie.

**MP3:** Digitales Musikformat.

**NET Act:** Abkürzung für ›No Electronic Theft Act‹. Ein 1997 in den USA erlassenes Gesetz, das die Strafverfolgung von Schwarzkopierern erleichtern sollte.

**Napster:** »Filesharing-Programm, mit dem man MP3-Dateien tauschen konnte. Napster gehörte zu den ersten Filesharing-Programmen und hatte enormen Zulauf, bis es nach diversen Prozessen seinen Dienst einstellen mußte.

**OCR:** Abkürzung für ›Optical Character Recognition‹. Die automatische Texterkennung von einer gedruckten Vorlage.

**P2P:** »Peer-to-Peer.

**Packager:** Mitglied einer »Release Group, das »Warez vor der Verbreitung in kleinere Pakete aufteilt. Die Aufteilung sorgt für eine effizientere Verbreitung übers Internet, wenn es sich beispielsweise um große Datenmengen handelt.

**Peer-to-Peer:** System, in dem mehrere Computer in einem oder mehreren Netzwerken gleichberechtigt Informationen (Daten) untereinander austauschen können. Grundlage für »Filesharing. Auch: P2P.

**Phreaker:** Verknüpfung der Worte ›Phone‹ und ›Freak‹. Ein »Hacker, der sich auf das kostenlose Telefonieren und Erhacken von Telefonleitungen spezialisiert hat. »Blue Boxing.

**Pub:** Bezeichnung für einen »FTP-Server, der jedem Nutzer einen anonymen Login ohne spezielles Paßwort erlaubt und daher häufig von der »FTP-Szene mißbraucht wird, um »Warez abzulegen und zu tauschen. »Pubstro.

**Pubstealer:** Mitglied der »FXP-Szene, der einen bereits gehackten »FTP-Server als sein eigen bezeichnet. »Pubstro.

**Pubstro:** Ein ehemals zugangsgeschützter »FTP-Server, der von einem »Haxxor geknackt wurde und der »FXP-Szene nun wie ein »Pub zur Verfügung steht. Auch: Stro.

**Racen:** Wettkampf um »Credits bei den »Courier. »Courier Groups.

**Ratio:** Kontoprinzip für Nutzer, nach dem das Tauschen von Daten in einem Server begrenzt wird.

**Rehacker:** Personen oder Gruppen der »FXP-Szene, die auf einen bereits gehackten Server eindringen, um die darauf gespeicherten »Warez unter ihrem Namen weiterzuverbreiten oder zu löschen.

**Release:** Veröffentlichung (und Verbreitung) einer Schwarzkopie. »Spread, »Major Release, »oDayz.

**Release-Szene:** »Cracker und Computerbegeisterte, die aufgrund ihrer Regeln und Strukturen eine in sich geschlossene, eigene Szene mit eigenen Werten gebildet haben. Die Release-Szene sorgt nicht nur für die Verbreitung von »Warez, sondern auch dafür, daß eine Erstveröffentlichung (»Release) als Schwarzkopie stattfindet.

**Release Group:** Szenegruppe, die »Warez veröffentlicht. Auch: Warez Group. »Release-Szene.

**Release Rules:** »Releasing Standards.

**Releasing Standards:** Regelwerke der »Release-Szene, die unter anderem die effiziente Verbreitung von »Warez definieren.

**RIAA:** Abkürzung für ›Recording Industry Association of America‹, Verband der Musikindustrie in den USA.

**Ripper:** Person, die Filme oder Musikstücke in ein im Internet tauschbares Format umwandelt.

**S/N:** »Seriennummer.

**Scanner:** Mitglied der »FXP-Szene, das das Internet nach »FTP-Servern durchsucht, damit sich der »Haxxor seiner Gruppe Zugang zu ihnen verschaffen kann.

**Scener:** Szenemitglied.

**Screener:** Vorabexemplare eines Kinofilms, die zum Beispiel an Journalisten zur Rezension verschickt werden. Die Schwarzkopie eines Films, die von einem solchen Exemplar erstellt wurde, wird in der Szene ebenfalls als Screener bezeichnet. Oft verwechselt mit »Camrip.

**Schulhoftausch:** »Hand Spreading.

**SDMI:** Abkürzung für ›Secure Digital Music Initiative‹. 1. Industrieverband verschiedener Musik- und Computerunternehmen. 2. Vom gleichnamigen Verband entwickeltes Kopierschutzverfahren.

**Senior Member:** Mitglied einer »Release Group. Steht in der Hierarchie unter dem »Leader und den »Council Members.

**Seriennummer:** Zahlen- und/oder Buchstabenfolge, die benötigt wird, um ein Softwareprogramm in vollem Funktionsumfang benutzen zu können. Auch: S/N, Serial.

**Serial:** »Seriennummer.

**Site:** Hier ein von der Szene zur Verbreitung von Schwarzkopien benutzer »FTP-Server, »Topsite.

**Site Op:** »Sysop.

**Split:** 1. Die Aufteilung einer größeren »Release Group in zwei oder mehrere neue Gruppen. 2. Aufteilung von großen Dateien in mehrere kleine.

**Splitten:** »Split.

**Spreading:** Verbreitung von »Warez. »Courier.

**Stamp Faking:** Fälschen und Manipulieren von Briefmarken zum Zweck der Verbreitung von Schwarzkopien auf postalischem Wege. Stamp Faking wurde vor allem in den 8oer und 9oer Jahren genutzt, als schnelle Modemverbindungen noch unüblich waren.

**Stro:** »Pubstro.

**Supplier:** Person, die einer »Release Group zuarbeitet und sie möglichst vor dem offiziellen Erscheinungstermin mit neuen Veröffent-lichungen versorgt. Meist handelt es sich hierbei um Software, Filme oder Musiktitel, die von der »Release Group dann verbreitet werden.

**Sysop:** Abkürzung für ›System Operator‹. Verantwortlicher Administrator eines Computersystems wie beispielsweise eines »FTP-Servers. Auch: Op, Site Op, Site Operator.

**Tauschbörse:** »Filesharing.

**Taggen:** Kennzeichnen beziehungsweise Markieren von Servern in der »FXP-Szene. Der Begriff stammt ursprünglich aus der Graffiti-Szene und meint dort das Besprühen von Wänden mit dem Namenskürzel des Sprayers.

**TCP/IP:** Abkürzung für ›Transfer Control Protocol/Internet Protocol‹. Technik, die die Basis für die Netzkommunikation im Internet bildet.

**Telesync:** Schwarzkopie eines Kinofilms, die erstellt wurde, indem der Film mit einer auf einem Stativ stehenden Kamera von der Leinwand abgefilmt wird. »Camrip.

**Telecine:** 1. Ein Filmabtastgerät 2. Schwarzkopie eines Films, bei der der Film direkt von der Filmrolle abgetastet und digitalisiert wird.

**Timer:** Hier eine bei einem Film im Bild zu sehende Zeitangabe, häufig bei »Workprints vorhanden.

**Traffic:** Hier Umfang des Datenverkehrs im Internet.

**Tester:** Mitglied einer »Release Group, das die Qualität der »Warez seiner Gruppe kurz vor der Verbreitung überprüft.

**Topsite:** »FTP-Server der »Warez-Szene, der, verglichen mit gewöhnlichen Servern, wesentlich höhere Kapazitäten und Übertragungsgeschwindigkeiten bietet. Der Zugang zu Topsites ist in der Warez-Szene sehr begehrt. »Site.

**Trader:** »Courier.

**Trainer:** Von »Crackern in Computerspiele eingebautes Unterprogramm, das verhindern soll, daß der Spieler verliert.

**Un-CD:** Von Kritikern benutzter Begriff für kopiergeschützte Musik-CDs. Da diese häufig nicht dem festgelegten Standard für CDs entsprechen, wird ihnen abgesprochen, überhaupt eine CD zu sein.

**Uppen:** »Upload.

**Upload:** Das Senden von Daten zu einem anderen Computer, in der Regel zu einem »FTP-Server.

**Update:** Aktualisierte Version eines meist digitalen Produktes wie beispielsweise Software. Ein Update wird auf ein bereits bestehendes Produkt aufgespielt.

**Warez:** Sammelbegriff für Schwarzkopien. »Gamez, »Appz, »eBookz.

**Warez Group:** »Release Group.

**Weblog:** Kunstwort aus ›Web‹ und ›Logbuch‹. Eine Website, bei der ein Autor periodisch neue Einträge zu unterschiedlichsten Themen verfaßt. Weblogs sind untereinander stark vernetzt. Viele Einträge beziehen sich auf Einträge anderer Weblogs oder zitieren diese. »Blogosphäre.

**Webwarez:** Schwarzkopien, die von Websites heruntergeladen werden können.

**Wiki:** Eine Website, deren Inhalte von den Benutzern nicht nur gelesen, sondern auch eigenständig verändert werden können. »Wikipedia.

**Wikipedia:** Freie Web-Enzyklopädie (www.wikipedia.org), deren Einträge weltweit von über 100.000 freiwilligen Autoren erstellt und aktualisiert werden. »Wiki.

**Workprint:** 1. Die Rohfassung eines Films während des Produktionsprozesses. 2. In der Szene die Schwarzkopie eines solchen Exemplars.

# ANMERKUNGEN

## 1. DIE GESCHICHTE DER SCHWARZKOPIE

[1] Levy, Steven: *Hackers: Heroes of the Computer Revolution*, New York, 1984, S. 1 ff.

[2] *World's First Minicomputer Kit to Rival Commercial Models »Altair 8800«*, Popular Electronics, 01.1975.

[3] Freiberger, Paul; Swaine, Michael: *Fire in the Valley: The Making of The Personal Computer*, 1984, S. 1.

[4] Trygstad, Raymond E.: *A Vision of the Future*, Illinois Institute of Technology, 17.12.1999.

[5] *Home Computer Market*, Discount Store News, Vol. 22, No. 12, 13.07.1983, S. 42, in: Predicasts Inc., Cleveland.

[6] Vgl. http://www.crackerland.com (Stand: 25.01.2006).

[7] Die Geschichte der Szene der ersten Generation samt ihren Strukturen ist komplett nachzulesen im Buch *Hackerland – Das Logbuch der Szene*. Siehe auch: www.hackerland.de.

[8] Rüttgers, Jürgen: *Netzbeschmutzern muß das Handwerk gelegt werden. Das Internet darf kein rechtsfreier Raum sein*, Frankfurter Rundschau, 07.1996.

## 2. KOPIE DER KOPIE DER KOPIE

[1] *52 Per Cent of Gamers Admit to Piracy*, London, Macrovision.com, 11.06.2004, http://www.macrovision.com/company/news/press/newsdetail.jsp?id=Fri%20Jun%2011%2010:18:05%20PDT%202004 (Stand: 30.09.2005).

[2] ignition: *The NOT so secret world of 0-day*, Libertyforum.org, 01.01.2001, http://www.libertyforum.org/showflat.php?Cat=2&Board=news_computers&Number=293290661&page=&view=coll&sb=0=&vc=1&t=0#Post293290661 (Stand: 12.02.2005).

[3] Adamczewski, David: *Spiele – Crackergruppen und Ermittlerarbeit: Einblicke in zwei feindliche Welten*, c't – Magazin für Computertechnik 20/2002, S. 106 ff.

[4] Vgl. http://www.defacto2.net/documents.cfm#Rules (Stand: 30.09.2005).

[5] Vgl. http://www.defacto2.net/text.files/PC%20Modern/StandardRipRules.txt (Stand: 21.01.2006).

[6] Vgl. http://www.defacto2.net/documents.cfm#Rules (Stand: 30.09.2005).

[7] Vgl. http://www.defacto2.net/text.files/PC%20Modern/rules-final.txt (Stand: 21.01.2006).

[8] Vgl. Courier Weektop Scorecard Nr. 116, September 2000.

[9] Adamczewski, David: *Spiele – Crackergruppen und Ermittlerarbeit: Einblicke in zwei feindliche Welten*, c't – Magazin für Computertechnik 20/2002, S. 106 ff.

[10] *Vermutlich bislang größter ermittelter Download-Server für Raubkopien sichergestellt*, gvu.de, 04.09.2003, http://www.gvu.de/de/presse/presse_m/presse_m_009.php?navid (Stand: 24.01.2006).

[11] Lasica , J. D.: *Interview: A major pirate in the movie underground*, Darknet.com, 27.10.2003, http://www.darknet.com/2005/05/interview_a_maj.html (Stand: 18.01.2006).

[12] *Pirates of the Internet, International Law Enforcement Sails After Criminal Warez Groups*, fbi.gov, 17.05.2004, http://www.fbi.gov/page2/may04/051704piracy.htm (Stand: 01.02.2006).

[13] Vgl. *Interview with BanDiDo / DOD & RiSC*, ca. 1999, http://www.defacto2.net/apollo-x/bandido.htm (Stand: 01.10.2005).

[14] Vgl. *Grund Nummer 5 der 20 Gründe, an denen du merkst, daß du Fxp-süchtig bist*, http://www.freesoft-board.de/showthread.php?threadid=46096 (Stand: 01.10.2005).

[15] *Das Bundeskriminalamt und die Staatsanwaltschaft Köln teilen mit: Bundesweite Exekutivmaßnahmen gegen »Computerhacker«*, Presseportal.de, 18.03.2004, http://www.presseportal.de/polizeipresse/p_story.htx?nr=538481&firmaid=7&keygroup (Stand: 01.10.2005).

[16] Ebd.

[17] Vgl. *General FXP rules and guidelines*, http://homepage.ntlworld.com/disposable_devil/ewhb/GEN_FXP.htm (Stand: 01.10.2005).

[18] »Whoever put my shit on the internet, I want to meet that motherfucker and beat the shit out of him.« *Eminem's pirate war*, nme.com, 21.05.2002, http://www.nme.com/news/101808.htm (Stand: 01.10.2005).

[19] Carberry, Guy: *MP3: the future of popular music?*, Guyweb.co.uk, 06.06.2002, http://www.guyweb.co.uk/2002/06/06/mp3-the-future-of-popular-music/ (Stand: 01.10.2005).

[20] Röttgers, Janko: *Napster wird stillgelegt*, Telepolis, 27.07.2000, http://www.heise.de/tp/r4/artikel/8/8442/1.html (Stand: 08.02.2006).

[21] Watermann, Catrin: *Internet-Musiktausch wächst auch ohne Napster*, Pressetext Deutschland, 07.09.2001, http://www.pressetext.de/pte.mc?pte=01090706631.05.2005 (Stand: 01.10.2005).

[22] *BitTorrent Facilitating Illegal File Swapping of Star Wars on Day of Opening*, mpaa.org, 19.05.2005, www.mpaa.org/MPAAPress/2005/2005_05_19.doc (Stand: 01.10.2005).

[23] *Vermutlich bislang größter ermittelter Download-Server für Raubkopien sichergestellt*, gvu.de, 04.09.2003, http://www.gvu.de/de/presse/presse_m/presse_m_009.php?navid (Stand: 01.10.2005).

[24] *Flatline für »Flatline (FTL)«: Top-Gruppe der deutschen Raubkopierer-Szene zerschlagen*, 21.04.2005, http://www.gvu.de/de/presse/presse_m/presse_m_022.php (Stand: 01.10.2005).

[25] Kottmair, Daniel: *Medienlobbyisten zensieren freie Rede – Spanischer Uni-Dozent verliert Job*, Macwelt.de, 15.06.2005, http://www.macwelt.de/index.cfm?pid=4&pk=331962 (Stand: 01.10.2005).

[26] *Wieder hohe Geldstrafe für Raubkopierer!*, hartabergerecht.de , 21.01.2005, http://www.hartabergerecht.de/index_news10.html (Stand: 01.10.2005).

[27] Mennecke, Thomas: *Interest in File-Sharing at All Time High*, Slyck, 27.04.2005, http://www.slyck.com/news.php?story=763 (Stand: 01.10.2005).

[28] *File-Sharing Thrives Under Radar*, Wired News, 06.11.2004, http://www.wired.com/news/digiwood/0,1412,65625,00.html?tw=rss.TOP%20 (Stand: 18.02.2006).

[29] *The True Picture of Peer-to-Peer Filesharing*, Cachelogic.com, Juli 2004, http://www.cachelogic.com/research/slide7.php (Stand: 07.01.2006).

[30] Adamczewski, David: *Spiele-Crackergruppen und Ermittlerarbeit: Einblicke in zwei feindliche Welten*, c't – Magazin für Computertechnik 20/2002, S. 106 ff.

[31] Die Cracking Group FairLight fügte diesen Ausspruch unter anderem dem Cracktro des Spiels *Pinball Dreams* hinzu.

[32] Adamczewski, David: *Spiele-Crackergruppen und Ermittlerarbeit: Einblicke in zwei feindliche Welten*, c't – Magazin für Computertechnik 20/2002, S. 106 ff.

[33] Howe, Jeff: *The Shadow Internet*, Wired Magazine 13.01, Januar 2005, http://www.wired.com/wired/archive/13.01/topsite.html (Stand: 01.10.2005).

## 3. ALL YOU CAN EAT

[1] Hayward, Philip: *Enterprise on the New Frontier – Music, Industry and the Internet*, 1995, http://www2.hu-berlin.de/fpm/texte/hayward.htm (Stand: 30.09.2005).

[2] *Coldplay- und White-Stripes-Alben schon vor Veröffentlichung im Netz*, Netzeitung, 01.06.2005, http://www.netzeitung.de/internet/341587.html (Stand: 30.09.2005).

[3] Emmerich, Nadine: *Zwei Drittel aller Filme als Raubkopie online*, Spiegel Online, 12.07.2005, http://www.spiegel.de/netzwelt/netzkultur/0,1518,364872,00.html (Stand: 30.09.2005).

[4] Byers, Simon; Cranor, Lorrie; Kormann, Dave; McDaniel, Patrick; Cronin, Eric: *Analysis of Security Vulnerabilities in the Movie Production and Distribution Process*, 13.09.2003, http://lorrie.cranor.org/pubs/drm03-tr.pdf (Stand: 30.09.2005).

[5] Patalong, Frank: *Neuer Star-Wars-Film schon im Web zu haben*, Spiegel Online, 20.05.2005, http://www.spiegel.de/netzwelt/netzkultur/0,1518,356703,00.html (Stand: 30.09.2005).

[6] *Verurteilung wegen Verbreitung von Oscar-Screenern im Internet*, 25.11.2004, Urheberrecht.org, http://www.urheberrecht.org/news/2086/ (Stand: 30.09.2005).

[7] Patalong, Frank: *Hausarrest für den Hulk-Kopierer*, Spiegel Online, 29.09.2003, http://www.spiegel.de/netzwelt/politik/0,1518,267638,00.html (Stand: 30.09.2005).

[8] *USA: Bis zu zehn Jahre Haft für illegale Filmkopien*, Heise Online, 20.04.2005, http://www.heise.de/newsticker/meldung/58802 (Stand: 30.09.2005).

[9] *Mit Nachtsichtgeräten auf Raubkopierer-Jagd*, Spiegel Online, 02.05.2005, http://www.spiegel.de/netzwelt/politik/0,1518,354418,00.html (Stand: 30.09.2005).

[10] *Web-Piraterie; Brennen und bunkern*, Focus Nr. 32, 02.08.2004, S. 72-80.

[11] Friedrichs, Michael/Constantin Film: *Positive Bilanz der Anti-Raubkopie-Strategie der Constantin Film bei (T)Raumschiff Surprise, Periode 1*, Campusweb.de, 30.07.2004,

http://www.campus-web.de/1128/1919/3382/
?PHPSESSID=0f7b83f3f05ecd3c00069fbf3f330b3f (Stand: 30.09.2005).

[12] Moritz, Alexander: *Matrix 2-Kopie von Originalmedium im Netz aufgetaucht*, Onlinekosten.de, 28.05.2003, http://www.onlinekosten.de/news/artikel/11926 (Stand: 30.09.2005).

[13] *Piraten – Gefährliche Leidenschaft*, Focus Nr. 49, 29.11.2004, S. 96-100.

[14] Pasick, Adam: *Online pirates pounce on new Harry Potter book*, ABC News, 20.07.2005, http://abcnews.go.com/Technology/wireStory?id=959558 (Stand: 30.09.2005).

[15] Graham-Rowe, Duncan: *Camera phones will be high-precision scanners*, NewScientist.com, 14.09.2005, http://www.newscientist.com/article.ns?id=dn7998&feedId=online-news_rss20 (Stand: 30.09.2005).

## 4. DIE KUNT DES CRACKENS

[1] Vgl. http://www.geocities.com/SiliconValley/Lab/1563/crackrepo.html (Stand: 15.05.2005).

[2] Ebd.

[3] *Kanadische Uni bietet Viren-Programmierkurs*, Heise Online, 23.05.2005, http://www.heise.de/newsticker/meldung/37085 (Stand: 20.01.2006).

[4] Ziemann, Frank: *Hacker-Kurse an der Uni*, sueddeutsche.de, 12.04.2005, http://www.sueddeutsche.de/computer/artikel/146/51095/ (Stand: 24.01.2006).

[5] Patalong, Frank: *DVD-Codeknacker Johansen freigesprochen*, 07.01.2003, http://www.spiegel.de/netzwelt/politik/0,1518,229734,00.html (Stand: 21.09.2005).

[6] Kolokythas, Panagiotis: *Microsoft überdenkt Produktaktivierung*, 19.07.2001, http://www.pcwelt.de/news/software/17790/ (Stand: 17.01.2006).

[7] Vgl. http://www.google.com/search?&q=Windows+XP+Crack (Stand: 17.01.2006).

## 5. CRACKERETHIK

[1] Stallman, Richard: *The GNU Manifesto*, Free Software Foundation, Boston, 1985, http://www.gnu.org/gnu/manifesto.html (Stand: 29.09.2005).

[2] Krempl, Stefan: *Interview mit Richard Stallman*, Telepolis, 19.05.1999, http://www.heise.de/tp/r4/artikel/2/2860/1.html (Stand: 20.01.2006).

[3] *Open Source*, Wikipedia, http://de.wikipedia.org/wiki/Open_source (Stand: 19.08.2005).

[4] Vgl. http://counter.li.org (Stand: 01.07.2005).

[5] Vgl: http://counter.li.org/estimates.php (Stand: 01.07.2005).

[6] *Studie: Open Source nimmt in deutschen Unternehmen Fahrt auf*, Heise.de News, 22.10.2004, http://www.heise.de/newsticker/meldung/52447 (Stand: 20.01.2006).

[7] *Entscheidung im Stadtrat – München setzt auf Linux*, sueddeutsche.de, 28.05.2003, http://www.sueddeutsche.de/muenchen/artikel/128/12116/ (Stand: 29.09.2005).

[8] Borchers, Detlef: *Programmieren zum Wohl der Menschheit*, Frankfurter Allgemeine Sonntagszeitung, 06.03.2005, Nr. 9, S. 76.

[9] McBride, Sarah: *File-Sharing Firms Are Urged to Protect Music-Industry Rights*, The Wall Street Journal, 15.09.2005.

[10] *Internet: Weltweit verdorben*, GEOKompakt; Nr. 3, 06.2005.

[11] Vgl. RFC 793 in http://www.rfc-editor.org (Stand: 05.08.2005).

[12] Joe, Strupp: *'L. A. Times' Pulls Plug on 'Wikitorial'*, Editor&Publisher Magazine, 01.07.2005.

[13] Swisher, Kara: *Boomtown: 'Wiki' May Alter How Employees Work Together*, The Wall Street Journal. (Eastern Edition), New York, 20.07.2004, S. B1.

[14] Vgl. http://www.wikipedia.com (Stand: 12.09.2005).

[15] Greifeneder, Michael: *Wikis für kleine Teams und als globale Enzyklopädie*, 05-2004, https://linuxwochen.at/doqs/100000667/wiki.pdf (Stand: 15.09.2005).

[16] Dworschak, Manfred: *Rapunzel bis Regenzeit*, Der Spiegel, 01.03.2004.

[17] Porrmann, Monika: *Wissens-Wert*, Frankfurter Rundschau, 16.06.2004.

[18] Dworschak, Manfred: *Rapunzel bis Regenzeit*, Der Spiegel, 01.03.2004.

[19] Vgl. http://corporate.britannica.com/library/print/eb.html (Stand: 01.12.2005).

[20] *Wikipedia fast so genau wie Encyclopaedia Britannica*, Spiegel Online, 15.12.2005, http://www.spiegel.de/netzwelt/netzkultur/0,1518,390475,00.html (Stand: 21.01.2006).

[21] Fank, Matthias: *Wikiwiki Wie Wissensmanagement*, Wissenskapital.de, http://www.ifem.org/wissenskapital/html/modules.php?name=Content&pa=showpage&pid=74 (Stand: 15.09.2005).

[22] Vgl. www.dmoz.org (Stand: 18.09.2005).

[23] Steinberger, Petra: *Die fünfte Gewalt*, Süddeutsche Zeitung, 16.07.2004.

[24] Levy, Steven: *Hackers: Heroes of the Computer Revolution*, New York, 1984, Part One, 2. The Hacker Ethic ff.

[25] Levy, Steven: *Hackers: Heroes of the Computer Revolution*, New York, 1984, Part One: »The Tech Model Railroad Club«.

[26] Levy, Steven: *Hackers: Heroes of the Computer Revolution*, New York ,1984, Part One: »Mistrust Authority Promote Decentralization«.

[27] Zander, Gernot: *FAQ Modem*, 02.06.2004, http://www.kabelmax.de/faqmodem.html (Stand: 15.09.2005).

[28] Levy, Steven: *Hackers: Heroes of the Computer Revolution*, New York, 1984, S. 434, in: Himanen, Pekka, *The Hacker Ethic*, New York, 2001, S. 25.

[29] Raymond, Eric: *How to Become a Hacker*, 1999, S. 232, in: Himanen, Pekka, *The Hacker Ethic*, New York, 2001, S. 25.

[30] Vgl. Moschitto, Denis; Sen, Evrim: *Der Swapper*, Köln, 2000, http://www.hackerland.de/hackertales/forum_derswapper_d.htm (Stand: 02.03.2005).

[31] Vgl. »I used to believe, Media/Radio«, http://www.iusedtobelieve.com (Stand: 17.06.2005).

[32] Festa, Paul: *A happy new year for hacker Mitnick*, CNET News.com, 12.2002.

[33] Moschitto, Denis; Sen, Evrim: *Hackertales – Geschichten von Freund+Feind*, Kapitel »Cap'n Crunch«, Köln, 2000, S. 7 ff.

[34] Robson, Gary D: *How to Become a Hacker*, Dezember 2003, http://www.robson.org/gary/writing/becomeahacker.html (Stand: 21.09.2005)

35 Bernes-Lee, Tim: *Der Web-Report: Der Schöpfer des World Wide Web über das grenzen-lose Potential des Internet*, München, 1999, S. 23-26, in: Himanen, Pekka: *The Hacker Ethic*, New York, 2001, S. 22.

36 Vgl. Richtlinie 2001/29/EG, Amtsblatt Nr. L 167 vom 22.06.2001 S. 0010-0019.

37 Chiariglione, Leonardo: *An Open Letter to the Digital Community*, 06.09.2000, http://www.sdmi.org/pr/OL_Sept_6_2000.htm (Stand: 29.09.2005).

38 Levy, Steven: *Hackers: Heroes of the Computer Revolution*, New York 1984, Part One, 2. The Hacker Ethic ff.

39 Ebd.

40 Ebd.

41 Linzmayer, Owen; Chaffin, Bryan: *May 16–22: Apple III & AppleLink introduced, iPod Division Created*, The Mac Observer, 17.05.2005, http://www.themacobserver.com/columns/thisweek/2004/20040522.shtml (Stand: 09-2005).

42 Vgl. http://spaceballs.planet-d.net (Stand: 18.09.2005).

43 Torvalds, Linus: *Just for FUN – The Story of an Accidental Revolutionary*, New York, 2001, S. 82.

44 Himanen, Pekka: *The Hacker Ethic*, New York, 2001, S. 22.

45 Hafner, Katie; Lyon, Matthew: *Arpa Kadabra oder die Geschichte des Internet*, Heidelberg, 2000, S. 160.

46 Flannery, Sarah; Flannery, David: *In Code: A Mathematical Journey*, London, 2000, S. 182, in Himanen, Pekka: *The Hacker Ethic*, New York, 2001, S. 22.

47 Daniel, Kohanski: *Moths in the Machine – The Power and Perils of Programming*, 2000, S. 10.

48 Döring, Nicola: *Sozialpsychologie des Internet. Die Bedeutung des Internet für Kommunikationsprozesse, Identitäten, soziale Beziehungen und Gruppen*, 2. Auflage, Ilmenau, 2003, S. 175 ff.

49 Helmers, S., Hoffmann, U., Hofmann, J.: *Offene Datennetze als gesellschaftlicher Raum*, Sonderheft, Berlin, April 1995, http://duplox.wz-berlin/texte/eu/ (Stand: 18.09.2005) in: Döring, Nicola: *Sozialpsychologie des Internet. Die Bedeutung des Internet für Kommunikationsprozesse, Identitäten, soziale Beziehungen und Gruppen*, 2. Auflage, Ilmenau, 2003, S. 178.

## 6. RAUB, KOPIE, PHILOSOPHIE

1 Heuer, Stefan: *Zwischen i-Pod und Eigentum – Interview mit Lawrence Lessig*, Brand Eins, 04.2004.

2 Gates, Bill: *An Open Letter to Hobbyists*, 03.02.1976.

3 *Oberstes US-Gericht überprüft Urheberrechtsschutz*, Heise.de News, 20.02.2002, http://www.heise.de/newsticker/meldung/25001 (Stand: 01.10.2005). Vgl. http://cyber.law.harvard.edu/openlaw/eldredvashcroft/ (Stand: 01.10.2005).

4 Heuer, Stefan: *Zwischen i-Pod und Eigentum – Interview mit Lawrence Lessig*, Brand Eins, 04.2004.

5 Vgl. http://www.fecyk.ca/spamalbum/lyrics/this-function-is-void.txt.

[6] *Hintergrund: Erster DVD-Prozess kurz vor der Entscheidung*, Heise Online, 05.08.2000, http://www.heise.de/newsticker/result.xhtml?url=/newsticker/meldung/11079 (Stand: 03.10.2005).

[7] Mühlbauer, Peter: *Geek Chic*, Telepolis, 02.08.2000, http://www.heise.de/tp/r4/artikel/8/8476/1.html (Stand: 03.10.2005).

[8] Rötzer, Florian: *Die Filmindustrie hat einen ersten Sieg erzielt*, S. 100, in: Medosch, Armin (Hrsg.); Röttgers, Janko (Hrsg.): *Netzpiraten – Die Kultur des elektronischen Verbrechens*, 2001.

[9] Schneider, Florian: *Ein Code für alle Fälle*, Süddeutsche Zeitung; Ausgabe Bayern, 21.09.2000, S. 20.

[10] *PGP*, http://encyclopedia.laborlawtalk.com/PGP (Stand: 01.10.2005).

[11] Ng, Brian David; Wiemer-Hastings, Peter: *Addiction to the Internet and Online Gaming*, Mary Ann Liebert Inc., Vol. 8, No. 2, 2005.

[12] Ruggerio, Karen M.; Taylor, Donald M.: *Why Minority Group Members Perceive or Do Not Perceive the Discrimination That Confronts Them: The Role of Self-Esteem and Perceived Control*, Journal of Personality and Social Psychology, Harvard University, McGill University, 1997, Vol. 72, No. 2, S. 373-389.

[13] Crosby, F.: *The denial of personal discrimination*. American Behavioral Scientist, 27, 1984, S. 371-386.

[14] Levy, Steven: *Hackers: Heroes of the Computer Revolution*, New York 1984, Part One, 2. The Hacker Ethic ff.

[15] DeAngelis, T.: *Is internet addiction real?*, Monitor on Psychology 31, 2000, S. 24-26.

[16] Peris, R., Gimeno, Pinazo, D., et al.: *Online chat rooms: virtual spaces of interaction for socially oriented people*. CyberPsychology & Behavior 5, 2002, S. 43-51.

[17] Wildermuth, S.: *Loners, losers, freaks, and geeks: the impact of perceived stigma on the quality of on-line close relationships* [Dissertation], Minneapolis: University of Minnesota, 2001.

[18] *Minister: Online-Ladendiebstahl als Massendelikt*, Chip Online, 23.03.2004, http://www.chip.de/news/c1_news_13719871.html (Stand: 30.09.2005).

[19] Rajagopal, Indhu; Bojin, Nis: *Cons in the panopticon: Anti-globalization and cyber-piracy*, 2004, http://firstmonday.org/issues/issue9_9/rajagopal/index.html (Stand: 10.01.2005).

[20] Condry, Ian: *Cultures of music piracy*, in: International journal of cultural studies, 7 (3), September 2004, S. 334-363.

[21] Stallman, Richard: *The GNU Manifesto*, Free Software Foundation, Boston, 1985, http://www.gnu.org/gnu/manifesto.html (Stand: 29.09.2005).

[22] Fiutak, Martin: *Studie: Deutsche Surfer tauschen MP3s trotz Unrechtsbewusstseins*, ZDNET, 23.01.2004, http://www.zdnet.de/news/tkomm/0,39023151,39119167,00.htm (Stand: 30.09.2005).

[23] *Digitale Mentalität*, Institut für Strategieentwicklung in Kooperation mit der Universität Witten/Herdecke, März bis Juni 2004, S. 16,

http://download.microsoft.com/download/D/2/B/D2B7FE98-CA92-4E18-ACD6-94A915B4CAFF/Digitale_Mentalitaet.pdf (Stand: 30.09.2005).

24 Gottfredson, Michael R.; Hirschi, Travis: *A general theory of crime*, Stanford, 1990.

25 Bauer, Wilhelm: *Risiko beim Datenklau gleich null*, Pressetext.de, 23.04.2004, http://www.pressetext.at/pte.mc?pte=040423016 (Stand: 03.10.2005).

26 *Digitale Mentalität*, Institut für Strategieentwicklung in Kooperation mit der Universität Witten/Herdecke, März bis Juni 2004, S. 15, http://download.microsoft.com/download/D/2/B/D2B7FE98-CA92-4E18-ACD6-94A915B4CAFF/Digitale_Mentalitaet.pdf (Stand: 30.09.2005).

27 Schetsche, Michael: *Internetkriminalität: Daten und Diskurse, Strukturen und Konsequenzen*, 2001, http://www.creative-network-factory.de/cybertheorie/cyberpapers/Texte/Internetkriminalitaet.pdf (Stand: 30.09.2005).

28 Donath, Andreas: *Emnid: Studie zum Thema »Internet als Kontaktbörse«*, golem.de, 26.01.2001, http://www.golem.de/0101/11947.html (Stand: 30.09.2005).

29 Döring, Nicola: *Sozialpsychologie des Internet, Die Bedeutung des Internet für Kommunikationsprozesse, Identitäten, soziale Beziehungen und Gruppen*, 2. Auflage, Ilmenau, 2003, S. 155.

30 LG Berlin, Az. (505) 84 Js 670/01 KLs (17/03), 19.02.2004, http://www.jurpc.de/rechtspr/20050058.pdf (Stand: 30.09.2005).

31 Hermida, Alfred: *Software piracy 'seen as normal'*, BBC News, 23.06.2005, http://news.bbc.co.uk/1/hi/technology/4122624.stm (Stand: 20.09.2005).

## 7. IM PARAGRAPHENDSCHUNGEL

1 Lessig, Lawrence: *Free culture: how big media uses technology and the law to lock down culture and control creativity*, New York, 2003, S. XV.

2 Vgl. http://bundesrecht.juris.de/bundesrecht/urhg/ oder http://www.urheber-recht.org/law/normen/urhg/2003-09-13/text/ (Stand: 18.09.2005).

3 *Interview mit Bundesjustizministerin Zypries*, kopien-brauchen-originale.de, http://www.kopien-brauchen-originale.de/enid/a15e32003fbbaff820ab921f1de7bb17,0/3u.html (Stand: 30.09.2005).

4 Vgl. § 16 ff. UrhG (Stand: 18.09.2005).

5 Vgl. § 31 ff. UrhG (Stand: 18.09.2005).

6 Vgl. § 53 Abs. 4 UrhG (Stand: 18.09.2005).

7 Vgl. § 53 UrhG (Stand: 18.09.2005).

8 Vgl. Passek, Oliver: *Privatkopie und Co.*, Irights.info, 04.02.2005, http://www.irights.de/index.php?id=90 (Stand: 30.09.2005).

9 Vgl. Schrader, Christopher: *Die Lücken des Gesetzes*, Sueddeutsche.de, 06.07.2004, http://www.sueddeutsche.de/wirtschaft/artikel/816/34782/print.html (Stand: 30.09.2005).

10 Passek, Oliver: *Privatkopie und Co.*, Irights.info, 04.02.2005, http://www.irights.de/index.php?id=90 (Stand: 30.09.2005).

11 Vgl. *Bundesgesetzblatt, Jahrgang 2003, Teil I, Nr. 46, ausgegeben zu Bonn am 12. Sep-*

*tember 2003*, Berlin, 09.09.2003, http://www.bmj.bund.de/media/archive/126.pdf
(Stand: 18.09.2005).

[12] Vgl. § 53, Abs. 1 UrhG (Stand: 18.09.2005).

[13] Vgl. § 95a UrhG (Stand: 18.09.2005).

[14] Ebd.

[15] *Interview mit Bundesjustizministerin Zypries*, kopien-brauchen-originale.de,
http://www.kopien-brauchen-originale.de/enid/
a15e32003fbbaff820ab921f1de7bb17,0/3u.html (Stand: 30.09.2005).

[16] Berechnet wird die Abgabe auf CD- und DVD-Rohlinge allerdings nur für 30‰ der
in Deutschland in Verkehr gebrachten Rohlinge, da diese auch zur Datensicherung
verwendet werden können.

[17] Vgl. § 95a, Abs. 3 UrhG (Stand: 18.09.2005).

[18] Vgl. § 69c & 69d, Abs. 2 UrhG (Stand: 18.09.2005).

[19] Vgl. § 69a, Abs. 5 UrhG (Stand: 18.09.2005).

[20] Krempl, Stefan: *Das neue Urheberrecht: Wer darf was aus dem Netz herunterladen?
Der Streit geht in die entscheidende Phase*, Süddeutsche Zeitung, 02.03.2005, S. 12.

[21] Vgl. *Referentenentwurf für ein Zweites Gesetz zur Regelung des Urheberrechts in der
Informationsgesellschaft*, http://www.kopien-brauchen-originale.de/media/
archive/129.pdf (Stand: 18.09.2005).

## 8. DAS IMPERIUM UND SEINE REBELLEN

[1] Vgl. http://www.bsa.org/germany/presse/upload/Zum-Spot.mpa
(Stand: 01.10.2005).

[2] Schumy, Barbara: *Piraterie-Jäger äschern Raubkopien ein*, Wirtschaftsblatt Online,
07.04.2004, http://www.wirtschaftsblatt.at/cgi-bin/page.pl?id=342297
(Stand: 01.10.2005).

[3] Faißnerl, Klaus: *1,3 Mrd. Schilling Schaden durch Raubkopien in Österreich*, Presstext
Austria, 28.11.2000, http://www.pte.at/pte.mc?pte=001128050 (Stand: 01.10.2005).

[4] Mohr, Fabian: *Software-Piraterie: Der Kampf wird schärfer*, 13.07.2001, wiwo.de.

[5] Schmidt, Caroline; Verbeet, Markus: *Fluch der Silberlinge*, Spiegel, Heft 4/2006, S. 42.

[6] *14-Stunden-Arbeitstag ist keine Ausnahme*, in: GVU Spezial, 23.04.2004,
http://www.gvu.de/de/berichte/pdf/Interview_Kulbe_GVU.pdf (Stand: 01.10.2005).

[7] *Jahresbericht 2004*, gvu.de, 21.03.2005,
http://www.gvu.de/de/berichte/jahr2004.php?navId=23 (Stand: 01.10.2005).

[8] Schotzger, Erwin: *Musikindustrie will nun einzelne User verklagen*, Presstext Austria,
03.07.2002, http://www.pressetext.at/pte.mc?pte=020703025 (Stand: 01.10.2005).

[9] *Recording Industry to Begin Collecting Evidence And Preparing Lawsuits Against File
»Sharers« Who Illegally Offer Music Online*, Riaa.com, 25.06.2003,
http://www.riaa.com/news/newsletter/062503.asp (Stand: 01.10.2005).

[10] Musgrove, Mike: *RIAA Plans to Sue Music Swappers*, Washington Post, 26.06.2003,
S. E01.

[11] Borland, John: *RIAA sues 261 file swappers*, CNET News, 08.09.2003,

http://news.com.com/RIAA+sues+261+file+swappers/2100-1023_3-5072564.html
(Stand: 01.10.2005).

[12] Borland, John: RIAA settles with 12-year-old girl, CNET News, 09.09.2003, http://news.com.com/RIAA+settles+with+12-year-old+girl/2100-1027_3-5073717.html (Stand: 01.10.2005).

[13] RIAA zieht Klage gegen angebliche Tauschbörsen-Nutzerin zurück, Heise Online, 25.09.2003, http://www.heise.de/newsticker/meldung/40578 (Stand: 01.10.2005).

[14] Wir ziehen jetzt die Zügel an, Handelsblatt Nr. 156, 15.08.2003, S. 15.

[15] Spiesecke, Hartmut: Phonowirtschaft startet auch in Deutschland Verfahren gegen illegale Musikanbieter in sogenannten »Tauschbörsen«, Ifpi.de, 30.03.2004, http://www.ifpi.de/news/news-380.htm (Stand: 01.10.2005).

[16] Patalong, Frank: Deutscher KaZaA-Nutzer muß 8.000 Euro zahlen, Spiegel Online, 08.06.2004, http://www.spiegel.de/netzwelt/politik/0,1518,303298,00.html (Stand: 01.10.2005).

[17] Vgl. LG Cottbus, Az.: 95 Ds 1653 Js 15556/04 (57/04).

[18] Harmon, Amy: Black Hawk Download, The New York Times, 17.01.2002, S. 1, Spalte 2.

[19] Patalong, Frank: Hollywood verklagt Filmesammler, 17.11.2004, http://www.spiegel.de/netzwelt/politik/0,1518,328349,00.html (Stand: 01.10.2005).

[20] Gentile, Gary: Film industry files anti-piracy suits, USA Today, 17.11.2004, http://www.usatoday.com/tech/news/techpolicy/2004-11-16-film-piracy-suit_x.htm (Stand: 01.10.2005).

[21] Mennecke, Thomas: RIAA Targets 750 'Songlifters', Slyck, 31.01.2006, http://www.slyck.com/news.php?story=1076 (Stand: 14.02.2006).

[22] Spiesecke, Hartmut: 1.300 Verfahren gegen Anbieter von Musik in »Tauschbörsen« eingeleitet, Ifpi.de, 20.07.2005, http://www.ifpi.de/news/news-611.htm (Stand: 01.10.2005).

[23] Ebd.

[24] Mennecke, Thomas: RIAA's Grand Total: 10,037 – What are Your Odds?, Slyck, 02.05.2005, http://www.slyck.com/news.php?story=769 (Stand: 01.10.2005).

[25] McCullagh, Declan: Senator OK with zapping pirates' PCs, ZDNet News, 18.06.2003, http://news.zdnet.com/2100-3513_22-1018845.html?tag=nl (Stand: 01.10.2005).

[26] McGuire, David: Hatch to Head Senate Panel on Copyright, Washingtonpost.com, 17.03.2005, http://www.washingtonpost.com/wp-dyn/articles/A44361-2005Mar17.html (Stand: 01.10.2005).

[27] Felten, Edward W.: A Land Without Music, 25.05.2005, Freedom-to-tinker.com, http://www.freedom-to-tinker.com/?p=823 (Stand: 01.10.2005).

[28] Lessig, Lawrence: Free culture: how big media uses technology and the law to lock down culture and control creativity, New York 2003, S. 8.

[29] Bensemann, Marcus: Plattenindustrie verklagt erstmals Nutzer illegaler Tauschbörsen Strafanzeige wegen Musik-Klau im Internet, bild.t-online.de, 31.03.2004.

[30] Goldman, Eric: The law of warez trading in: Journal of internet law, Januar 2005, S. 3.

[31] U. S. Department of Justice, Federal Law Enforcement Targets International Internet Piracy

Syndicates, Cybercrime.gov, 11.12.2001,
http://www.cybercrime.gov/warezoperations.htm (Stand: 01.10.2005).

[32] Vgl. ttol: *Latest Updates*, 23.12.2001, http://parazite.freeprohost.com/
files.parazite.org/scenebusts72.htm (Stand: 01.10.2005).

[33] Roblimo: *Former DrinkOrDie Member Chris Tresco Answers*, Slashdot.com,
04.10.2002, http://interviews.slashdot.org/interviews/02/10/04/14427shtml.?tid=123
(Stand: 14.02.2006).

[34] Lemos, Robert: *FBI raids cripple software pirates*, CNET News, 19.12.2001,
http://news.com.com/FBI+raids+cripple+software+pirates/2100-1023_3-277226.html
(Stand: 01.10.2005).

[35] Vgl. ttol: *Latest Updates*, 23.12.2001, http://parazite.freeprohost.com/files.para-
zite.org/scenebusts72.htm (Stand: 01.10.2005).

[36] Ebd.

[37] *Warez Leader Sentenced to 46 Months*, Cybercrime.gov, 17.05.2002, http://www.cy-
bercrime.gov/sankusSent.htm (Stand: 01.10.2005).

[38] Vgl. *Interview with BanDiDo/DOD & RiSC*, ca. 1999,
http://www.defacto2.net/apollo-x/bandido.htm (Stand: 01.10.2005).

[39] *Piraten – Gefährliche Leidenschaft*, Focus Nr. 49, 29.11.2004, S. 96-100.

[40] SmarterSam: *Massiver Schlag gegen die FXP-Szene!*, gulliboard, 18.03.2004,
http://board.gulli.com/thread/301232&perpage=20&pagenumber=4 (Stand: 01.10.2005).

[41] *Justice Department Announces International Internet Piracy Sweep*, Usdoj.gov, 22.04.2004,
http://www.usdoj.gov/opa/pr/2004/April/04_crm_263.htm (Stand: 01.10.2005).

[42] Vgl. Souldrinker-NFO, *Good Bye Forever*, 04.2004.

## 9. AUFRUHR IM SYSTEM

[1] IFPI: *05 Digital Music Report*, Januar 2005, S. 3, http://www.ifpi.org/site-content/li-
brary/digital-music-report-2005.pdf (Stand: 01.10.2005).

[2] *BSA urges computer sellers to load legal software*, Pakistan Press International
Information Services, Islamabad, 08.07.2005.

[3] Douban, Basma; Targum, Daily: *Rutgers students react to piracy issues, threats*,
U-Wire, New Brunswick, N.J, 02.10.03.

[4] *Second Annual BSA And IDC Global Software Piracy Study*, 05.2005,
http://www.bsa.org/globalstudy/upload/2005-Global-Study-English.pdf
(Stand: 18.09.2005).

[5] *Korrupt: BSA sei von den Reaktionen auf ihren Pirateriebericht angeekelt*, Gulli.com,
18.06.2005, http://www.gulli.com/news/bsa-sei-von-den-reaktionen-auf-2005-06-15
(Stand: 14.02.2006).

[6] Lohr, Steve: *Software Group Enters Fray Over Proposed Piracy Law*, New York Times,
19.07.2004, Seite C8.

[7] *BSA or just BS*, The Economist, 19.05.2005.

[8] *US-Senat stimmt verschärftem Urheberrecht zu*, Heise Online, 28.06.2004,
http://www.heise.de/newsticker/meldung/48646 (Stand: 18.09.2005).

9 *BSA or just BS*, The Economist, 19.05.2005.

10 *Letters*, The Economist, 09.06.2005.

11 Benjamin, Walter: *Alles nur geklaut*, Der Spiegel, 01.09.2003, S. 72 ff.

12 *Musikbranche: Online-Umsatz dämmt Verluste ein*, CHIP Online, 19.01.2005, http://www.chip.de/news/c1_news_13162997.html (Stand: 01.10.2005).

13 *Brennerstudie 2005*, GfK, 01.06.2005, http://www.ifpi.de/wirtschaft/brennerstudie2005.pdf (Stand: 18.09.2005).

14 Peitz, Martin; Waelbroeck, Patrick: *The Effect of Internet Piracy on CD Sales: Cross-Section Evidence*, CESifo Working Paper Series No. 1122, 01.2004.

15 Oberholzer, Felix; Strumpf, Koleman: *The Effect of File Sharing on Record Sales – An Empirical Analysis*, 03.2004, http://www.unc.edu/~cigar/papers/FileSharing_March2004.pdf (Stand: 18.09.2005).

16 Ebd.

17 Wunsch-Vincent, Sacha; Vickery, Graham: o.T., 08.06.2005, http://www.oecd.org/dataoecd/13/2/34995041.pdf (Stand: 18.09.2005).

18 *BSA or just BS*, The Economist, 19.05.2005.

19 Vgl. University of California, Berkeley, http://www.lib.berkeley.edu/BUSI/ (Stand: 18.09.2005).

20 Vgl. http://osbiz.de/sonst/nmg (Stand: 18.09.2005).

21 *EBay.de erhebt Angebotsgebühr*, Heise Online, 30.01.2000, http://www.heise.de/newsticker/result.xhtml?url=/newsticker/meldung/7800 (Stand: 18.09.2005).

22 Mangalindan, Mylene: *Some Sellers Leave eBay Over New Fees*, The Wall Street Journal, 31.01.2005, S. B1.

23 Hanekamp, Tino: *In der Krise liegt die Kraft*, Telepolis, 15.05.2003, http://www.heise.de/tp/r4/artikel/14/14809/1.html (Stand: 01.10.2005).

24 *SCHNAPPI-MANIA – Vom Nil in die Charts*, Spiegel Online, 17.01.2005, vgl. http://www.spiegel.de/netzwelt/netzkultur/0,1518,337139,00.html (Stand: 18.09.2005).

25 *Global music retail sales, including digital, flat in 2004*, Ifpi.org, 22.03.2005, http://www.ifpi.org/site-content/press/20050322.html (Stand: 01.10.2005).

26 Wunsch-Vincent, Sacha; Vickery, Graham: o.T., 08.06.2005, http://www.oecd.org/dataoecd/13/2/34995041.pdf (Stand: 18.09.2005).

27 Avalon, Moses, *Nielsen Rating System At Odds With RIAA's Claim Of »Lost Sales«*, 24.04.2004, http://musicdish.com/mag/index.php3?id=9452 (Stand: 18.09.2005).

28 *Das offizielle Kino-Ergebnis 2004*, FFA info Nr. 1/05, 09.02.2005, http://www.filmfoerderungsanstalt.de/downloads/publikationen/ffa_intern/FFA_info_1_2005.pdf (Stand: 18.09.2005).

29 *Über eine Milliarde Kinobesuche belegen lebhafte Entwicklung der großen Märkte in der Europäischen Union*, Europäische Audiovisuelle Informationsstelle, 04.05.2005, http://www.obs.coe.int/about/oea/pr/mif2005.html.de (Stand: 18.09.2005).

30 Germain, David (Associated Press): *Family films trounce R-rated ones*, 18.03.2005,

http://www.madison.com/tct/features/stories/index.php?ntid=32621&ntpid=2 (Stand: 18.09.2005).

[31] Späth, Nikos: *Hollywoods Retter zeigt Schwächen*, Welt am Sonntag, 20.02.2005, http://www.wams.de/data/2005/01/09/385478.html (Stand: 01.10.2005).

[32] Beier, Lars-Olav; Schulz, Thomas; Wolf, Martin: *Goldrausch mit Silberlingen*, Der Spiegel, 13.06.2005, S. 128.

[33] Späth, Nikos: *Hoffen auf den weißen Ritter*, Welt am Sonntag, 09.01.2005, http://www.wams.de/data/2005/01/09/385478.html (Stand: 01.10.2005)

[34] Gebhardt, Gerd: Jahrespressekonferenz der IFPI Deutschland 2002, in: *MP3 – Musik aus dem Netz*, Ergebnisse einer Online-Befragung von Studierenden an der Universität Trier im Rahmen des Projektseminars, http://www.waldemar-vogelgesang.de/mp3.pdf (Stand: 18.10.2005).

[35] Lessig, Lawrence: *Free culture: how big media uses technology and the law to lock down culture and control creativity*, New York, 2003, S. 6.

[36] Deiss, Richard: *EU-Tonträgermarkt stagniert 2000*, Statistik kurz gefasst Nr. 18/2002, S. 3, http://www.eds-destatis.de/de/downloads/sif/np_02_18.pdf (Stand: 01.10.2005).

[37] *Research company says music and book industries will lose billions*, OUT-LAW News, 21.09.2000, http://www.out-law.com/page-1011 (Stand: 18.09.2005).

[38] Ebd.

[39] Chidi, George A.: *Report says music, book industries to lose billions*, 20.09.2000. http://www.infoworld.com/articles/hn/xml/00/09/20/000920ohnpublish.html (Stand: 18.09.2005).

[40] Hofmann, Gerold: *Von Hitgiganten und Musikzwergen – Musik, Macht und Märkte*, 3sat, Erstausstrahlung 11.11.2004.

[41] Röscheisen, Eckehart: *Im Interview: MP3-Erfinder Karlheinz Brandenburg*, 09.12.2002, http://momag.net/premium/mag/2002.12/brandenburg/index.php (Stand: 18.09.2005).

[42] Hu, Jim; Hansen, Hansen: *Record label signs deal with Napster*, CNET News, 31.10.2000, http://news.com.com/2100-1023-247859.html?legacy=cnet (Stand: 03.10.2000).

[43] Patalong, Frank; Dambeck, Holger: *Eine halbe Portion Charts, bitte!*, Spiegel Online, 19.05.2004, http://www.spiegel.de/netzwelt/netzkultur/0,1518,300597,00.html (Stand: 18.09.2005).

[44] *Research company says music and book industries will lose billions*, OUT-LAW News, 21.09.2000, http://www.out-law.com/page-1011 (Stand: 18.09.2005).

[45] *Record Companies Settle FTC Charges of Restraining Competition in CD Music Market*, Federal Trade Commisson, 10.05.2000, http://www.ftc.gov/opa/2000/05/cdpres.htm (Stand: 18.09.2005).

[46] *CD-Erfinder Philips sieht keine Zukunft für Kopierschutz*, Financial Times Deutschland, 09.01.2002, http://www.ftd.de/tm/tk/8935468.html (Stand: 18.09.2005).

[47] Groß, Torsten; Renner, Tim: *Zeit für Schwarzbrot!*, 21.09.2004, http://www.motor.de/magazin/interviews_stories/38/tim_renner (Stand: 18.09.2005).

[48] *Label uneins über Un-CDs,* Heise Online, 02.06.2004, http://www.heise.de/newsticker/meldung/47874 (Stand: 18.09.2005).

[49] *Wie man sich unbeliebt macht,* Spiegel Online, 02.11.2005, http://www.spiegel.de/netzwelt/technologie/0,1518,382859,00.html, (Stand: 24.01.2006).

[50] Renner, Tim: *Raus aus dem Horror-Kreislauf,* Netzeitung, 27.09.2004, http://www.netzeitung.de/entertainment/music/305001.html (Stand: 18.09.2005).

[51] Spiesecke, Hartmut: *Phonowirtschaft startet auch in Deutschland Verfahren gegen illegale Musikanbieter in sogenannten »Tauschbörsen«,* 30.03.2004, http://www.ifpi.de/news/news-380.htm (Stand: 04.05.2005).

[52] Patalong, Frank: *Deutscher KaZaA-Nutzer muß 8.000 Euro zahlen,* Spiegel Online, 08.06.2004.

[53] Patalong, Frank: *Wir gehen nicht gegen Kunden vor, wir verklagen illegale Musikanbieter,* Spiegel Online, 01.04.2004, http://www.spiegel.de/netzwelt/politik/0,1518,293533,00.html (Stand: 18.09.2005).

[54] *CCC fordert zum Boykott der Musikindustrie auf. Recht auf Privatkopie als Ausprägung der Informationsfreiheit,* Golem.de, 31.03.2004, http://www.golem.de/0403/30595.html (Stand: 04.06.2005).

[55] Schulz, Thomas: *Deutschpop statt Download,* Der Spiegel, 21.03.2005.

[56] *Werbeverband hält Kampagne gegen Raubkopierer für äußerst fragwürdig,* Heise Online, 03.12.2003, http://www.heise.de/newsticker/meldung/42578 (Stand: 18.09.2005).

[57] Ebd.

[58] c't – Magazin für Computertechnik, *Leserbriefe,* 01/2005, S. 8.

[59] Ebd.

[60] Vgl. http://www.spreadshirt.net/shop.php?op=article&ac=details&article_id=943287#top (Stand: 24.09.2005).

[61] *Die Bandbreite von Breitband,* http://www.ecin.de/news/2005/05/13/08282/ (Stand: 24.09.2005).

[62] Ottens, Morag: *Statistik kurz gefasst,* Industrie, Handel und Dienstleistungen – Bevölkerung und soziale Bedingungen, Wissenschaft und Technologie, Europäische Gemeinschaften, 18/2005, 02.05.2005.

# DANKSAGUNG

Für die Hilfe bei unserem Buch möchten wir uns bei Jana Sen und Sarah Hacke sowie bei unseren Familien und Freunden bedanken, die viel Geduld aufgebracht haben, wenn die Arbeit an dem Buch den Vorrang bekam.

Für unsere Recherchen bedanken wir uns ganz besonders bei der University of California, Berkeley. Die Bereitstellung der Datenbanken sowie die Nutzung der Bibliotheken haben unsere Arbeit erheblich erleichtert.

Außerdem möchten wir uns bei Prof. Dr. Frank Linde von der Fachhochschule Köln für die hilfreichen Hinweise und Informationen sowie bei Ole Mörk für seine ersten Recherchen herzlich bedanken.

Für ihre wertvolle Zeit bedanken wir uns außerdem bei unseren Interview-Partnern John Draper, Optic, Mitchell Reichgut, Prof. Lawrence Lessig und Joachim Tielke.